停靠站公交换道特征分析及相邻交叉口公交优先信号控制

李锐 陈悦新 薛鑫 张健 ◎ 著

东南大学出版社
SOUTHEAST UNIVERSITY PRESS

内容提要

本著作针对"交叉口—停靠站"相互作用的公交道路环境,从公交运行特征分析及交通控制优化的角度出发,研究公交车辆在停靠站的运行特征与换道决策机理,并分析公交换道进出停靠站的影响程度,在此基础上,研究停靠站影响下的交叉口公交优先信号控制方法,并借助国内外实际案例进行验证分析。本著作将充分结合理论分析与应用实例,满足各类读者对停靠站公交车辆运行特征分析与交叉口公交优先信号控制理论与实践方面的需求。具体研究内容包括:停靠站公交车辆运行特征(停靠站通行能力、停站时间特征、车头时距特征、公交串车特征、公交失效率特征)分析,交叉口与停靠站相互作用下的交通运行特征分析,停靠站范围内公交车辆换道决策模型构建,停靠站公交车辆通行过程对相邻车道交通流特征以及对相邻交叉口进口道交通流特征的影响分析,停靠站范围交通特征分析与交叉口公交优先信号配时的关联性分析,停靠站相邻交叉口公交优先信号配时方法研究等。结合理论研究,本论著还将结合国内外相关案例进行调研与调查,从而通过实例验证的方式进一步阐述相关研究理论,力争做到理论与实践相结合、科研与教学相呼应的效果。

图书在版编目(CIP)数据

停靠站公交换道特征分析及相邻交叉口公交优先信号控制 / 李锐等著. — 南京:东南大学出版社,2021.6
ISBN 978-7-5641-9499-4

Ⅰ.①停… Ⅱ.①李… Ⅲ.①公交车辆-停车站-车站信号-控制信号 ②公交车辆-道口信号-控制信号
Ⅳ.①U469.13

中国版本图书馆 CIP 数据核字(2021)第 074686 号

停靠站公交换道特征分析及相邻交叉口公交优先信号控制
Tingkaozhan Gongjiao Huandao Tezheng Fenxi Ji
Xianglin Jiaochakou Gongjiao Youxian Xinhao Kongzhi

著　者	李　锐　陈悦新　薛　鑫　张　健
责任编辑	韩小亮
策 划 人	张仙荣
出 版 人	江建中
出版发行	东南大学出版社
地　　址	南京市四牌楼2号　邮编:210096
网　　址	http://www.seupress.com
经　　销	全国各地新华书店
印　　刷	广东虎彩云印刷有限公司
开　　本	700 mm×1000 mm　1/16
印　　张	15.75
字　　数	318 千
版　　次	2021 年 6 月第 1 版
印　　次	2021 年 6 月第 1 次印刷
书　　号	ISBN 978-7-5641-9499-4
定　　价	68.00 元

本社图书若有印装质量问题,请直接与营销部联系。电话(传真):025-83791830。

前　言

随着我国社会经济的迅猛发展,城市规模日益扩大,城市人口和小汽车保有量快速增长,交通拥挤、交通污染、交通安全状况越来越严重。日益严重的城市交通问题,在很大程度上影响了城市经济的进一步发展和人民生活水平的进一步提高,不利于国家对于城市化的发展目标以及构建和谐社会的要求。为有效缓解城市交通拥堵的问题,国家大力推行低碳经济与公交优先发展政策,各地也积极开展"公交都市"的建设工作,通过多种途径有效提高公共交通(尤其是地面常规公交车)的通行效率、高质量提升地面常规公共交通运行服务水平。很多城市虽已建成公交运行系统,但在交通运行高峰时段,城市公交系统仍易发生局部性拥堵与"失效",并有向全局蔓延扩散的趋势,从而进一步加剧了城市道路拥堵,致使部分城市公交出行更加困难。

本书是在上述背景的指引下,从交通公交运行特征分析及交通控制优化的角度出发,研究停靠站公交换道特征及相邻交叉口公交优先信号控制方法。研究过程将为读者系统阐述"停靠站的公交运行特征""停靠站公交换道决策机理""公交换道进出停靠站的影响程度""停靠站影响下交叉口公交优先信号控制方法"等相关关键问题,并充分结合理论分析与应用实例,从而满足各类读者对停靠站公交车辆运行特征分析与交叉口公交优先信号控制理论与实践方面的需求。

本书共包括五章内容。其中:

第1章从公交运行特征分析与交叉口信号配时优化方案的研究背景和意义出发,明确本书研究主线,即通过分析停靠站范围内公交车辆运行特征,研究公交车辆换道进出停靠站过程对交通流产生的影响,进而分析其对相邻交叉口运行特征影响,并从提升交叉口通行效率角度出发优化信号配时方案。

第2章分析停靠站范围内公交车辆交通运行特征。通过分析公交停靠站范围车辆运行特征、划定显著影响交通流特征的公交停靠站范围,进而分析停靠站范围内公交车运行特征,研究停靠站与邻近交叉口的相互作用机理,揭示交叉口-停靠站相互作用下的交通流运行特征变化规律。

第3章构建停靠站范围公交车辆换道决策模型。通过分析公交车辆进出停靠站过程的换道特征,模拟公交车辆换道运行轨迹,构建公交车辆换道决策模型,搭建基于元胞自动机的仿真环境,通过仿真分析停靠站范围公交车辆换道特征。

第4章分析公交车辆换道进出停靠站对相邻车道交通流影响。通过分析停靠站范围内公交车辆运行特征,研究公交车辆跟驰与换道规则,结合实测数据搭建仿真环境,进一步分析混行交通环境下公交车辆换道进出停靠站对交通流的影响。

第5章优化停靠站相邻交叉口公交优先信号配时方案。通过分析公交车辆在"交叉口-停靠站"范围的运行特征,研究公交停靠站与相邻交叉口范围内交通流运行相互作用机理,建模分析该范围内交通运行效率,对交叉口进行信号配时优化,并借助仿真手段验证优化效果。

由上述介绍可知,本书第1章介绍本书研究基本内容与体系框架;第2章和第3章分析停靠站公交车辆运行特征,构建停靠站范围内公交车辆换道决策模型,重点阐述停靠站范围内公交车辆运行特征;第4章研究停靠站公交车辆通行过程对相邻车道交通流特征的影响,进而分析其对相邻交叉口进口道交通流特征的影响,有效建立停靠站范围交通特征分析与交叉口公交优先信号配时的关联;第5章研究停靠站相邻交叉口公交优先信号配时方法,有效提升停靠站与交叉口范围内公交运行效率。

本书由河海大学李锐、南通理工学院陈悦新、河海大学薛鑫、东南大学张健共同撰写,河海大学吴悦、董友邦、曹怡、张鑫洋等研究生参与了本书的编辑与绘图工作。本书在撰写过程中还参考了前人的部分研究成果,在此向前辈们表示感谢!本书的撰写与出版还得到了国家自然科学基金项目"优先路网中公交车辆换道行为对通行能力影响研究(51508161)"、江苏省基础研究计划面上项目"可靠性导向的公交运行瓶颈通行能力分析及行程时间预测(BK20181307)"、中国博士后科学基金面上项目"公交运行瓶颈通行能力分析及干线运行时间脆弱区域甄别(2018M630505)"、河海大学中央高校基本科研业务费项目"公共交通驱动的城市道路网交通运行承载能力特征分析与演化预测(B200202088)"的资助,在此深表感谢!

作 者

2020年6月

目 录

第1章 绪论 ··· 1
1.1 背景意义 ··· 3
1.2 研究现状 ··· 4
1.2.1 公交运行特征分析与建模 ··· 4
1.2.2 交叉口公交优先信号控制 ··· 6
1.3 研究思路 ··· 10
1.4 本章小结 ··· 11

第2章 公交停靠站范围交通运行特征分析 ··· 13
2.1 公交停靠站交通运行影响范围甄别 ··· 15
2.1.1 公交停靠站设置形式分类 ··· 15
2.1.2 停靠站公交运行影响范围甄别 ··· 19
2.2 停靠站公交运行特征分析 ··· 27
2.2.1 停靠站通行能力 ··· 27
2.2.2 停站时间特征 ··· 32
2.2.3 车头时距特征 ··· 40
2.2.4 公交串车特征 ··· 46
2.2.5 公交失效率特征 ··· 52
2.3 交叉口-停靠站相互作用交通运行特征分析 ··· 55
2.3.1 交叉口与停靠站相互作用控制区域划分 ··· 55
2.3.2 交叉口与停靠站相互作用影响机理 ··· 57
2.3.3 交叉口与停靠站相互作用对通行能力的影响分析 ··· 61
2.3.4 交叉口与停靠站相互作用对公交停站时间的影响分析 ··· 64
2.3.5 交叉口与停靠站相互作用对车头时距的影响分析 ··· 66
2.3.6 交叉口与停靠站相互作用对延误的影响分析 ··· 68
2.3.7 交叉口公交停靠站最佳选址分析 ··· 69

第3章 停靠站范围公交车辆换道决策建模 ... 73
3.1 公交车辆换道决策过程分析 ... 75
3.1.1 公交停靠站范围内车辆换道特性分析 ... 75
3.1.2 影响公交换道因素分析 ... 81
3.1.3 公交换道位置影响因素分析 ... 84
3.2 公交换道进站运行轨迹模拟 ... 86
3.2.1 公交换道轨迹特征分析 ... 87
3.2.2 公交进站换道轨迹模拟 ... 93
3.3 公交换道进站决策特征建模 ... 95
3.3.1 公交进站换道决策分析 ... 99
3.3.2 基本假设和仿真参数设定 ... 100
3.3.3 公交换道位置建模 ... 111

第4章 公交车辆换道进出停靠站影响分析 ... 129
4.1 停靠站范围公交运行影响分析 ... 131
4.1.1 停靠站范围内公交换道影响过程分析 ... 131
4.1.2 混行车辆换道行为影响因素分析 ... 132
4.2 停靠站范围车辆跟驰换道规则 ... 136
4.2.1 车流跟驰规则分析 ... 136
4.2.2 车辆换道规则改进 ... 143
4.3 公交停靠站范围车辆换道影响建模 ... 151
4.3.1 实例调查与数据处理 ... 151
4.3.2 仿真环境设置 ... 154
4.3.3 模型有效性和准确性验证 ... 157
4.4 公交停靠站范围内混行车辆换道影响分析 ... 162
4.4.1 道路几何特征作用下混行车辆换道影响分析 ... 162
4.4.2 交通流特征作用下混行车辆换道影响分析 ... 166

第5章 停靠站影响下交叉口公交优先信号控制 ... 179
5.1 控制区域划分及影响分析 ... 181
5.1.1 交叉口与下游停靠站相互影响分析 ... 182
5.1.2 交叉口与上游停靠站相互影响分析 ... 183
5.2 交叉口+下游停靠站控制单元乘客延误模型 ... 184

  5.2.1 交叉口乘客延误分析 ·· 184
  5.2.2 停靠站乘客延误分析 ·· 186
  5.2.3 停靠站对乘客延误离散分析 ······································· 188
 5.3 交叉口+上游停靠站控制单元乘客延误模型 ···················· 188
  5.3.1 交叉口乘客延误分析 ·· 189
  5.3.2 停靠站乘客延误分析 ·· 194
  5.3.3 停靠站对乘客延误离散分析 ······································· 196
 5.4 交叉口信号配时优化 ·· 196
  5.4.1 优化目标 ··· 196
  5.4.2 信号配时优化 ··· 200
 5.5 仿真验证及效果评价 ·· 204
  5.5.1 交叉口+下游停靠站控制单元 ··································· 204
  5.5.2 交叉口+上游停靠站控制单元 ··································· 218

参考文献 ·· 231

第1章 绪论

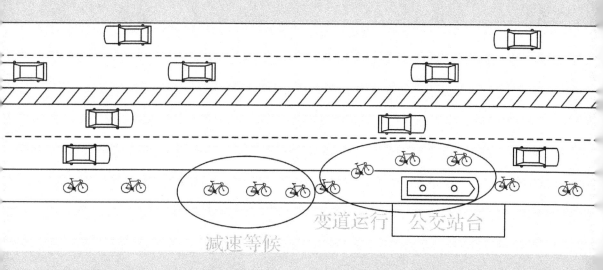

1.1 背景意义

城市小汽车在方便居民出行的同时,也给城市带来诸如交通拥堵、雾霾天气、噪声污染等弊端,为有效缓解这些问题,国家大力推行低碳经济与公交优先发展政策,各地也积极开展"公交都市"的建设工作,通过多种途径有效提高公共交通(尤其是地面常规公交车)的通行效率、高质量提升地面常规公共交通运行服务水平。在此背景下,城市公共交通事业发展迅猛,各类公交优先管控手段被广泛应用于城市交通系统之中,并逐步构建了城市道路常规公交系统。虽然很多城市已建成公交运行系统,但在交通运行高峰时段,城市公交系统仍易发生局部性拥堵与"失效",并有向全局蔓延扩散的趋势,从而进一步加剧了城市道路拥堵,致使部分城市公交出行更加困难。通过分析公交车辆运行特征可知,在交叉口与停靠站这两个区域内,公交车辆和社会车辆经常会通过加减速、换道等方式改变现有交通运行状态,造成公交车辆进、出停靠站困难,形成"串车"现象,从而诱发交通阻塞。究其原因,主要是现有研究对城市公交车流运行瓶颈(尤其是公交停靠站、交叉口)处交通特征考虑不足,在公交车辆换道行为影响下停靠站公交服务效能分析与相邻交叉口公交优先控制优化等方面的研究还不系统,未有效揭示公交车辆进出停靠站过程对交通流运行扰动的影响,对停靠站临近交叉口公交优先信号配时优化方法的研究还有待进一步加强。

停靠站作为公交车辆上下乘客的场所,将会"中断"公交车辆的运行。公交车辆进出停靠站过程中除了自身运行状态会发生变化外,还会对道路交通正常运行产生影响。公交车辆在进出停靠站过程中会阻断社会车流运行,直接阻塞停靠站临近车道车流运行,并在停靠站范围诱发交通扰动,从而降低道路运行效率。若停靠站上下游还存在信号控制交叉口、道路施工区等场景,必将进一步加剧"扰动瓶颈"对道路交通运行效率与可靠度的负面影响,从而降低该区域的通行效率、增加交通系统的失稳风险。城市道路交叉口是城市道路网络的基本节点,交通流的中断主要发生在此;城市道路交叉口也是城市道路网络交通流的瓶颈所在,交通阻塞也多发生于此,可以说交叉口是整个道路网络通行能力和运输效率发挥的瓶颈点。为显著提升公交车辆在交叉口处的运行效率,将在交叉口处设置公交优先信号控制手段提升公交车辆优先通行权限。公交优先控制优化问题是"排队论、瓶颈问题"等数学问题在交通领域的具体应用。研究路网条件下公交优先控制优化,实质上是要提高公交车交叉口群上多个瓶颈点的通行效率。瓶颈问题虽然是个较为"古老"的问题,但是它在和城市公交车辆运行控制优化相结合后,将重新焕发"生命力"。

因此,十分有必要以城市道路大量存在的公交停靠站为研究对象,通过分析公交车辆换道进出停靠站的行为特征,解析扰动耦合影响瓶颈区流变特征演化机理,研究公交车辆换道停靠站过程对道路交通流的影响,进而分析停靠站影响下临近交叉口交通运行特征,并研究交叉口公交优先信号配时方法。本书将围绕"停靠站公交换道特征分析及相邻交叉口公交优先信号控制"问题展开介绍,将进一步完善停靠站公交运行行为(尤其是换道行为)特征分析与影响建模相关理论、停靠站临近交叉口公交优先信号配时方法;并为城市道路交通管理部门更加科学配置道路交通资源、更加有效提升常规公交服务效率提供了可量化的决策依据。

1.2 研究现状

1.2.1 公交运行特征分析与建模

1) 道路交通流运行特征建模

对于城市道路交通系统来说,由于受到道路几何条件、交通环境等因素影响,将会改变道路交通流运行特征、影响道路交通资源供给,并形成通行能力瓶颈。通过分析,道路中的施工区、交叉口等区域由于道路几何特征的改变,将会在交通流运行、交通安全特征方面与常规路段有所差异,会显著增加车辆交通状态的改变(换道、加减速、停靠等),且易受到交通事件/事故的影响,并加剧这些区域形成通行瓶颈。

Weng等[1]学者详尽分析了道路施工区范围内道路交通流运行特征,并系统梳理分析了施工区道路通行能力和延误的计算模型。国内外学者在对施工区影响下车流车头时距[2]、车速[3]等交通流特征参数分析的基础上,构建施工区道路通行能力[4]、车辆延误[5-6]、排队[4-5]等特征计算模型,并进一步研究信号灯控制等场景下的施工区对交通流特征的影响[7]。

对于道路通行瓶颈较为集中的另一个区域——交叉口来说,国内外学者也对其瓶颈处交通拥堵发生过程中对交通流参数的影响进行了分析。杨晓光[8]、马万经[9]、王殿海[10]、祁宏生[11]、Srivastava[12]等学者对交叉口影响下通行能力、车流排队长度等特征进行了建模分析。Liu[13]、Hao等[14]借助固定检测器和移动检测器采集数据,对交叉口车辆排队长度及实时变化规律进行分析与预测。

此外,国内外学者还在换道行为诱发交通瓶颈建模分析方面开展了大量研究。Zheng等[15]学者系统介绍了近年来各类交通换道决策模型、换道影响模型,在此基础上提出换道模型在"交通换道行为对交通流运行特征影响方面"将有待进一步深入、系统地研究。自2005年Daganzo、Laval、Ahn、Jin等学者对交通换道特征与机理进行系统深入的理论研究,在此基础上,国内外学者系统分析了交通换道行为自身特征[16-18]及其与道路通行能力[19]、交通流组成[20]、驾驶员特征[21]等因素的关联特征。

交通事件诱发道路通行瓶颈方面的研究也已取得诸多成果。国内外学者通过分析道路中交通事件的演变机理[22],对交通事件持续时间进行建模分析[23],并对交通事件持续时间中的反应时间[24]开展深入研究。在此基础上,Hojati[25]、Park[26]等学者系统研究交通事件影响下道路交通通行时间可靠度的影响,并构建相关估计模型。

2) 公交车辆停靠站运行特征建模

对于城市地面常规公交系统来说,除了上述常规道路的施工区、交叉口等区域易形成交通瓶颈外,公交车辆在进出公交停靠站的过程中,也将会对交通流产生扰动影响,并可能形成道路通行瓶颈。国内外学者在分析干线公交车流运行特征的基础上,研究了其对通行能力、延误、排队等多因素的影响程度[27-28]。

在对公交停靠站通行能力建模方面,Gu等[29]学者分析了单独的路侧停靠站公交车辆在停靠站范围内的运行特征,构建了综合考虑公交车辆到达分布、车头时距、公交停站时间、停车泊位数等因素影响的路侧式公交停靠站通行能力计算模型;Zhao等[30]学者利用元胞自动机模型,研究公交停靠站与交叉口相互作用影响下,公交停靠站的通行能力计算模型;Yang等[31]学者又在此基础上研究了混合交通流条件下公交停靠站的通行能力模型;杨孝宽等[32]学者分析了公交到站频率与停靠站通行能力关系,构建基本路段公交停靠站处通行能力模型;Feng[33]、Li[34]等学者以公交停靠站之间区间作为研究对象,研究了公交在该区间运行特征及控制策略。

在公交停靠站对车辆延误影响方面,学者Nagatani[35]研究了乘客到站时间与公交车辆到站时间相互作用下,公交车辆在停靠站处通行延误;Furth等[36]学者研究了停靠站位置、道路坡度等几何特征影响下公交车辆在停靠站处的运行延误;Gu等[37-38]学者借助运动波理论研究社会车辆与公交车辆相互作用下车辆在公交停靠站处的延误,并提出降低停靠站范围内相互作用影响的策略。

在公交停靠站对车辆排队及停站时间研究方面,Gu等[39]学者研究了停靠站泊位数、车辆到站与停站时间对路侧式公交停靠站公交车辆进站排队的影响,并借助马尔科夫链理论构建排队模型;Meng[40]、Bian[41]等学者借助概率分析方法,综合考虑公交车辆、候车乘客、道路交通环境之间的相互影响,构建不同类型公交停靠站处公交车辆停站时间模型;Yu等[42]学者利用香港实测数据,研究了支持向量机、神经网络等4类模型在多线路公交停靠站车辆到达时间预测方面的效果。

在公交停靠站失效特征分析方面,*Transit Capacity and Quality of Service Manual*(《公共交通通行能力和服务质量手册》)分析了停靠站失效特征规律,通过假设停靠站公交服务失效率服从标准正态分布,借助期望特征参数研究失效影响下公交停靠站公交车辆停站时间、停靠泊位通行能力等特征;Wang等[43]学者研究了一种基于扩散估计(Diffusion Approximation)的停靠站服务失效率与公交车辆到站、停站特征参数的相关关系分析方法;学者Fernández[44]研究了停靠站公交失效概率影响下,停靠站排队长度与通行能力的折减特征。

1.2.2 交叉口公交优先信号控制

1) 交叉口公交优先信号配时优化

交叉口的公交信号优先控制策略分为被动优先策略(Passive Priority Strategies)、主动优先策略(Active Priority Strategies)和实时优先策略(Real-time Priority Strategies)。早期的被动优先研究以1989年Yagar利用改进的TRANSYT-7F(交通网络研究工具)模型为代表。随后,Sunkari[45]、Skabardonis[46]、马万经[47]、李凤[48]等对被动优先控制参数优化及信号配时方法进行了深入研究,并取得了一定的研究成果。对于公交车流量不大的交叉口,被动优先控制策略适用性并不强。以Ludwick[49]为代表的学者提出了主动优先控制的基本方法体系,在此基础上,Richardson[50]、Sunkari[45]等学者研究了主动优先的相关策略及控制优化方法,Currie等[51]学者利用实际数据对主动优先信号控制方法进行了验证。Yagar[52]、Chang[53]、Lin[54]等学者在实时优先控制策略、建模分析方面开展了大量研究,具有十分重要的开创意义。随后,Wu[55]、Furth[56]、Dion[57]、Liu[58]、Vasudevan[59]、Head[60]、马万经[61-62]、王殿海[63]、马东方[64]等学者利用不同的理论方法,研究了不同交通环境下公交实时优先控制优化模型,从干线公交优先到路网公交优先、由动态优化到实时优化的研究取得了丰硕的研究成果。

按照优化目标的差异,可分为单目标优化和多目标优化。在单目标优化交叉口公交优先信号配时方面,不少学者将车辆延误作为公交优先控制的目标。Ma等人针对多个公交线路的交通需求,研究了信号优先控制模型,以求将公交车辆延误最小化,这个模型的目的是在不造成其他车辆拥堵的同时,生成最优的公交优先服务顺序,最大化地提高公交绿灯时间利用率,该模型和算法在实施公交优先控制系统中有巨大的应用潜力[65]。Ghanim等人在公交信号优先策略的基础上,研究实时信号控制,并利用遗传算法和神经网络法进行公交信号优先建模,仿真结果表明,研究的控制系统可以减少交叉口群的公交车辆延误,改善运行时刻表的偏差[66]。Li等人将车辆延误作为优化目标,通过对阻塞的交叉口采用自适应公交信号优先策略,使得公交路线上的公交车辆和社会车辆的延误均有所降低[67]。Lü研究在随机交通流量下单个交叉口的公交信号优先,建立TSP(Transit Signal Priority,公交信号优先)的信号时序模型,考虑所有相位的权重,将乘客平均延误作为优化目标,仿真结果表明研究的TSP模型可以减少乘客延迟[68]。王正武等人基于规则选择优先车辆及优先策略及优化确定信号参数,采用自适应公交优先控制方法对交叉口实施公交优先,结果表明自适应优先控制产生的乘客平均延误最小[69]。林杨等人采用绿灯延长、红灯早断的公交优先策略,构建延误三角形方法降低交叉口乘客平均延误,并使用仿真软件进行分析,得出公交车流率和优先时间长度对降低交叉口人均延误相关的结论[70]。李凤在其博士论文中从相序优化、周期优化和绿灯时间优化进行了单个交叉口的被动优先控制,通过模拟验证被动式公交信号优先单点控制得出在减少公交车延误的同时,还保证交叉口车均延误基本不变;并且研究了被动式的协调控制算法,采用面积法建立了基于车流时间宽度的公交车流延误和社会车流延误模型,以乘客总延误最小为优化目标实现了公交信号优先协调控制方法[71]。Christofa研究以人为本的公交优先信号控制策略,将乘客总延误作为优化目标,将公交车辆带来的消极影响最小化,建立MINLP(混合整数非线性规划)模型,减少乘客总延误[72-73]。Mesbah等人从优化公交车辆道路使用空间角度出发,使用双层规划方法将道路进行重新分配,以车辆运行时间最小为优化目标,并采用启发式方法寻找最佳解决方案[74-75]。

在多目标优化交叉口公交优先信号配时方面,马万经等人研究基于车道的以交叉口公交车延误和社会车辆延误最小为目标的单点交叉口公交优先控制多目标优化模型,与传统的韦伯斯特(Webster)方法相比,该模型在降低公交车辆和社会车辆的车均延误综合性能指标上表现较好[76]。张娟子在介绍公交优先信号配时基本理论的前提下,以交叉口的车辆延误和乘客延误为优化目标,采用优先相位绿灯延长和绿灯提前启亮两种常用的优先策略来减少公交相位的延误,使得交叉口获得最大的运行效益,实现公交车辆的优先服务[77]。张春在其硕士论文中研究单公交优先申请和多公交优先申请两种公交优先控制策略研究公交优先,以降低公交车辆在交叉口的拥堵,从而提高公交服务水平,在单公交优先申请中,实施了绿灯延长和提前启亮的优先策略,在此基础上构建人总延误和车辆停车次数两个效益指标;在多公交优先申请中,系统以公交车辆人均延误为优化目标,对响应公交优先的顺序进行排序,然后获得最优顺序。结论表明,两种控制策略都具有实用性,降低了延误[78]。

2) 考虑公交停靠站影响的交叉口信号配时

Yu等人[42]为了预测同一公交站点不同公交线路车辆到达时间,提出了根据不同线路公交车辆的运行时间来预测各线路公交到达时间的模型。利用SVM(支持向量机)、ANN(人工神经网络)、k-NN(k-邻近算法)和LR(线性回归)等多种方法预测公交车辆到达时间。对实际公交站点车辆运行参数进行调查和数据收集,来验证所提出的模型。对案例进行模型计算,结果证明改进后的模型比单线路公交车辆运行时间模型更加准确。并且在四种模型中,SVM法对公交车辆到达时间预测的效果最好。Feng[33]利用并整合了基于波特兰市的三种数据库,包括公交站点公交车辆自动定位、乘客自动计数和交叉口车辆数据,采用多元线性回归模型来解释和量化交叉口信号延误、交通条件、公交站点位置对公交车辆行程时间和变化率的共同影响。还提出了评估TSP系统效益的性能措施,通过比较交叉口TSP阶段起始结束时间和公交车辆到达时间,进一步研究了TSP请求和TSP阶段的关系,用于指导如何提高城市交通运行能力。Koshy等人[79]利用模拟技术研究异构交通流特性,具体参考公交站对交通流量的影响,给出了用于研究城市道路上基于非车道异构交通流量特性的微观交通流仿真模型,并利用实际观测数据对模型进行验证。再应用该模型研究路边公交车站对异构交通流中其他车辆速度的影响。检查公交停靠时间、道路宽度和交通流量水平等基本参数变化的影响,以检查路边和公交车间隔停站的类型。Kim[80]的研究基于传统的公交信号优先系统忽视相邻站点路段因公交停靠产生的影响的不足,提出采用加权最小二乘回归法建立

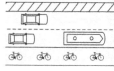

相邻站点间的停留时间模型,同时计算出与评估停留时间有关的时间间隔预测值,利用得到的时间间隔对 BSP(Bus Signal Priority,公交信号优先)算法做出改进,从而减少相邻站点对 BSP 控制的负面影响。Gu 等人[37]研究表明,与上游停靠站相比,设置在邻近交叉口下游的公交停靠站可更多地缩短公交车停靠时间,缩短了车辆延误时间。对公交车辆到达情况采取一定的控制措施,可以进一步提高小汽车的效益。这些模型也用于评估小汽车和公交车乘客总延误。葛宏伟等人[81]对城市公交停靠站的交通影响做了研究,并提出进一步的优化措施。通过对模型的分析,对公交站点间距、站点的选址、站点的站位和站长做了优化。王茜等人[82]在分析信号交叉口进口道处公交车辆停靠时间特性的基础上,对公交车辆在进口道停靠的现象进行了详细的总结与分类,并引入交叉口延误、通行能力等代表交通运行效益的指标,得出随着站点位置设置、公交停靠时间及单位小时停靠的公交数等参数与效益指标的相互关系,得到站点位置及公交线路合理设置的理论依据。许秀华[83]分析了公交车辆的停靠特点,包括减速进站、站内停靠、加速离站三个主要阶段。然后探讨了不同种类的停靠站处公交车辆的停靠时间,主要包括两种类型的站点形式:单泊位和多泊位。以站外排队等待、减速进站、站内停靠和加速离站四种运行状态为基础,分别构建相应的时间模型,最终得到公交停靠全过程的总时间模型。杨晓光等人[84]考虑到公交车辆在直线式与港湾式公交停靠站的停靠会对紧邻车道的车辆造成影响,并利用交通流理论,结合定性分析和定量计算综合展开研究,以公交停靠对相邻车道的损失时间为基础,构建了公交损失时间模型。然后针对直线式站点、港湾式站点无溢出、港湾式站点有溢出 3 种情形,分别得到相应的对相邻车道的影响模型,并通过仿真模拟技术对构建的模型进行验证。徐志等人[85]根据公交车辆停靠过程对停靠站处的延误进行了定义,根据公交车辆行进状态和产生延误的原因两项指标,对公交停靠站延误做了分类,并就不同类型下延误的影响因素做出了分析。采用某市港湾式和非港湾式公交停靠站为案例,分别给出两类站点延误估算的经验模型。赵靖等人[86]选取交叉口上游直线式公交停靠站为研究对象,探究其对交叉口通行能力产生的影响,运用交通流理论分析在不同到达时刻下,单辆公交车停靠对所在车道造成的绿灯损失时间,分别建立交叉口通行能力计算模型,最后对影响因素进行了灵敏性分析。马万经等人[87]以公交车辆到达出口道时间偏差最小以及社会车流延误最小为优化目标构建控制模型,此模型能够满足公交车辆"早到"和"晚点"两种情形,同时考虑了相位时长、站点排队长度、优先策略适用条件及相位饱和度等约束条件。

1.3 研究思路

通过分析公交停靠站范围交通运行特征,构建停靠站范围公交车辆换道决策模型,进而分析公交车辆换道进出停靠站影响,并优化停靠站影响下交叉口公交优先信号配时方案。研究思路如图1-1所示。

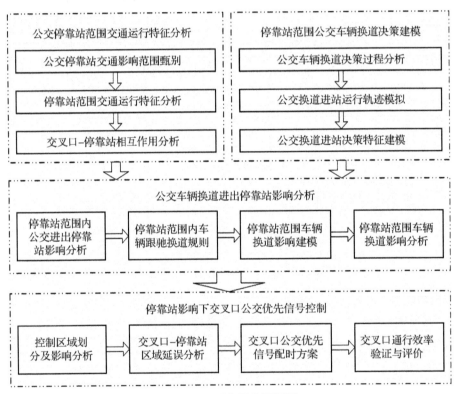

图1-1 研究思路框架图

1.4 本章小结

本章节首先论述了在我国"公交优先"政策倡导下的停靠站公交换道特征分析及相邻交叉口公交优先信号控制的研究背景及意义,分析了公交运行特征分析与建模、交叉口公交优先信号控制等方面的国内外研究现状,梳理并介绍了本书的研究思路。

第 2 章　公交停靠站范围交通运行特征分析

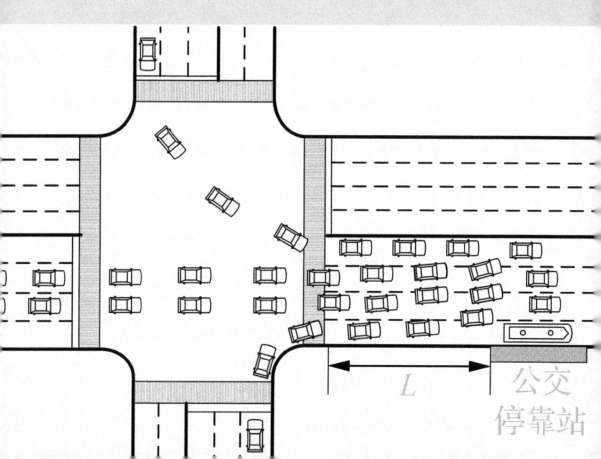

2.1 公交停靠站交通运行影响范围甄别

2.1.1 公交停靠站设置形式分类

在城市公共交通系统中,公交停靠站作为一种重要的基础设施,具有为公交车辆停靠、乘客上下车提供服务的作用。根据公交停靠站的站台形式、设置方式及所处位置,公交停靠站具有以下三种不同的分类方法。

1) 根据站台形式分类

公交停靠站根据站台形式可以分为直线式停靠站和港湾式停靠站。

(1) 直线式停靠站

直线式公交停靠站是指将服务于公交车辆停靠及乘客候车的泊位直接设置在外侧行车道的一种传统的停靠站形式,常见于车道数较少的路段,其具有易于施工、节省土地资源的优点,如图 2-1 所示。但是,这种类型的公交停靠站会对公交车辆的超车及社会车辆的正常运行产生很大影响,尤其是在车辆饱和度较高时,会造成严重的交通堵塞。

(2) 港湾式停靠站

港湾式公交停靠站是指将服务于公交车辆停靠及乘客候车的泊位设置在正常行驶的车道之外,通过对某一长度的路段进行拓宽来设置泊位,如图 2-2 所示。这种形式的停靠站可以减少公交车辆停靠对道路上行驶车辆的影响,也可以为后面到达的公交车辆提供良好的超车条件,提升交通效率,常用于车流量较大且土地资源宽裕的路段。此外,港湾式停靠站通常又分为以下四种:全港湾式停靠站、半港湾式停靠站、虚拟港湾式停靠站、双港湾式停靠站。

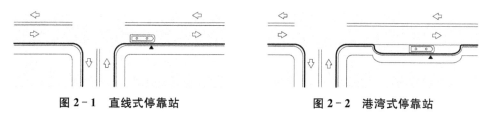

图 2-1 直线式停靠站　　　　　图 2-2 港湾式停靠站

根据站台形式分类的公交站优缺点对比见表2-1。

表2-1 根据站台形式分类的公交站优缺点对比

	优点	缺点
直线式停靠站	公交车辆进出站点方便,减小延误;对土地资源要求较低,建设施工费用较低	易形成交通瓶颈,并造成拥堵;加减速过程中,对社会车辆影响较大,存在安全隐患
港湾式停靠站	减少与社会车辆之间的影响;为公交车辆停靠和乘客上下车提供了安全区域,安全性高	高峰时段公交车辆进出站困难,延误较大;建设成本高,不易改造

2) 根据设置方式分类

公交停靠站根据设置方式分类如下:

(1) 路侧式停靠站

路侧式公交停靠站是指沿城市道路人行道或机非分隔带设置的公交停靠站。对于道路较宽且机非分隔带满足条件时,可将公交停靠站设置在机非分隔带沿线上,这是我国最常见的一种停靠站设置方式。此外,不满足以上条件时,可以将停靠站设置在人行道上,不过对于这种形式的停靠站,公交车辆易与非机动车辆产生相互干扰。图2-3和图2-4分别为沿人行道设置和沿机非分隔带设置的公交停靠站。

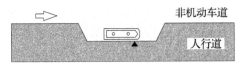
图2-3 沿人行道设置的公交停靠站

图2-4 沿机非分隔带设置的公交停靠站

路侧式停靠站有如下优点:占用机动车道路资源少,投资较低,易于实施;乘客上下车方便,无需穿越马路,保证乘客出行安全和减少乘客对道路的干扰;与现有公交车辆匹配,无需对车门进行改造。但是,这种设置方式不可避免地存在一些缺点:停靠站公交车辆进出站易与右转社会车辆产生冲突;当前方交叉口堵塞时,不利于左转公交车辆的行驶;停靠站泊位易受出租车和其他社会车辆临时停靠的干扰。

(2) 路中式公交停靠站

路中式公交停靠站是指沿道路中央分隔带进行设置的停靠站,如图2-5所示。这种情况通常将内侧车道作为公交专用道，可以减少公交车辆换道行为，提高公交运行效率。当道路条件允许且中央分隔带满足宽度要求时，可以按此方式设置停靠站。

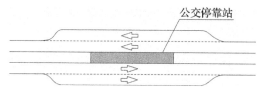

图 2-5　路中式公交停靠站

路中式公交停靠站有如下优点：不受路侧机动车、非机动车、行人等因素干扰，专用性强；与公交专用道结合发挥最大优势，公交运行效率高；大大减少公交车与其他车辆混行，提升道路通行能力。但是，该种停靠站设置方式也有如下缺点：对道路宽度要求较高，需要单独设置一条公交专用道，降低了社会车辆的行驶路权；为保证乘客便利性和安全性，需要设置过街连通设施（如天桥、地下通道）和隔离栏等隔离设施，增加了建设成本；因为公交车辆在路中式停靠站为左侧停靠，因此需要将车门设置在公交车辆左侧，所以公交车辆改造成本较大。

根据设置方式分类的公交站对比见表 2-2。

表 2-2　根据设置方式分类的公交站对比

设置方法	道路条件	限制条件
沿机非分隔带设置的公交停靠站	三幅路或四幅路；机非分隔带宽度满足设置条件	无
沿人行道设置的公交停靠站	一幅路或两幅路	非机动车流量不大
沿中央分隔带设置的公交停靠站	两幅路或四幅路；中央分隔带宽度满足设置条件	左侧开门的公交车辆；设置专门的人行天桥或地下过街通道

3）根据停靠站所处位置分类

在规划公交线路站点时，即便要保证平均站距最优，但其具体某一个公交站点的定位是根据实际交通状态确定的。不同所处位置的公交停靠站具有不同的特点，例如位于交叉口附近的公交停靠站在减少了乘客公交换乘距离的同时加剧了交叉口的瓶颈效应。根据公交停靠站在城市道路上所处的位置不同，可以分为以下三种类型：

(1) 基本路段公交停靠站

基本路段公交停靠站也被称为中端公交停靠站(Mid-block Stops),是指一种设置在两个相邻交叉口之间的纯路段上且不被交叉口影响的停靠站形式,如图2-6所示。该位置的停靠站虽然减少了对交叉口通行能力的影响,但是增加了行人通过交叉口的距离,容易导致行人直接横穿马路,存在较大的安全隐患。

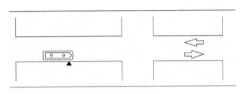

图 2-6　基本路段公交停靠站

(2) 交叉口上游公交停靠站

上游公交停靠站是指设置在交叉口上游进口道前的公交停靠站,也称近端公交停靠站(Near-side bus stops),如图2-7所示。此类位置设置方式下,公交车辆可以利用交叉口红灯相位进行停靠和上下客,且停靠站泊位有公交车辆排队现象时,不会对交叉口造成较大影响。但是,公交车辆进出站点容易受到交叉口信号控制及进口道车辆排队长度的影响,并且会与右转车道上的车辆产生冲突。

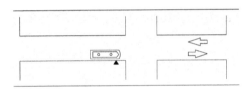

图 2-7　交叉口上游公交停靠站

(3) 交叉口下游公交停靠站

下游公交停靠站指设置在交叉口下游区域出口道的公交停靠站,又被称为远端公交停靠站(Far-side bus stops),如图2-8所示。公交车在进入车站并完成停靠后即可离站,不再受信号灯控制,避免与交叉口右转车辆的冲突。但是,在此类设置方式上公交车不能利用红灯相位时间上下客,很大概率上需进行二次停车。此外,当停靠站泊位不足时,公交车辆排队可能会溢出到交叉口,进而影响交叉口的正常通行。

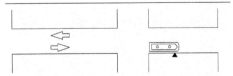

图 2-8　交叉口下游公交停靠站

根据停靠站所处位置分类的公交站优缺点对比见表2-3。

表2-3 根据停靠站所处位置分类的公交站优缺点对比

	优点	缺点
下游公交停靠站	乘客步行距离缩短,安全性提高,方便公交乘客换乘,增强公交吸引力; 提高交叉口右转车道的通行能力; 降低交叉口进口道视距问题产生的影响; 公交车辆停靠的减速距离缩短; 促进公交优先信号的运行,优化公交车辆通过交叉口过程	公交车辆甚至社会车辆在交叉口处排队现象严重; 易引发交叉口司机和行人的视距问题; 影响社会车辆通过交叉口过程加大潜在事故的风险
上游公交停靠站	乘客步行距离缩短,安全性提高,方便公交乘客换乘,增强公交吸引力; 公交车辆停靠的减速距离缩短; 利用下游交叉口上下客,有效减少公交车辆的停靠延误时间; 交叉口进口道拓宽有利于公交车辆驶出港湾式站点; 下游交通量较大时,可以减少干扰	公交车辆与右转车辆冲突严重; 导致交叉口通行能力下降,易产生拥堵; 交叉口用地紧张,站点设置条件较路段差; 易引发交叉口司机和行人的视距问题
基本路段公交停靠站	对交叉口司机和行人的视距影响较小; 减少公交车与社会车辆的相互冲突和影响	乘客步行距离增加,换乘不便; 易导致横穿道路等危险行为,影响交通流正常运行

2.1.2 停靠站公交运行影响范围甄别

1) 站点区段公交车辆运行特性分析

从公交车辆在站点范围内的运行时间过程考虑,将公交车辆在站点运行分为减速进站、在站停靠以及加速离站三个阶段。

(1) 减速进站阶段

进站阶段微观上还可以分为变换车道和减速进站两个阶段。如果公交车辆在准备减速时行驶在紧邻站台的车道上,则只需要减速进站即可,若没有在紧邻站台的车道上行驶,则需要变换车道进行减速进站。而在变换车道进站的过程中,公交车辆不可避免地要与道路上其他社会车辆产生交织和干扰。根据经验和调查,减速进站一般可以分下面两种情况[88]:

① 理论上车辆不受干扰,从正常速度开始匀减速运动直至停车。

② 公交车司机在目测开始进入站点影响区域以后,先不减速,然后在离站台很短的距离内以较大的加速度在短时间内停靠在站台处。

然而这一过程主要是由公交车驾驶员来掌控,而不同的驾驶员有不同的特性。据实际观测,大部分的驾驶员都想尽量地减少公交进站的停靠和延误时间,因此,实际上大多数公交车的运行情况为后者。再者,一般在公交车辆进站时,若公交车辆比较多,乘客、非机动车等环境干扰因素又比较大,公交车辆在站点区段实际都是走走停停,才能完全进站停靠。

公交车辆在运行过程中,不仅受到同向机动车流的影响,还受到相邻车道非机动车的影响。这里以沿人行道设置的直线式公交停靠站为例,说明公交车辆的进站过程。如图 2-9 所示,当公交车行驶到距离站点一定距离的 A 断面的时候,需要开始准备变道减速进站,此时若非机动车流量较大,使公交车只能跟随非机动车缓慢进入车站。在变道减速进站过程中,后面的非机动车或者机动车只有两种选择:一是降低速度尾随公交车之后;二是选择变换到相邻车道继续行驶[89]。在实际中,非机动车很多会选择第二种,变换到机动车道上继续行驶,这就严重干扰了机动车的行驶,降低了道路交通流速度。非机动车流量越大,公交站点区段的拥挤越严重,机动车流的速度相应就越低,因此公交车的进站速度就越低,受到的干扰越大,反之亦然。

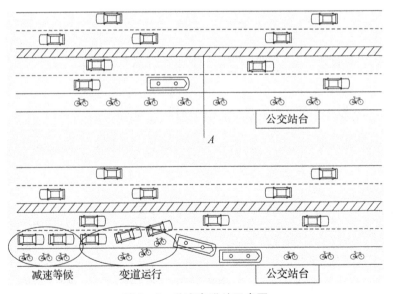

图 2-9 公交车进站示意图

（2）在站停靠阶段

这一阶段微观上也可细分为开车门、乘客上下车和关车门三个阶段。

公交车辆停靠时，如图 2-10 所示，占用非机动车道，非机动车也同样有和进站时一样的选择行为，一是降低速度在公交车辆后面等候，二是变换车道。

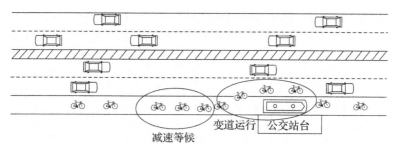

图 2-10　公交车辆停靠示意图

目前，我们国家各大城市的公交车辆主要都是单机两车门型，上下客通道分开。乘客的乘降时间主要与公交车车型、车内乘客数量、售票系统（付费方式）、乘客行李数量和重量、公交车辆停靠位置离等待乘客的距离等因素有关。通过对实际情况的调查研究，可知公交停靠有以下特点：

① 乘客的上车时间明显大于下车时间，对于只有一个站位数的情况，单位上客时间几乎是单位下客时间的两倍。

② 高峰客流时，由于乘客人数非常多，各站点车辆和乘客的交通组织一般不太规范，乘客上车时间也明显比平峰时间要长。

③ 当车内有站立乘客时，随着车内拥挤度的增加，乘客服务时间将明显增加。

④ 若非机动车流较大且不遵守交通规则时，将明显增加沿人行道设置的公交停靠站的车辆停靠时间。

（3）加速离站阶段

公交车辆进出直线式停靠站的过程比较简单，只是从静止开始启动加速直至以正常的车速行驶的过程。而对于沿人行道设置的直线式公交站，若出站过程中非机动车流较大，则公交车辆的出站将会受到很明显的阻碍作用。如图 2-11 所示，公交车辆在站点停靠处从零开始加速，直至达到正常速度并汇入机动车流，出站过程由两部分组成：一是从零开始加速，在这个过程中，公交车辆主要受到非机动车辆的干扰；另一过程是公交车辆寻找间隙汇入车流，这时，公交车辆受到的阻碍随着机动车辆流量的增加而增大，反之亦然。

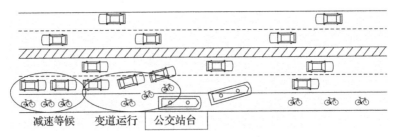

图 2-11 公交车出站示意图

而港湾式公交停靠站在出站时,车辆需要重新汇入相邻车道的道路交通流,这一过程比减速进站稍微复杂。因为公交车辆在变道加速的同时,还要注意临近车道的交通流的影响,理论上是公交车辆让行于社会车流,寻找间歇插入到相邻车道的车流中,但从实际的观察情况来看,公交车辆常常争道抢行,迫使路段的交通流减慢,严重时甚至产生拥塞。

2) 站点区段交通流特性分析

由于公交车辆在公交站点要完成乘客的上下车,这一服务功能决定了它在公交停靠站附近的运行特征不同于普通路段上其他车辆。由于公交车辆在站点区段需要减速进站、停靠上下客、加速离站以及变换车道,所以导致公交车不仅行程时间要发生变化,而且在进出站停靠或者变化车道过程中与其他车辆发生交织。

不同类型的公交站,会引起周围不同的交通流分布和冲突情况。如图 2-12 所示,有中央分隔带的道路可以有效避免车辆间的交织和干扰,更利于车辆的通

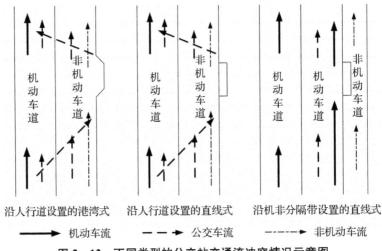

图 2-12 不同类型的公交站交通流冲突情况示意图

行,港湾式的公交站比直线式的公交站更有利于减少干扰的发生。因此,站点区段的交通流将随着公交车辆的进出站停靠、变化车道以及外界的各种因素的影响而随机变化。

3) 停靠站公交运行影响范围甄别

公交车辆由于其运营特性,需在公交站处频繁停靠以实现其服务功能,该行为将占用道路空间资源和运行时间资源,与社会车辆相互干扰,影响停靠站所在车道及其相邻车道交通流运行[90]。因此,公交站往往是城市道路网中的堵塞多发点和制约城市路网畅通性的重要瓶颈。对公交站交通影响范围开展研究有助于认识公交站附近路段拥堵的本质,为公交站合理选址、提高路段交通流运行效率提供理论依据。

公交影响区是指公交车辆在减速进站、停靠和加速离站时,被公交车辆占用的影响非公交车辆正常行驶的车道长度[91]。无论是哪种形式的公交停靠站,在公交车辆减速进站或者停靠上下客时,都有可能占用机动车道,比如沿机非分隔带设置的公交站(直线式、港湾式有溢出)就会直接占用机动车道,从而影响公交车辆停靠所在路段的社会车流的正常运行。

目前,关于公交停靠站交通影响范围的界定或共识性定义较少。周智勇[91]等人曾对此进行初步研究,认为公交站空间影响主要由公交车进站行为引起,并简化为三个阶段,即进站影响区 l_{in}、站台影响区 l_z、出站影响区 l_{out}。将三者线性叠加,再加上纵向安全车头净空 h,即得到公交停靠站影响区长度。各阶段的长度计算公式详见式(2-1)至(2-5)所示。

公交车进站时间:

$$t_{in} = \frac{v_b}{a_{in}} \qquad (2-1)$$

进站阶段影响距离:

$$l_{in} = v_b t_{in} - 0.5 a_{in} t_{in}^2 \qquad (2-2)$$

公交车出站时间:

$$t_{out} = \frac{v_b}{a_{out}} \qquad (2-3)$$

出站阶段影响距离:

$$l_{out} = v_b t_{out} - 0.5 a_{out} t_{out}^2 \qquad (2-4)$$

空间影响区长度:

$$L = l_{in} + l_z + l_{out} + h \tag{2-5}$$

式中：v_b——公交车在路段上的行驶速度，m/s；

a_{in}——公交车进站时的减速度，m/s²；

a_{out}——公交车出站时的加速度，m/s²；

l_z——公交站台的有效影响长度，m；

h——纵向安全距离，取 2 m。

一般情况下认为公交车辆是匀速进出站，但是根据实际情况调查得知，由于道路环境的干扰，公交车辆很难做到匀速进出站，也就是实际的 a_{in}、a_{out} 并不是固定的，而是随着道路饱和度、车辆运行环境等因素的变化而变化，所以公交站点的影响区范围也不是固定不变的，而是随着 a_{in}、a_{out} 的变化而变化的。但是可以根据对实际站点的长期的调查观测，而知晓不同类型的公交站点的一个大致影响范围，在这个范围内来进行公交车辆的停靠对道路的影响分析。

不同站台形式的公交停靠站，对其所在路段交通流运行的影响也不一样。对于直线式公交停靠站，公交车辆停靠时需要占用一条机动车道或者非机动车道，如果道路车道数不多或者道路交通流量比较大，对路段交通流的影响非常明显。而公交车辆在港湾式站点的减速进站、停靠以及加速离站都是在道路之外停靠，对道路通行能力的影响则相对较小[92]。

接下来基于上述公交车辆运行特性分析，定性确定不同类型公交停靠站的影响范围。

(1) 直线式公交停靠站

① 沿机非分隔带设置的直线式公交站。

直线式公交停靠站，只要有公交车辆在站点停靠，就将占用最外侧车道，影响道路上其他车道的车辆正常通行。但是也分为两种情况，第一种若公交车辆在社会车辆到达之前，就已经上下完所有乘客开始离站，则可认为这种情况下公交车辆对道路通行能力没有影响；第二种若道路流量比较大，公交车辆完成上下客的时间也较长，则公交车辆在停靠时，长时间占用最外侧车道，此时公交车辆停靠所在的车道，是不允许社会车辆通行的。而最外侧车道要重新被其他车辆利用，就只有等站点处所有停靠的公交车辆都驶离才可以，即公交停靠期间内形成道路瓶颈，对道路通行能力的折减随着公交车辆停靠时间的增长而变大。但根据实际观察，城市道路高峰期间，道路的机动车流量很大，在公交车辆进出站和停靠期间，都有机动车到达，也就是车辆停靠主要为第二种情况。

葛宏伟[93]根据预调查的观测和测量，公交进站时，从开始减速到进站停靠，一般需要 4～6 s,如果按照公交减速前能达到的最大运行速度 60 km/h 计算,公交减速影响区域一般为 30～50 m,考虑到公交线路密集的公交站点车辆排队经常超出停靠站尾部,公交减速进站影响范围一般取 60～100 m。公交出站时,从开始加速运行至到达正常运行速度一般需要 6～10 s,公交加速影响区域一般为 50～80 m,则沿机非分隔带设置的直线式公交站影响范围如图 2-13 中阴影部分所示。

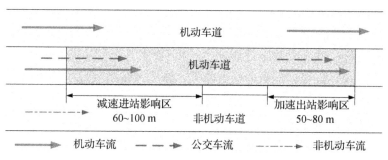

图 2-13　沿机非分隔带设置的直线式公交站影响范围

② 沿人行道设置的直线式公交站。

对于沿人行道设置的直线式公交停靠站,非机动车道的宽度由于公交车的占用而变窄。但是由于非机动车的灵活和随意性,同时根据实际调查可知,一般公交车辆在加减速和停靠时,非机动车都会选择变换到相邻的机动车道通行,而影响了路段上机动车的正常运行,尤其是当非机动车流量较大时,这种影响更为明显;同时,公交车从机动车道变换车道进入非机动车道时,也会对机动车的正常运行产生影响。沿人行道设置的直线式公交站影响范围如图 2-14 中阴影部分所示。

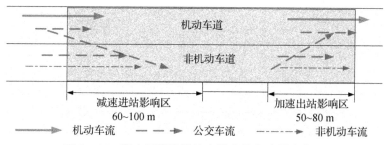

图 2-14　沿人行道设置的直线式公交站影响范围

(2) 港湾式公交停靠站

由于港湾式公交停靠站的特殊性,如果车辆停靠不超出港湾站台,可认为车辆在停靠阶段对道路交通流的影响是为零的,只有在进出站过程中会对道路交通流产生影响。如果车辆停靠的长度超过了站台长度,则会引起排队,同时会影响到车道上社会车辆的运行,此时对道路交通流的影响方式和效果是和直线式停靠站对道路交通流的影响相似的。因为港湾式公交停靠站的公交车辆是否超出站台,所涉及的对道路的影响时间是不一样的,所以需要将其分为港湾式公交车辆无溢出和有溢出来进行分析。

① 沿机非分隔带设置的港湾式公交站。

a. 公交车辆排队无溢出

无论公交车辆同一时刻到达的车辆数为多少,是否排队及排队长度多长,只要公交车辆的排队长度没有超出港湾站台长度,就认为其停靠期间对路段交通流没有影响,此时,只有公交车辆从道路交通中分流出来变道减速进站和重新汇入道路交通流时的加速离站过程对路段交通流有影响。

b. 公交车辆排队有溢出

只要公交车辆在站排队长度超出了港湾站台长度,此时,对路段交通流的影响类似于直线式公交停靠站,此时,公交车辆对道路交通流的影响,分为两个阶段:一是在还没有溢出港湾站台长度时加减速阶段对路段交通流的影响;二是排队长度超出港湾站台长度后,进出站和停靠阶段对道路交通流的影响。

沿机非分隔带设置的港湾式公交站影响范围如图 2-15 中阴影部分所示,其中深灰色表示无溢出情况下的影响范围,浅灰色表示有溢出情况下的影响范围。

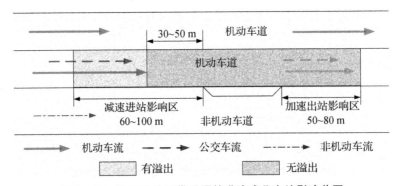

图 2-15　沿机非分隔带设置的港湾式公交站影响范围

② 沿人行道设置的港湾式公交停靠站。

沿人行道设置的港湾式公交停靠站,如果停靠没有超出站台,则只是在加减速阶段对非机动车及相邻路段机动车流产生影响。如果车辆排队超出了站台,则停靠的整个时间段内,都会对非机动车及相邻路段机动车流产生影响。沿人行道设置的港湾式公交站影响范围如图 2-16 中阴影部分所示。

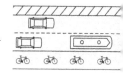

第 2 章　公交停靠站范围交通运行特征分析

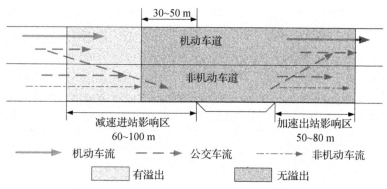

图 2-16　沿人行道设置的港湾式公交站影响范围

2.2　停靠站公交运行特征分析

2.2.1　停靠站通行能力

1) 公交停靠站点通行能力影响因素分析

公交停靠站点通行能力是指对于某一个公交停靠站在一定的道路交通条件下,单位时间内所能停靠的最大车辆数[94]。站点通行能力是描述和评价公交停靠站点的重要指标,一定程度上反映了该公交停靠站点的运营效率和服务水平,是进行公交站点设计和停靠组织优化的必要条件。美国《公共交通通行能力与服务水平手册》中指出,公交停靠站点的通行能力度量由组成站点的单个停靠泊位的通行能力和多停靠位公交站点的通行能力两方面组成[28]。

(1) 停靠泊位通行能力的影响因素

停靠泊位是公交停靠站点的基本组成单位。单个停靠泊位的通行能力计算是对公交停靠站点通行能力进行分析计算的基础。停靠泊位的通行能力主要受以下几方面的影响：

① 停靠时间。

停靠时间的定义为公交车辆在停靠泊位上进行停靠的时间,是通行能力计算的重要影响因素。停靠时间主要包括乘客上下车时间和公交车开关车门时间两部分。具体来说,乘客上下车时间主要受乘客上下车人数、乘客上下车方式以及公交车内部乘客数量的影响。乘客上下车人数和公交车内部乘客数量都与公交车在此停靠的时间成正比。乘客上下车方式,主要是受公交车辆车门布置形式的影响。例如,设有前后两车门的公交车辆采取的是前门上车,后门下车的上下客方式,而设有前中后三车门的公交车辆则要求乘客在中门上车,前后门下车。在不同车门布置的公交车上,乘客上下车方式的不同会影响乘客上下车的时间,进而达到影响公交车辆的停靠时间的目的。公交车辆开关车门的时间一般取 1~3 s[95]。

② 清空时间。

停靠站点的清空时间是指前一公交车结束服务后驶出泊位与后一辆公交车驶入同一泊位的时间间隔。公交车辆在停靠站点的清空时间与泊位长度、车辆自身长度、车辆进站减速度、车辆出站加速度、停靠站点区段道路交通条件等因素有关。通常情况下,清空时间一般取值在 9~20 s 之间[96]。

③ 停靠时间变化率。

停靠时间变化率是指公交车辆在站点泊位上停靠时间的变化规律,主要受时段、线路以及线路容量等方面的影响。不同时段(高峰时段、非高峰时段),同一线路和不同线路上的乘客需求量都不尽相同,导致公交车辆的停靠时间也不同。对于多线路公交停靠站点,一般供多条公交线路停靠,站点停靠区域运行状况复杂,公交车辆的停靠时间变化更大。St. Jacques[97]通过对美国若干城市的公交车辆进站停靠时间进行调查统计,对停靠时间的变化率推荐取值为 0.6。

④ 排队概率。

排队概率指由于停靠站点下游泊位处于占用状态导致的后续到达车辆不能及时进入泊位停靠而在站外排队的概率。排队概率在一定程度上反映了公交车辆到达某停靠站点的集中程度,也反映了公交车驾驶员和乘客对站点周围区域交通状态的主观感受。

(2) 公交站点通行能力的影响因素

公交站点是指由多个停靠泊位构成的区域范围,然而公交站点的通行能力计算并不能看作构成站点的各个停靠泊位的通行能力的简单叠加,主要受到以下几个因素的影响:

① 停靠泊位数。

一个公交停靠站点的停靠泊位的数量对停靠站点产生的最直观影响是,它决定了该公交停靠站点可以同时进行上下客服务的最大公交车辆数,从而对公交停靠站点的通行能力产生直接影响。但是在实际公交运营服务过程中,由于在停靠过程中,公交车辆会相互干扰,所以每个泊位的通行能力可能不会被充分利用,也就是说,站点通行能力与停靠泊位数之间不存在简单的线性比例关系。相反的,停靠站点泊位数的增加有可能会使停靠站点的通行能力降低。相关研究表明[98],当公交停靠站点的到达车辆超过 300 veh/h 时,站点通行能力有可能会随着停靠泊位的增加而降低。

② 站台设置形式。

站台设置形式的不同也会对公交停靠站点的通行能力造成影响。公交停靠站点可以分为直线式公交停靠站点和港湾式公交停靠站点,由于直线式公交停靠站点和港湾式公交站点的站台设置形式存在明显差别,所以公交车辆在不同站点内部的停靠服务过程存在差异,这直接导致两者车辆进出站点时间的不同,因此不同站台形式的公交停靠站点的通行能力有明显区别。

③ 信号控制。

HCM 认为[27],停靠站点上游的信号控制状况会对公交停靠站点的通行能力产生影响。具体表现为不同的信号灯配时方案对途经信号交叉口的公交车辆可能产生的延误不同,从而对公交车辆的到站时间规律产生一定程度的影响。

④ 驾驶员选择的首车停靠位置。

在停靠站点内部泊位全部空置的情况下,部分公交车驾驶员驾驶车辆进站时会根据经验观察乘客是否有上车倾向,并选择在乘客聚集较多的位置停靠。此时车辆所停靠位置可能不会考虑对后续到达公交车辆进站的影响,后续到达车辆由于前方泊位被占用,而不能及时进站服务,停靠站点整体通行能力降低。

⑤ 公交站点内部车辆的停靠服务原则。

公交站点内部车辆的停靠服务原则分为三种:不可超车原则、限制超车原则和允许超车原则[99]。不可超车原则即在公交停靠站点进行停靠服务的车辆不允许超过停靠站点下游的车辆进站或出站。限制超车原则允许公交车辆超过站点服务区域下游停靠的公交车辆驶离站点,而不允许车辆超过前方停靠车辆进入站点停靠。允许超车原则即允许到站服务车辆超过前方停靠公交车进入站点或离开站点的原则。这三种停靠站点的车辆服务原则对站内部进行服务的车辆以及等待进站车辆的影响各有不同,导致停靠站点通行能力的不同。

2) 公交停靠站点通行能力计算方法

(1) 传统 HCM 模型

美国《道路通行能力手册》(HCM)[27]以及《公共交通通行能力与服务质量手

册》(TCQSM)[28]提出的公交停靠站点通行能力计算方法是目前交通领域广泛使用的经典方法。该计算方法主要考虑站点停靠泊位的数量、停靠站点上游交叉口的绿信比、公交车辆的在站停靠时间以及停靠站点的运营裕量。单个泊位的通行能力计算公式如式(2-6)所示:

$$C_1 = \frac{3600\frac{g}{c}}{T_c + \frac{g}{c}T_d + T_{om}} \tag{2-6}$$

式中：C_1——单个停靠泊位的通行能力；

g/c——公交停靠站点上游交叉口的绿信比，无调研数据时建议取值0.6；

T_c——停靠泊位的清空时间，有 $T_c = \sqrt{2l/a} + \sqrt{2l/b}$；其中 l 为公交车辆自身长度，一般取停靠泊位平均长度 $l=15$ m；a、b 分别为公交车辆驶离站点的出站加速度和驶入站点的进站减速度，常规取值为 $a=1.0$ m/s²、$b=1.5$ m/s²，所以清空时间可近似取值为10 s；

T_d——平均停靠时间；

T_{om}——运营裕量时间。

运营裕量是用来描述公交车辆是否能够顺利进入站点进行停靠的一个量，是公交站点对站外排队车辆进行补偿的时间量[100]。公交停靠站点有效利用的理想状态是公交车辆完成上下客服务离开停靠泊位的时刻，后续到达的公交车辆立即进入泊位接受服务，如此循环。但由于多线路公交停靠站点供多条公交线路在此停靠，各条线路的运营组织方案、途经道路的交通状况存在差异，所以公交车辆的到达呈现随机性，在高峰时段容易发生公交车辆集中到达停靠站点，后续车辆不能及时进站并在站外排队的现象。为避免站外排队现象频繁发生，增加一段补偿站外排队车辆的时间，称为运营裕量，计算公式如式(2-7)所示:

$$T_{om} = C_v T_d Z_a \tag{2-7}$$

式中：C_v——停靠时间的变化率；

Z_a——为满足期望排队概率的标准正态分布值，对于城市中心区域的公交站点取值一般为1.04～1.44，非城市中心区域取值1.96。

对于多停靠位公交停靠站点通行能力的计算，在单停靠位通行能力计算的基础上乘以累计有效泊位数得到，计算公式如式(2-8)所示:

$$C_d = N_{el} C_1 \tag{2-8}$$

式中：C_d——多停靠位公交站点的通行能力；

N_{el}——累计有效泊位数；

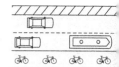

C_1——单个停靠泊位的通行能力。

HCM2000 认为在实际的公交车辆进站服务过程中,在停靠站点停靠区域内进行服务的公交车辆会产生相互干扰,从而降低各停靠泊位的使用效率。基于此,HCM2000 提出如表 2-4 所示不同停靠泊位数的公交停靠站点对应的公交站点泊位利用率及累计有效泊位数的参考值。

表 2-4 公交站点泊位利用率及有效泊位数

泊位数	直线式公交停靠站		港湾式公交停靠站	
	泊位利用率/%	有效泊位数/个	泊位利用率/%	有效泊位数/个
1	100	1.00	100	1.00
2	85	1.85	85	1.85
3	60	2.45	75	2.60
4	20	2.65	65	3.25
5	5	2.70	50	3.75

HCM 模型认为类型一致的公交站点的有效泊位数为某一特定值,忽略了公交运行中其他因素对有效泊位数的影响。其次,该模型未考虑公交车辆到达站点的随机性。对比我国和欧美国家,由于居民主要出行方式、人口密度以及公交线网覆盖率等因素的不同导致公交车辆到站时间规律存在明显差异。国内大中城市的道路交通状况普遍不佳,公交站点内部车辆延误频发,公交车辆到站时间间隔的波动较大。再次,HCM 模型使用正态分布描述公交车辆在站点的停靠时间,正态分布以期望值为中心严格左右对称,且自变量定义区间与现实情况相比可能存在函数在某段区间没有定义的情况,因此选用正态分布来描述停靠时间分布的差异性是不准确的。综上可知,传统的 HCM 计算模型与我国目前的公交运行状况存在一定差异,难以满足当前公交站点精细化管理的需求。

(2)《交通工程手册》模型

在 1998 年 5 月出版发行的《交通工程手册》中,国内学者通过分析公交车辆在公交站点运行的全过程,认为每个公交车辆占用停靠泊位的时间决定了公交停靠站点的通行能力,提出的计算方法如式(2-9)所示[101]。

$$C_1 = \frac{3\ 600}{t_1 + t_2 + t_3 + t_4} \quad (2-9)$$

式中:t_1——公交车辆减速进站所用时间,有公式 $t_1 = \sqrt{2l/b}$,其中 l 的取值为公交车辆的车身长度,b 为公交车辆进站的减速度,一般取值 1.5 m/s²;

t_2——公交车辆开关车门时间;

t_3——乘客上下车时间;

t_4——公交车辆加速离开停靠站点的时间,有公式 $t_4=\sqrt{2l/a}$,a 为公交车辆加速出站的加速度,一般取值 $1.0\ m/s^2$。

《交通工程手册》所提出的模型较为理想,认为所有公交车辆到达站点后都能立刻进站接受服务,不考虑公交车辆在站外排队等待进站的概率以及公交车辆到达的随机性,计算时直接将公交车辆进站—服务—离开的过程分裂开来,分别计算每个停靠过程所占用的时间并求和后作为计算站点通行能力的基础。该模型只能在缺乏详细调查数据的情况下对站点的通行能力进行估计。

(3)公交停靠站点排队系统模型分析

蒋成轶等学者[102]经过对公交车辆在站点内部进站—服务—出站的全过程分析后认为公交车辆在停靠站点的停靠服务过程符合排队论理论,到达的公交车辆和停靠站点构成了一个排队系统。其中公交车辆的到达过程为排队系统的输入过程,公交停靠站点为所构建排队系统的服务机构,公交停靠站点的停靠泊位为排队系统的服务通道,排队规则是自由进出原则。在对应排队论的相关计算参数后,假设系统的容量和顾客源都不受限制,可以根据公交车辆的停靠时间所服从的不同分布构造不同的排队论模型从而对公交停靠站点的通行能力进行计算。

在公交运营管理现状中,出于道路交通安全的考量,大多数城市已出台相关规定要求公交车辆在进出停靠站点时依次单排等候进站或出站[103]。当排队规则为排队进出原则时,由于停靠泊位所处停靠站点位置的不同,所构建排队系统的各个服务台不是等价使用的。此外,在此排队系统中,公交车辆在站内的停靠时间并不只受乘客数量影响,也受线路、时段,以及站点内部其他停靠车辆的干扰,影响因素较为复杂,目前尚无合适的排队模型可以描述。

2.2.2 停站时间特征

1) 公交停靠站停靠时间影响因素分析

公交车在公交停靠站停靠时间的长短受到多种因素的影响,这些因素包括公交车自身方面、道路其他交通流方面、公交停靠站方面以及其他方面的因素。

(1)公交车自身因素

公交车的种类很多,比较常见的有普通两门公交车、铰接三门公交车、双层两门公交车,不同类型的公交车上下车规则不同,两个车门的公交车一般是前门上车后门下车,三个车门的公交车一般是从中门上车,从前门及后门下车。车门的数量对公交车停靠时间的影响比较大,当下车乘客比较多时,三个车门的公交车有两个门用来下车,缩短了下车的时间,降低了公交停靠站的整个停靠时间。但是三个车门的公交车由于车身比较长,受到站台的影响,当公交站台比较短时,三个车门的公交车的使用会受到限制。

公交车的台阶数目对上下车时间也有影响,单个台阶的公交车上下车比较方便,上下车花费的时间也较短,多个台阶数的公交车相对来说上下车的时间就会增加。许秀华[83]通过对北京市多个公交停靠站的实际调查,计算得出1级台阶乘客的平均上车时间为1.3~1.6 s,2级台阶平均上车时间为1.5~1.9 s,3级台阶平均上车时间为1.8~2.2 s。同样下车时间大约每多1级台阶,时间增加0.2 s。公交车台阶数目对老年人上下车的影响更明显,一般老年人腿脚不灵便,多台阶公交车老年人上下车比较慢,不同台阶数目的公交车同时也会受到公交站台高度设置的影响。

公交车内车身宽度也会影响乘客上下车的时间,如果车身宽度过窄,车内人数相对较多时,对乘客的上下车时间有一定的影响。车身宽度较大,当车内乘客数相同时,乘客上下车时间会有所缩短,从而使公交车的停靠时间减少。

另外,公交车内收费仪器的多少、收费方式,座位的数目,座位的设置,抓手的高度、数量等设置不合理都会造成公交车内的混乱,间接地影响乘客的上下车时间。

(2) 公交停靠站的类型

公交停靠站根据站台形式可以分为直线式停靠站和港湾式停靠站,这两种不同类型的公交停靠站具有各自的特点,直线式公交停靠站对于公交车来说进出站点比较容易,但停靠时会涉及减速变换车道,不安全因素也会增加。港湾式公交停靠站由于进出站不方便,会使得公交车在公交停靠站停靠时间比较长,增大了站点的延误。但是港湾式公交停靠站,对其他直行交通影响比较小,停靠安全性也会提高,但相比直线式来说,占用的空间比较大,建设费用也高。因此,对于公交停靠站选择直线式还是港湾式,要考虑各种因素,例如空间是否足够,距离交叉口的长度等。

另外,停靠站泊位数的多少,也会影响停靠站公交车的通行情况,进而影响公交车在停靠站的停靠时间,一个公交停靠站的泊位数过多时,公交车停靠效率会降低[104],如图2-17所示。因此,公交停靠站泊位数的设置要根据实际情况合理设置。公交停靠站实际泊位数与有效泊位数的关系如图2-18所示。

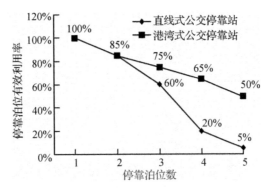

图 2-17　公交停靠站泊位数与停靠泊位利用率的关系

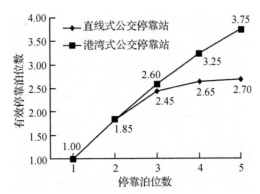

图 2-18　公交停靠站实际泊位数与有效泊位数的关系

公交站台的长度、高度也会影响停靠时间的长短,公交站台长度足够大时可以设置多个站台,能够满足不同线路的停靠需求,减少了公交车由于服务站台数过少导致在站外等待的时间。合理设置站台高度,可以减少乘客上下车的时间。

(3) 乘客影响

乘客的数目和文明程度会对公交停靠时间造成很大的影响,站点乘客数量较多时,使得上车的时间大大增加。很多乘客文明素质程度较低,上车时不排队,混乱地往车上挤,使得乘车秩序混乱,增加了上车时间,通过调查计算,在上车人数较多时,排队上车比混乱上车平均每人少用 0.5 s。当一个公交停靠站的上车人数越多时,人均上车时间会有所增加,一般来说,一个公交停靠站的上车时间要比下车时间长。

有些乘客不按照要求上下车,从下车门处上车或者上车门处下车,这就会使得上下车的乘客冲突,也会增加乘客的上下车时间。还有些乘客在不同的站台处等车,造成公交车的二次停车。有些乘客携带大宗行李,减慢了上车的时间,有些乘客推着婴儿车乘坐公交车,这些现象都会使得上下车时间增加,从而增大了公交车

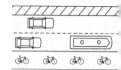

在停靠站的停靠时间。

（4）周边交通影响

公交停靠站附近其他车辆对公交车的停靠影响也比较大，在没有公交专用道的情况下，公交车停靠的过程需要进行换道减速，路上车流量比较大时，社会车辆会对公交换道造成干扰，影响公交车的正常停靠，公交车进站停靠比较困难，这样不仅影响了公交车的停靠，同时也对其他社会车辆造成了很大影响，还可能会造成路段的交通拥堵。

对于港湾式公交停靠站，当乘客上下车完毕，公交车要加速离开时，直行的交通流也会对公交车驶入直行车道造成很大的影响，这种影响在车流量较大时会更加明显。对于其他车辆而言，公交车驶入直行车道也会造成后面车辆的排队等待，造成出行延误。

（5）时段影响

不同时段城市道路上交通流大小以及公交停靠站乘客数量差别很大，使得时段对公交车停靠时间的长短影响也很大，高峰时段社会车流量较大，各线路的公交车较多，客流量也很大。高流量的社会车辆同样会使得公交车在停靠站停靠的时间变长，等候公交车的乘客较多增加了乘车的混乱程度，使得乘客上下车时间增大，在很大程度上延长了公交车的停靠时间。平峰时段，各种社会车辆相对较少，公交车的发车频率也比较低，乘客数量也相对较少，公交车在站点的停靠时间就会相对较低。

（6）公交车之间相互影响

对于单泊位的公交停靠站来说，由于路段或交叉口的延误，当两辆公交车同时到站时，后一辆公交车会在站外等候，等待前一辆公交车在站内停靠，完成乘客的上下车，在一定程度上增加了后一辆公交车的停靠时间。

对于多泊位的公交停靠站来说，如果多条线路公交车同时到达，而到达的公交车数量大于泊位数时，后到达的公交车也会在站外等候，等待前车完成停靠过程。如果有多个泊位，位置靠后的站台如果乘客上下车结束，而前边站台的公交车还未完成乘客的上下车，相邻车道上社会车流较大时，那么后面的公交车就需要等待。这两种情况都会因为公交车之间的相互影响而增加公交车的停靠时间。

（7）路边停车影响

在很多大城市，由于机动车数量过多，停车位不能满足实际的停车需求，交通管理部门会在路边划定一定数量的停车位。有些停车位距离公交停靠站很近，又因为一些社会车辆司机自觉性不高，把车辆停在停车位之外，或者距离公交停靠站更近处。这样直接导致了公交车在进站和出站时的不方便，进站与出站缓慢，从而导致整个停靠时间的增加。

2) 公交站点停靠时间模型

基于 2.1.2 节站点区段公交车辆运行特性分析,分别建立公交车辆减速进站、在站停靠以及加速离站三个阶段时间模型:

(1) 公交车减速进站时间模型

公交车在公交停靠站没有公交车或者公交车到达数量小于等于泊位数时,或者站外等待结束后就需要减速进站,减速进站的过程比较简单,就是一个公交车减速到停止的过程,或者是起步减速到停止的过程。直线式和港湾式公交停靠站,对于公交车减速进站的影响不大,所以不再分开讨论。

① 公交车到达停靠站后直接减速进站时间模型。

不管是单停靠泊位,还是多停靠泊位,公交车不用站外等待直接进站时,它们之间的时间差别很小,都是由一定的比较低的速度减速到停止的过程。因此,这种直接进站的公交车减速进站时间 T_d 模型如下所示:

$$T_d = \frac{v_s}{a_s} \tag{2-10}$$

式中:v_s——公交车减速进站时的车速,单位 m/s;

a_s——减速进站的加速度,单位 m/s²。

② 公交车站外等待后起步减速进站模型。

对于公交车到达后在站外等待的情况,会涉及一个站外等待后需要起步并减速到停止的过程,这个过程的时间比直接进站的时间稍微长一些,因为需要由起步再减速到停止。因此,公交车站外等待后起步并减速进站的时间模型为:

$$T_d = t_s + \frac{v_s}{a_s} \tag{2-11}$$

式中:t_s——由静止起步的时间,这是一个经验值,一般取值为 2 s。

(2) 公交车在站停靠时间模型

公交车在公交停靠站停靠的过程包括公交开门时间、乘客的上车和下车时间、公交关门时间,这三个过程中,公交开门时间和关门时间一般变化不大,一般取 1~3 s[95]。

公交车停靠时间受乘客上下车的数量、公交车门数、售票方式、乘客人均上下车时间、公交车台阶数等因素影响。参考相关文献[105],得到公交车上下乘客的时间 t_p 计算公式:

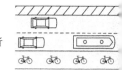

$$t_p = \frac{\Omega K t_0}{n_d} \quad (2-12)$$

式中:Ω——公交车容量;

K——下车乘客所占的车容量比例,一般情况下取 0.25~0.35;

t_0——每个乘客上车或下车所用的时间,单位 s,平均约为 2 s;

n_d——公交车的车门数。

因此,公交车在停靠站停靠时间的计算模型可以表示为:

$$T_s = t_p + 3.5 = \frac{\Omega K t_0}{n_d} + 3.5 \quad (2-13)$$

(3) 公交车加速离站时间模型

公交车加速离站是一个较为简单的过程,港湾式公交停靠站相对于直线式公交停靠站而言,公交车加速离站的过程相对麻烦,因此分开研究。

① 直线式停靠站公交车离站时间模型。

公交车离站时间受到停车泊位数的影响,对于单停车泊位和多泊位中前面泊位没有公交车影响的情况,公交车加速离站的时间模型为:

$$T_a = \frac{v_a}{a_a} \quad (2-14)$$

式中:v_a——公交车从静止到加速离站正常行驶时的速度,单位 m/s;

a_a——公交车加速离站时的加速度,单位 m/s²。

对于多停车泊位中,前方泊位公交车对后方有影响时,公交车加速离站的时间模型为:

$$T_a = \frac{v_a}{a_a} + t_{nw} \quad (2-15)$$

其中,t_{nw} 为后面停靠泊位的公交车的等待离站时间,参考相关文献[106]得到计算公式如下:

$$t_{nw} = \sum_{m=1}^{n-1} \frac{1}{2^n \mu} \left(\frac{\lambda}{\mu+\lambda}\right)^{\frac{(n-m+3)(n-m)}{2}} \frac{[2(\mu+\lambda)-\lambda][2(\mu+\lambda)^2-\lambda^2]\cdots[2(\mu+\lambda)^{m-1}-\lambda^{m-1}]}{(\mu+\lambda)^{\frac{m(m-1)}{2}}}$$

$$(2-16)$$

式中:λ——公交车到达率;

μ——公交停靠站服务率,即停靠时间爱尔朗分布的参数;

n——第 n 个停靠泊位。

② 港湾式停靠站公交车离站时间模型。

相邻车道的社会车流量对港湾式公交停靠站影响非常大,因此需要考虑加速离站后要驶入车道上的车流量大小,假设港湾式公交停靠站紧邻车道的机动车流量为 q_n,单位是 veh/h,公交车从港湾式停靠站驶入相邻车道时所需的间隙为 τ,单位是 s,那么机动车道的平均车头时距 h_n 可以表示为:

$$h_n = \frac{3\,600}{q_n} \tag{2-17}$$

如果 $h_n \geqslant \tau$,那么驶出的公交车无需等待,直接汇入社会车流,那么此时公交驶出的时间可以近似为:

$$T_a = \frac{v_a}{a_a} \tag{2-18}$$

如果 $h_n < \tau$,那么公交车在汇入相邻的机动车道时,根据间隙理论和排队论可以知道,公交车汇入机动车道时的等待时间可以看作是一个 M/M/1 的排队系统的延误时间,根据相关文献[107],机动车道车头时距服从负指数分布,即:

$$P(h_n \geqslant \tau) = e^{-\frac{q_n \cdot \tau}{3\,600}} \tag{2-19}$$

那么公交车要驶出港湾式停靠站时的等待时间为:

$$t_{Yn} = E(t) = \frac{1}{\frac{q_n}{3\,600} \cdot e^{-\frac{q_n \cdot \tau}{3\,600}}} - \frac{3\,600}{q_n} - \tau \tag{2-20}$$

此时公交车加速离站的时间模型为:

$$T_a = t_{Yn} + \frac{v_a}{a_a} \tag{2-21}$$

(3) 公交车停靠总时间模型

综合以上分析,公交车停靠站总时间为:

$$T = T_w + T_d + T_s + T_a \tag{2-22}$$

其中:T_w 为公交车等待时间,计算公式如下:

$$T_w = n \left[t_s + \frac{v_s}{a_s} + (t_p + t_v) + a \frac{v_a}{a_a} \right] \tag{2-23}$$

式中:n——到达的公交车前方的公交车数量;

a——修正系数,一般情况下前方车辆未完全离开,后方车辆就开始起步,取值为 0.5。

3) 实例分析

本节借助苏州市吴江区的自动车辆定位(Automatic Vehicle Location,AVL)数据分析公交站点的停靠时间。

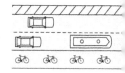

选择吴江汽车站南门公交站和水乡花园公交站,采集了从 2018 年 12 月 17 日(星期一)到 2018 年 12 月 24 日(星期一)6:00~23:00,为期 8 天的 AVL 数据。采集的数据包括公交线路基本数据和公交线路运行数据两部分,其中基本数据包括线路名称、公交线路经过站点名称、站点类型、站点位置以及相邻公交站点之间的距离;公交线路运行数据是进行公交运行可靠度分析的核心部分,主要包括公交车辆在起点站的发车时间、在各个停靠站点的到站时间和离站时间以及公交车辆在交叉口的到站与离站时间等。

吴江汽车站南门公交站为直线式、交叉口下游公交停靠站,包含 2 个停靠泊位,共 6 条公交线路经过该站点;水乡花园公交站为直线式交叉口上游公交停靠站,包含 1 个停靠泊位,共 5 条公交线路经过该站点。借助 8 天的 AVL 数据,分别计算两个停靠站的停站时间如表 2-5 所示。

表 2-5　各站点公交停靠服务时间统计数据

吴江汽车站南门站		水乡花园站	
停站时间/s	出现频数	停站时间/s	出现频数
0~5	8	0~5	0
>5~10	8	>5~10	8
>10~15	34	>10~15	45
>15~20	55	>15~20	85
>20~25	79	>20~25	93
>25~30	90	>25~30	61
>30~35	61	>30~35	39
>35~40	55	>35~40	20
>40~45	50	>40~45	14
>45~50	37	>45~50	8
>50~55	8	>50~55	4
>55~60	13	>55~60	6
>60~65	1	>60~65	4
>65~70	3	>65~70	2
>70~75	5	>70~75	4
>75	13	>75	6

结合表 2-5,可得到吴江汽车站南门公交站和水乡花园公交站的停站时间分

布统计图,如图 2-19 所示。

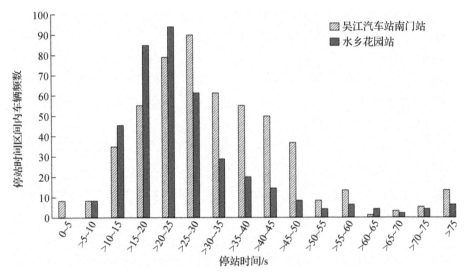

图 2-19 公交停靠站停站时间分布统计图

2.2.3 车头时距特征

车头时距是公交线路运行的最主要特性之一,线路上总体和单一车辆的车头时距分布特征影响着公交系统的服务水平,车头时距的波动性直接影响公交车时刻表的保持与公交系统服务的好坏,车头时距可作为对公交线路的特征分析及运行状态评价的重要指标。

1) 车头时距定义与计算

参考张曼[108],将常规公交车辆运行的车头时距定义为在一条线路中的前后两个班次到达同一站点的时间间隔,计算公式如下:

$$H = T_b^n - T_f^n \qquad (2-24)$$

式中:H——公交车辆在站车头时距;

T_b^n——某公交线路后车到达公交站点时刻;

T_f^n——同一公交线路前车到达公交站点时刻。

接下来选择 92 路公交车在水乡花园站的 AVL 数据,计算得到公交车辆到达停靠站的车头时距见表 2-6 所示。

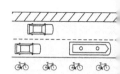

表 2-6 公交车辆到达停靠站的车头时距数据

车头时距/s	出现频数	车头时距/s	出现频数
0	8	>90~100	2
0~10	67	>100~110	5
>10~20	31	>110~120	4
>20~30	12	>120~130	7
>30~40	5	>130~140	9
>40~50	8	>140~150	3
>50~60	2	>150~160	8
>60~70	8	>160~170	1
>70~80	1	>170~180	1
>80~90	4	>180	2

由数据表 2-6 可以得到如图 2-20 所示 92 路相邻两辆公交车到达水乡花园停靠站的车头时距图。由图中可以看出公交车到达停靠站的车头时距主要集中在 0~20 s 之间。

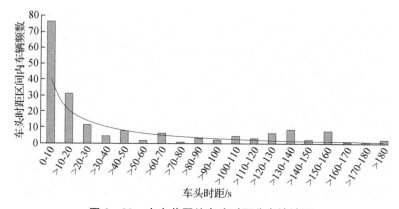

图 2-20 水乡花园站车头时距分布统计图

在理想条件下,一条公交线路的发车间隔在一定时间段内是固定的,如果公交车辆准点运行的话,理论上一个停靠站在一定的时间段内,公交车辆的到达数量应该是恒定不变的,且车辆的到站时间应该符合某一固定的分布。但是,由于公交车辆的运行受到交通条件、交叉口信号控制和停靠站停靠延误等不确定因素的影响,每辆公交车到达停靠站的时间是不确定的,同一条线路相邻的两辆公交车到达停靠站的时间间隔与发车间隔也不一致。相关文献[28]指出,公共交通的运营商使用很多不同的指标来评价可靠性,其中最普遍的有四种,分别是准时性、车头时距稳定性、未完成的出行和机械故障之间的行驶距离,但是当车辆以非常高的发车频率行驶时,车头时距稳定性对乘客来说就显得非常重要了,乘客的到达不按时刻表,而是随机到达,尤其是公交车辆发生聚串时,会造成前一辆车的过度拥挤,超过预期的停车时间,所以,采用车头时距的稳定性指标可以更好地描述快速公交运行的可靠性情况。

接下来对车头时距稳定性展开研究。

2) 车头时距稳定性研究

(1) 车头时距稳定性的影响因素

公交车辆区间旅行时间和发车间隔是决定车头时距稳定性的重要因素,公交车辆运行过程中,多种因素会导致运行不稳定,而这些因素也是导致车头时距不稳定的重要原因,所以,造成车头时距不稳定的因素与公交服务不可靠的因素可以共同讨论。国内外学者对公交服务可靠性影响因素主要还是集中在车头时距稳定性和行程时间可靠性两个角度进行研究讨论。魏华[109]把影响公交服务的因素分为内部因素和外部因素,其中内部因素包括设置齐全程度、调度因素、运营规范性和车辆因素,外部的因素主要包括交通条件、天气、交叉口控制方式、道路施工情况和交通事故等。陈维亚[110]通过研究内外部因素对车头时距公交服务可靠性的影响机理和交互作用,将内部因素分为乘客需求、司机驾驶行为、车辆性能和公交运营时刻表,将外部因素划分为交通条件、气候条件和突发事件情况。

TCQSM[28]指出,车头时距稳定性的影响因素包括:交通条件,包括交通堵塞、交通信号延误、停车和事故等;道路建设和施工养护,会带来延误或造成绕道行驶;车辆和维护质量,影响车辆在服务时发生故障的可能性;车辆和驾驶员的可用性,这反映了是否有足够的车辆来根据时刻表运行以及是否在给定的时间内有足够的驾驶员;公交优先,例如公共汽车专用道或者车辆晚点时有条件的交通信号优先,至少有部分可以抵消混合交通对于交通运行的影响;全程时刻表的完成情况,反映了适量的乘客量和正常交通情况下的车辆是否能正常运营,在终点站有足够的停休时间,甚至在车辆晚点到达路线终点时也能够保证足够的停休时间让大多数的车辆能够准时离开;客流需求均衡性,包括提供连续服务,又包括每天运行计划不同的服务;由于驾驶员的技术、对线路的熟悉程度、对时刻表的遵循程度的认知有很大差异,所以公交不可靠有很大一部分原因是内部因素造成的;轮椅电梯和斜坡的使用,包括使用频率和保证轮椅乘客的安全上车时间;线路长度和车站数,线路

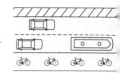

越长,车辆的延误可能性越大。

对于常规公交而言,以上因素对车头时距稳定性有重要影响,但是同一站台,固定时间范围内通过的公交线路车辆数较多,对该线路的进出站也会有一定的影响,目前缺乏这方面的研究,而目前对车头时距稳定性的因素分析也处于定性研究的阶段,如何通过车头时距稳定性的各类指标来量化影响因素的重要性是非常关键的。

(2) 车头时距稳定性研究评价指标

一般来说,一条线路上给定站点的车头时距可靠性指标可以归为三类:基于变异性的(Variability),基于变异系数的(Coefficient of Variation, CoV)和基于概率的(Probability),前两个都是统计量指标。

① 基于变异性的公交车头时距可靠性指标。

基于变异性的车头时距可靠性指标,主要是描述车头时距数据偏离中心(一般是均值)的程度[111],是一个绝对量。在早期的车头时距可靠性研究中,最常用的指标是车头时距的标准差(Standard Deviation, SD),例如:Abkowitz 等[112]、Polus[113]和 Turnquist[114]等人的应用。对于平均车头时距相同的公交线路,SD 越小则数据越向中心靠拢,表明车头时距越可靠,反之亦然。但是,对于平均车头时距不同的公交服务,SD 的大小并不能说明其服务的相对可靠性。比如,对于一个平均车头时距为 4 min 的公交线路和一个平均车头时距为 10 min 的公交线路,当车头时距的 SD 相等时,前者的可靠性明显要优于后者。为了弥补这一缺陷,车头时距的变异系数逐渐代替 SD 而被采用。

② 基于变异系数的公交车头时距可靠性指标。

变异系数(CoV)是由 SD 除以均值而计算得来的,用于表示实际车头时距偏离均值的比例。由于这一指标能够被方便地用于多条线路车头时距可靠性的对比分析,因而得到了广泛的应用,Ap. Sorratini[115],Chen[116]和第三版的《公共交通通行能力与服务质量手册》(TCQSM)[28]等研究中均采用了这一指标。

值得注意的是,从乘客和运营者两个角度出发,车头时距可靠性的含义有时是不同的。也就是说,对乘客而言,车头时距可靠性是指实际观察到的车头时距的均匀性(regularity),是与计划车头时距无关的;而对运营者而言,其更关心的是实际车头时距与计划车头时距的吻合程度(adherence),这两者往往是不同的,除非在理想条件下:发车间隔均匀,并且每辆车完全按照发车时刻表发车。因此,公式(2-25)中车头时距的 CoV 是从乘客的角度定义的:

$$CoV = \frac{\sigma_a}{\mu_a} \quad (2-25)$$

式中:σ_a——实际车头时距的标准差;

μ_a——实际车头时距的均值。

相比公式(2-25),在第二版的 TCQSM 中有一个指标也被命名为车头时距的变异系数,记为 c_{vh},表达式为:

$$c_{vh} = \frac{\sigma_d}{\mu_p} \quad (2-26)$$

式中:σ_d——车头时距偏差的标准差;

μ_p——计划车头时距的均值。

c_{vh} 是从运营者的角度定义的,其表达式(2-26)的分子是车头时距偏差(实际车头时距减去计划车头时距)的 SD。根据 SD 的统计意义可以看出,相比公式(2-25)中的 CoV,c_{vh} 计算的不是实际车头时距偏离平均车头时距的程度,而是"实际车头时距的偏差"偏离"平均车头时距偏差"的程度。因此公式(2-25)中的 CoV 衡量的是实际车头时距的均匀性,公式(2-26)中的 c_{vh} 衡量的是实际车头时距偏差的均匀性,前者是从乘客角度出发,后者是从公交运营者的角度出发。TCQSM[28]还将 c_{vh} 与公交的服务质量联系起来,见表 2-7。

表 2-7 基于车头时距变异系数的公交服务可靠性水平

服务等级	c_{vh}	$P(\|h_i - H\| > 0.5H)$	特征说明
A	0.00~0.21	≤2%	实际车头时距与计划车头时距非常吻合
B	0.22~0.30	≤10%	实际车头时距稍微偏离计划车头时距
C	0.31~0.39	≤20%	实际车头时距经常偏离计划车头时距
D	0.40~0.52	≤33%	车头时距很不均匀,有串车现象
E	0.53~0.74	≤50%	经常串车
F	≥0.75	>50%	大多数车辆都串车

注:表中 $P(\|h_i - H\| > 0.5H)$ 表示实际车头时距 h_i 偏离计划车头时距 H 一半以上的概率。

Ap. Somratini[115]和 Oort 等人[117]都用到了另外一个从公交运营者角度出发的车头时距可靠性指标,命名为平均偏离百分比(Percentage Regularity Deviation Mean,PRDM)。PRDM 计算的是相对于计划车头时距,实际车头时距偏离计划车头时距的平均比例,公式为:

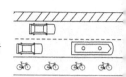

第 2 章　公交停靠站范围交通运行特征分析

$$PRDM = \frac{\sum_{i=1}^{I}\frac{h_{ai}-h_p}{h_p}}{I} \qquad (2-27)$$

式中：h_{ai}——实际车头时距；

h_p——计划车头时距；

I——研究的公交车头时距数。

由于较大车头时距(实际车头时距>计划车头时距)与较小车头时距(实际车头时距<计划车头时距)对乘客的等车时间具有不同的影响，Lin[118]在研究中提出了两个类似 PRDM 的指标，将较大和较小的车头时距区分对待，其公式如下：

$$\Delta\% \text{ 较大车头时距} = 100\% \times \left(\sum_{\tilde{I}}\frac{h_a-h_p}{h_p}\right)/\tilde{I} \qquad (2-28)$$

$$\Delta\% \text{ 较小车头时距} = 100\% \times \left(\sum_{\check{I}}\frac{h_a-h_p}{h_p}\right)/\check{I} \qquad (2-29)$$

其中，$\tilde{I}$ 和 $\check{I}$ 分别是较大和较小车头时距的个数。虽然这两个指标计算的出发点不同，但是与 PRDM 的本质是一样的，因此可以看成 PRDM 的两个变形公式。

总的来说，在车头时距的可靠性分析中，这两类基于变异系数的指标都优于 SD，公式(2-25)是从乘客的角度出发，公式(2-26)是从运营者的角度出发。在评价车头时距的遵守情况(adherence)时，公式(2-27)或者公式(2-28)~(2-29)都可以被采用。

③ 基于概率统计的公交车头时距可靠性指标。

基于概率的公交车头时距可靠性评价，是指车头时距或车头时距的偏差满足一定条件的概率(不大于一个提前预设的值或者落入一个给定的范围等)。例如，City Transit 将公交车头时距可靠性定义为公式(2-30)或者公式(2-31)~(2-32)中的概率表达式[119]：

$$P(50\%h_p \leqslant h_a \leqslant 150\%h_p) \qquad (2-30)$$

$$P(-5 \text{ min} \leqslant h_a - h_p \leqslant 5 \text{ min}) \qquad (2-31)$$

类似的，Chen[116]也定义了一个基于站点的概率指标 DIS：

$$DIS = P\left\{\frac{|h_a-h_p|}{h_p} \leqslant k\right\} \qquad (2-32)$$

式中：k——给定的阈值。

Lin 等人[120]将车头时距的可靠性定义为实际车头时距不超过乘客所能接受的最大车头时距的概率。Saberi[121]提出了一个评价指标，命名为宽度指标(Width Index, WI)，其定义为第 95 位的车头时距偏差与第 5 位的车头时距偏差之间的差值与平均计划车头时距之间的比值：

$$WI = \frac{F^{-1}(0.95) - F^{-1}(0.05)}{\mu_p} \quad (2-33)$$

其中 $F^{-1}(p)$ 是车头时距偏差的累积分布函数(CDF)的反函数。值得注意的是，由于缺少数学的概率分布函数，以上的概率指标都是由频率或者分位数近似估计而来的。

总的来说，这三类指标都可以从不同的角度对公交车头时距可靠性进行评价，但是它们都是基于少量数据样本的，并不能全面、准确地反映数据总体的特征。

2.2.4 公交串车特征

由于对外部干扰的敏感性，公交系统会产生一系列的问题，而串车问题就是其中最主要问题之一。考虑一条具有稳定发车频率的公交线路，从经验和理论可以得出，在公交车的运行过程中，该类系统都是不稳定的。即使公交车按完全平均的车头时距出发，最终该间距也会趋于不规律，当达到足够的时间后会出现两辆车同时到达的"串车"现象。

1) 公交串车定义

针对串车现象，学界尚无统一的定义，徐茹[122]提出了串车的定性定义，尝试从前后两车之间的距离或时差来定义，时差又可分为站点时差与路段时差。

(1) 基于车头间距的定义

当同一线路相邻发车的两辆公交车车头间距小于 20 m 时，即为发生串车。

(2) 基于行驶时差的定义

当同一线路相邻发车的两辆公交车到达首站(末站)或于同一路段的时差在 120 s 之内，即为发生串车。

高源[123]借助车头时距变量对串车进行定义。为了对公交运行的串车现象做定量分析，首先需要确定判定当前公交是否处于串车状态的指标。描述串车最直接的变量是车头时距。对于第 n 辆发班运行的公交车辆，其在线路中运行的时间轨迹可以定义为：

$$A_n = \{a_{n,1}, a_{n,2}, \cdots, a_{n,s}\} \quad (2-34)$$

式中：$a_{n,s}$——车辆 n 到达站点 s 的实际时间。

结合上式，连续两个运行班次 n 和 $n+1$ 在线路中的车头时距(前车与后车的

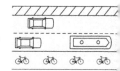

第 2 章 公交停靠站范围交通运行特征分析

车头时距)可以表示为：

$$H=\{h_{n,1},h_{n,2},\cdots,h_{n,s}\}:h_{n,s}=a_{n+1,s}-a_{n,s} \quad (2-35)$$

式中：$h_{n,s}$——车辆 $n+1$ 与车辆 n 在站点 s 处的车头时距。

当车辆 n 在区间延误时，与车辆 $n+1$ 的车头时距缩小，与车辆 $n-1$ 的车头时距增大，并且会晚于正常时间到达站点 s。此时，延误的时间内站点 s 将累积更多的乘客，增加的乘客数其上车的时间会造成车辆 n 的进一步延误。同时由于乘坐车辆 $n+1$ 的人数减少，其在站停车时间也会减少。从而车辆 n 与车辆 $n+1$ 的车头时距继续缩小，与车辆 $n-1$ 的车头时距继续增大。这种现象将会随着车辆的运行逐渐恶化，最终造成串车或是大间隔的现象，并且串车现象往往成组出现。

在以往的研究中，最常采用实际车头时距与设定的阈值做比较，当车头时距小于阈值时，便认为相邻两车处于串车状态。然而，这种判定方法并未考虑公交在首站发车时的车头时距。在实际公交运营中，受到载客需求波动、发车时段不同的影响，公交在首站发车时的车头时距本身就是波动的，而这种波动性必然导致实际运行过程中车头时距的波动。因此，在确定评价串车状态的指标时，如果不移除这种波动的干扰，必然会放大实际道路条件以及站点乘客到达率等因素对公交串车的影响程度。

借鉴张曼[108]提出的车头时距偏差系数(Headway Adherence Ratio，HAR)来判定公交车辆是否处于串车状态：

$$HAR=\frac{h_a-h_i}{h_i} \quad (2-36)$$

式中：h_i——首站发车间隔。

上式考虑到了首站发车间隔对于公交运行的影响，关于 HAR 的实际意义如下：

① HAR 的最小值为 -1，此时实际车头时距为 0，公交处于串车状态。

② 当 $HAR<0$ 时，实际车头时距小于首站发车间隔，即公交线路中的后车提前到达站点，缩小与前车的车头时距。HAR 越接近于 -1，表示相邻车辆间的车头时距越小，令参数 δ 表示判定串车状态的阈值，当 HAR 满足下式时，则可判定当前车辆是否处于串车状态：

$$bunching=\begin{cases}1, & HAR<\delta,\delta<0\\0, & HAR\geqslant\delta,\delta<0\end{cases} \quad (2-37)$$

其中，当 $bunching=1$ 时，表示公交车辆串车；当 $bunching=0$ 时，表示公交车辆未处于串车状态。

2) 公交串车产生原因

肖蕾等[124]将公交串车现象发生原因归为以下四点：

(1) 发车时刻因素引发串车

每天早上 7 点到 8 点、晚上 5 点到 6 点为城市公交人流量最大的时段，公交车发车间隔约 5~7 min，很多时候线路也会延长，在最高峰时段公交车发车间隔在 2~4 min 之间。并且，在高峰时段之前便需要对发车频率进行调整，即平峰时段需结合高峰时段发车间隔进行发车，因此高峰时段发车时间应比高峰时段时间提前。虽说，很多城市在高峰时段会增加发车数量，但是却未能制定科学时间计划表，且受到人员因素等影响，城市公交发车时刻将容易引起串车的情况。

(2) 公交线路因素引发串车

城市公交线路中经常出现线路重合的现象，在公交线路重合时通常会有多辆公交车在相同路段上行驶，这样容易在交通路口、路中和站点等处出现串车现象。由于未能合理设计公交线路，因此成为公交串车现象的重要影响因素，加之经常出现道路整修的情况，将短期内调整公交线路，这样既容易引起交通问题，还不利于社会效益的提升。如某线路其经过三个交叉路口，而在这些地点的等待时间常不确定，在等待的同时后面的车辆很轻易地就会赶上来，这样不仅造成交通堵塞还会导致串车。

(3) 公交站点因素引发串车

城市中不同线路在某些站点将发生交叉的可能，且交叉站点通常人流量较为密集，主要经过火车站、车站、步行街和公园等区域。由于线路人流量较大，尤其是高峰站点乘客将对车辆停靠时间带来影响，从而使线路上车辆行驶位置出现变化。如 A、B 两辆公交车在某公交线路上行驶，A 车在前，在抵达公交站点 C 后，由于此时乘客数量较多，因此 A 车在该站点停靠时间将延长，当乘客上下车时间超出两车发车时间差，B 车在 A 车后正常行驶，在该站点将容易出现 A、B 两车串车的情况。一般来说学校、医院、车站和闹市区人流量比较集中，这些区域内的站点是容易出现公交串车现象的地方。

(4) 公交车型因素引发串车

当前大多数城市公交车型都是空调车，其在运营过程中公交车型也会对公交车站点停靠时间产生影响，进而引发串车。公交车车型影响因素主要包括车长、车门宽度、踏板高度和座位数等，通常来说，在乘客数量相同情况下，车身越短、车门越窄、踏板越高、座位越少，则公交车在站点停靠的时间则会越长，反之则停靠时间

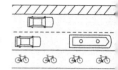

第2章 公交停靠站范围交通运行特征分析

越短。另外,公交车新旧程度也会影响停靠时间,若公交车越新,则各个零件性能较好,反应较为迅速,因而停车启动用时短,停靠时间短,不容易发生串车。车龄越长,公交车越陈旧,容易发生反应迟钝,导致站点停靠时间延长,容易发生串车。

3) 串车问题产生的六种典型过程

李梦甜[125]围绕公交串车问题,给出串车问题产生的六类典型过程。

图 2-21~图 2-26 通过公交车的时空轨迹图进行描述,横坐标表示公交车的运行时间,纵坐标表示公交车距离出发点的距离,因此斜率表示公交车的平均运行速度。假设根据行车计划,编号为 1、2、3 的公交车按照相同的车头时距发车,每辆公交车在受到干扰前都保持相同的运行速度。下文将以公交车的运行过程中会经过的 A 站和 B 站两个公交车站为例举例说明。

图 2-21 表示的是第一种串车的典型过程的公交车时空轨迹图。如此图所示,如果 2 号车在始发站晚于计划发车时间发车,则 2 号车与 1 号车间的车头时距增加,从而使得 A 站等候公交车的乘客的等待时间增加,等候公交车的乘客人数也相应增多。当 2 号车抵达 A 站时,上下客时间增加导致 2 号车在 A 站的停站时间增加。随后,2 号车开往 B 站。3 号车未受到干扰,当 3 号车抵达 A 站时,与 2 号车间的车头时距减少,在 A 站等候公交车的乘客的等待时间减少,等候公交车的乘客也相应减少,从而上下客时间减少,导致 3 号车在 A 站的停站时间减少。假设 2 号车和 3 号车在 A 站和 B 站间的运行时间相同,当 2 号车在 B 站停靠时,3 号车也抵达 B 站停靠,并分担 2 号车的一部分客流,形成串车。

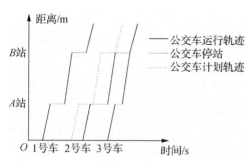

图 2-21 串车第一种典型过程的
公交车时空轨迹图

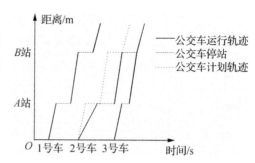

图 2-22 串车第二种典型过程的
公交车时空轨迹图

图 2-22 表示的是第二种串车的典型过程的公交车时空轨迹图。如此图所示,如果 2 号车从始发站到 A 站的运行过程中受到干扰,运行时间增加。运行时间的增加意味着在 A 站 2 号车与 1 号车间的车头时距增加,即等候公交车的乘客的

49

等待时间增加，等候公交车的乘客人数也相应增多。当 2 号车抵达 A 站时，上下客时间增加导致 2 号车在 A 站的停站时间增加。随后，2 号车开往 B 站。3 号车未受到干扰，当 3 号车抵达 A 站时，与 2 号车间的车头时距减少，即在 A 站等候公交车的乘客的等待时间减少，等候公交车的乘客也相应减少，从而上下客时间减少，导致 3 号车在 A 站的停站时间减少。假设 2 号车和 3 号车在 A 站和 B 站间的运行时间相同，当 2 号车在 B 站停靠时，3 号车也抵达 B 站停靠，并分担 2 号车的一部分客流，形成串车。

图 2-23 表示的是第三种串车的典型过程的公交车时空轨迹图。如此图所示，A 站在 2 号车停靠前后出现了瞬时的客流高峰，导致 2 号车在 A 站的停站时间大量增加，而 3 号车仍按照计划轨迹行驶。假设 2 号车和 3 号车在 A 站和 B 站间的运行时间相同，当 2 号车在 B 站停靠时，3 号车也抵达 B 站停靠，并分担 2 号车的一部分客流，形成串车。

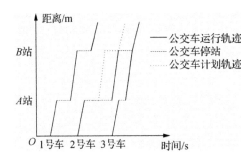

图 2-23　串车第三种典型过程的
公交车时空轨迹图

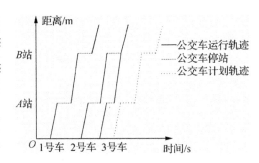

图 2-24　串车第四种典型过程的
公交车时空轨迹图

图 2-24 表示的是第四种串车的典型过程的公交车时空轨迹图。如此图所示，如果 3 号车始发站发车早于计划发车时间，则 2 号车与 3 号车间的车头时距减少，从而使得 A 站等候公交车的乘客的等待时间减少，等候公交车的乘客人数也相应减少。当 3 号车抵达 A 站时，上下客时间减少导致 2 号车在 A 站的停站时间减少。随后，3 号车开往 B 站。2 号车未受到干扰。假设 2 号车和 3 号车在 A 站和 B 站间的运行时间相同，当 2 号车在 B 站停靠时，3 号车也抵达 B 站停靠，并分担 2 号车的一部分客流，形成串车。

图 2-25 表示的是第五种串车的典型过程的公交车时空轨迹图。如此图所示，如果 1 号车和 2 号车都按照计划轨迹正常行驶，而 3 号车受到干扰，在 A 站和 B 站之间的运行时间减少，在 2 号车还未结束停靠 B 站时抵达 B 站，分担 2 号车的一部分客流，形成串车。

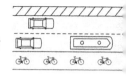

第 2 章 公交停靠站范围交通运行特征分析

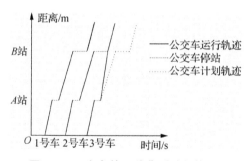

图 2-25 串车第五种典型过程的
公交车时空轨迹图

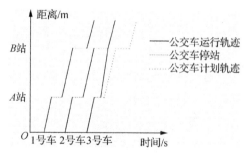

图 2-26 串车第六种典型过程的
公交车时空轨迹图

图 2-26 表示的是第六种串车的典型过程的公交车时空轨迹图。如此图所示，A 站在 3 号车停靠前后出现了瞬时的客流锐减，导致 3 号车在 A 站的停站时间大量减少，而 2 号车未受干扰仍按照计划轨迹行驶。假设 2 号车和 3 号车在 A 站和 B 站间的运行时间相同，当 2 号车在 B 站停靠时，3 号车也抵达 B 站停靠，并分担 2 号车的一部分客流，形成串车。

串车问题会给乘客、交通管理者和社会带来诸多不利影响。由于公交车每日的发车计划固定，串车现象会导致线路上的某些车站长时间没有公交车，增加了乘客的等待和出行时间，降低了公交车的运行速度。同时，运行速度的降低导致公交车运行时间的增加，降低了运行效率，还可能会造成公交车驾驶员的疲劳驾驶，降低公交车的安全系数。相比于能够确保到达时间的其他交通方式，减少居民的出行选择信心，过度的停站时间也会增加公交车的尾气排放，减少公交车的环境保护优势。此外，如果出行串车现象，后车必须要搭载更多的乘客，而更多的乘客意味着停站时间的增加，导致下一站等待时间的增加，从而继续造成下一站候车人数的增加，循环往复，使得后车更加拥挤，服务水平降低，并造成公交车排队进站，停车位供给瞬时不足，形成潜在的拥堵可能。总而言之，串车问题使得公共交通不能提供快捷、方便、稳定的服务，对出行者、管理者和社会造成相当大的损失。采取一定的手段和方法可以有效预测串车现象并实时反馈给驾驶员，使得驾驶员能够实时采取反馈的控制措施，减少乃至解决串车现象，提高公共交通服务的稳定性和可靠性，增加出行者的选择信心，真正实现高效、节能、优质的公共交通服务。

2.2.5 公交失效率特征

有大量公共汽车服务的公共汽车站可能会遇到一种称为公共汽车站服务失效的情况,这将对公共汽车和相邻车道社会车辆的行驶时间和可靠性产生负面影响。公交车服务失效发生的频率越高,公交系统服务水平(LOS)就越低。因此本小节对公交失效率特征进行描述。

1) 公交失效率与失效持续率定义

(1) 失效率

Wang[126]将失效率定义为当公交车站泊位被占用时,公交车排队等待进入公交车站的概率。当公交车到达公交车站时发现没有泊位可以停靠,就会产生公交失效服务,此时,到达车站的公交车数量多于泊位数。因此,公交失效率 FR 可以表示如下:

$$FR = Pr(n>b) \tag{2-38}$$

式中:n——到达车站的公交车辆数;

b——公交车站泊位数。

停靠在公交车站的公交车辆(正在服务车辆与等待服务车辆)数量相对分散且相互独立,因此 $n>b$ 的概率可以用公式(2-39)表示:

$$Pr(n>b) = 1 - Pr(n=1) - Pr(n=2) - \cdots - Pr(n=b) \tag{2-39}$$

当公交车站的泊位全部被公共汽车占用以供乘客上下车时,并且公交车的数量(在站服务)等于泊位数($n=b$),此时公交到达率约等于 $Q_S^{n=b}$ 除以 Q_S:

$$Pr(n=b) \approx \frac{Q_S^{n=b}}{Q_S} \tag{2-40}$$

式中:$Q_S^{n=b}$——一段时间内 $n=b$ 的发生次数;

Q_S——同一时间段到达的公交车总数。

然后 $n>b$ 的概率可以表示为:

$$Pr(n>b) \approx 1 - \frac{Q_S^{n=1}}{Q_S} - \frac{Q_S^{n=2}}{Q_S} - \cdots - \frac{Q_S^{n=b}}{Q_S} = \frac{Q_S - (Q_S^{n=1} + Q_S^{n=2} + \cdots + Q_S^{n=b})}{Q_S} \tag{2-41}$$

为了便于表示,上式右边部分被定义为 R_f:

$$R_f = \frac{Q_S - (Q_S^{n=1} + Q_S^{n=2} + \cdots + Q_S^{n=b})}{Q_S} \tag{2-42}$$

因此，R_f 可以近似地表示公交车站的 FR，也可以描述公交服务区的失效服务水平。

(2) 失效服务时间率

当公交车的泊位数被全部占用时，其他到达的公交车需要在街上排队，并阻塞其他使用道路的车辆，从而增加延误并降低出行时间可靠性。对于城市轨道交通专业人员来说，如何从数量上分析其不利影响是一项具有挑战性的工作。众所周知，故障服务持续时间越长，交通效率恶化程度越严重。此外，这种"阻塞"持续时间与交通延误和通行能力下降密切相关。因此，引入公交失效服务时间(failure duration time)与公交失效服务时间率(failure duration rate)来进一步量化公交失效服务的程度。失效服务时间可以描述为在一段时间内所有失效服务的时间跨度(公共汽车在车站外的等待时间)，可以通过计算在公交车辆的到站和离站时间获取。公交失效服务时间率(FDR)可用公式(2-43)表示：

$$R_{fd} = \frac{t_{fd}}{t_s} = \frac{t_{fd}}{t-t_v} \quad (2-43)$$

式中：t_{fd}——公交停靠站的服务失效总时间；

t_s——公交停靠站的总服务时间；

t_v——停靠站泊位空置时间。

失效服务时间率可以反映到站公交车在一段时间内的等待和阻塞率，可以表达公交车站整体服务失效所带来的负面影响。对于特定的失效服务，每次失效服务的平均时间(t_{fdr})借助公式(2-44)计算，可以表示公交车站的失效服务水平。

$$t_{fdr} = \frac{t_{fd}}{Q_s - (Q_S^{n=1} + Q_S^{n=2} + \cdots + Q_S^{n=b})} \quad (2-44)$$

每次失效服务的平均持续时间率(R_{fdr})可以计算为：

$$R_{fdr} = \frac{t_{fdr}}{t-t_v} \quad (2-45)$$

2) 公交失效率与失效持续率参数特征分析

本节借助苏州市吴江区的 AVL(Automatic Vehicle Location)数据分析公交失效率与失效持续率参数特征，采集了从 2018 年 10 月 22 日到 2019 年 1 月 9 日期间 57 个工作日的数据，共涉及 9 条公交线路和 8 个公交停靠站。计算出每个时段内各公交停靠站排队溢出的次数与持续时间，结合各时段内公交车辆的到站服务数量 Q_s 与总服务时间 t_s，按照公式(2-42)、(2-43)分别计算出 8 个停靠站在 57 个工作日中各时段内的 R_f 和 R_{fd}。在此，以 1 号停靠站为例，用箱型图来表示其公交失效率与失效持续率两参数在工作日的时变特征(如图 2-27 所示),从图中可看出,对于 R_f 和 R_{fd} 均值均存在早晚两个峰值(早高峰处于 7~9 时,晚高峰处于 17~19 时),对于 R_f 来说,时变特征相对不显著、且其峰值也不如 R_{fd} 明显。

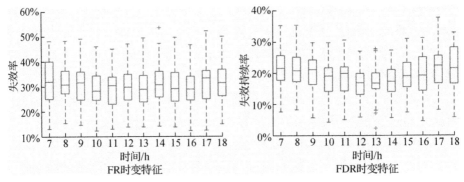

图 2-27 #1 停靠站服务失效时变特征

相应的,把 8 个停靠站在观测工作日内各时段的 R_f 和 R_{fd} 均值进行统计(如图 2-28 所示),从图中可看出,8 个停靠站的 R_f 和 R_{fd} 均存在早晚高峰现象,且早高峰的峰值总体高于晚高峰。

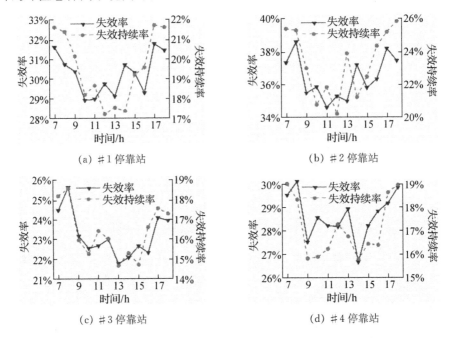

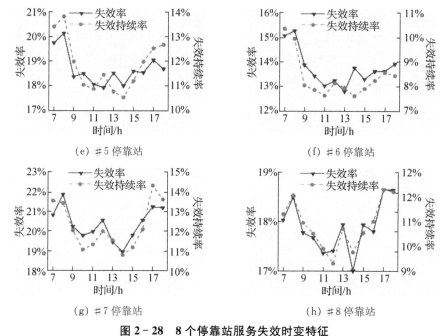

(e) #5 停靠站　　　　　　　　　(f) #6 停靠站

(g) #7 停靠站　　　　　　　　　(h) #8 停靠站

图 2-28　8 个停靠站服务失效时变特征

公交失效率虽然可以较为简便地定性反映出停靠站的服务失败特征,但是其较难定量反映出停靠站在单位时段内由于服务失败,对于道路交通运行产生的负面影响。但是失效持续率可有效反映出这一特征,若可有效建立 R_f 和 R_{fd} 之间的关联特征,则可较好地将两个参数有机结合,从而定性、定量分析停靠站的服务失效特征及其对临近道路交通运行效率的影响。

2.3　交叉口-停靠站相互作用交通运行特征分析

2.3.1　交叉口与停靠站相互作用控制区域划分

位于交叉口附近的公交停靠站在减少了乘客公交换乘距离的同时加剧了交叉口的瓶颈效应,不同的公交停靠站除了对路段通行能力及车辆延误形成影响外,还会对交叉口的机动车辆通行产生一定的影响,导致公交停靠站自身及交叉口通行能力的降低,机动车延误增加。因此,需将停靠站与交叉口不同组合形式构成的控制区域进行讨论。城市公交线网中常见的交叉口与停靠站线网,如图 2-29 所示。

为了进行线网优化,单个交叉口的研究在城市道路线网中较多,但是很少将停靠站对交叉口的影响因素考虑在内。因此,为了进一步优化城市路网保障公交优先通行,特选择单个交叉口与单个停靠站进行相关研究,并且划分为两种类型,上游公交停靠站和下游公交停靠站,分别对其与交叉口的相互作用展开研究。

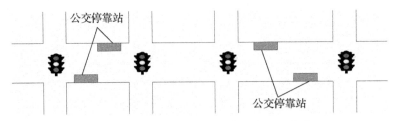

图 2-29　道路交叉口与停靠站布局示意图

图 2-30 为交叉口与下游停靠站组合示意图。公交站位于交叉口出口道,该停靠站通行能力过低既会导致公交停靠站所在车道排队的机动车辆过多,降低路段的通行能力,又容易因车辆排队堵塞至交叉口,影响其他进口道车辆的通行,降低交叉口的通行能力,增加交叉口处公交车辆和社会车辆延误。

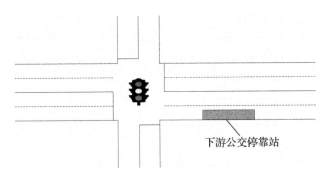

图 2-30　交叉口与下游停靠站控制区域示意图

图 2-31 为交叉口与上游停靠站组合示意图。停靠站位于交叉口上游进口道,该种控制区域内公交车辆的进出站行为会受到下游交叉口的信号控制方式、进口道机动车排队长度以及行人过街等影响。同时,公交停靠站也会反过来影响交叉口车流的正常运行情况。

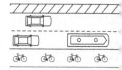

第 2 章　公交停靠站范围交通运行特征分析

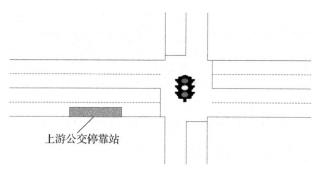

图 2-31　交叉口与上游停靠站控制区域示意图

2.3.2　交叉口与停靠站相互作用影响机理

1) 公交站点停靠行为特性分析

（1）交叉口上游停靠站

① 减速进站。

公交车辆的变道进站过程会同右侧车道和所在车道的社会连续车流产生较大的干扰，并影响进口道处右转车流的转弯，增加了车辆运行的延误和危险性。因为公交车辆变换车道进站停车，会对其他交通流产生干扰；右转社会车辆也需要绕过公交停靠站汇入其左侧车流，这同样会同其他交通流发生冲突。尤其对于直线式公交停靠站这种干扰和冲突更为严重。当然，对于公交专用道上的公交停靠站，交叉口进口道最外侧一般设置有专用右转车道并与公交专用道通过物理设施隔开，由于不需要变换车道，上述干扰将会得到有效缓解。对于城市主干路流量较大的交叉口，由于道路平均车速较低，公交车辆的速度变化不甚明显，其减速时间比较短，过程比较平稳。

② 在站停靠。

对于交叉口上游停靠站，公交车辆的在站停靠时间分为必然时间和偶然时间两个部分。同路段停靠站停靠时间一样，必然时间包括停车泊位处公交车开车门、乘客上下车、关车门的时间。偶然时间是指停靠站区域内由于信号灯为红灯且道路较为拥挤，公交车辆无法顺利变换车道和驶离停靠站所造成的二次停车时间。当车流量较大时，停靠站区域内公交车辆无法顺利实现变换车道，有时需要二次停车；当下游交叉口为红灯信号时，进口道排队车辆蔓延至停靠站，车辆无法顺利出站,也需要二次等待。对于直线式公交停靠站,公交车辆停靠时所占用的最外侧车道一般为专用右转车道。当下游交叉口为绿灯信号时,允许通行,但是公交车辆依旧在停靠泊位进行上下客作业,停靠服务过程中对行驶在该车道的社会车流产生行驶延误,造成社会车辆变道并且在公交停靠站上游产生排队。

③ 加速离站。

公交车辆离站过程同样会同社会车流产生互相干扰。直行和右转的公交车辆在一段距离内不需要变道,可以直接行使,但是会同内侧车道变道右转的社会车辆产生干扰。需要注意的是,需要左转的公交车辆在出站后会同社会车流产生多次的干扰,干扰程度随着左转公交车辆比例的增加而增大,因为左转公交车辆在出站后必须努力尝试变换到进口道最内侧的左转车道,进口道直行车道较多时甚至需要连续变换若干次车道。当该进口道左转尤其是直行车流流量较大时,这种干扰和冲突将更为严重,停靠站距离下游交叉口过近甚至会导致公交车辆不能成功的汇入左转车流。因此,当停靠站设置在交叉口进口道时,公交车辆和社会车辆的互相干扰会大大增加交叉口的延误。

同减速进站相似,交叉口附近车速普遍较低,且存在变道和超车等多种驾驶行为,因此公交车辆加速现象也较不明显,多为缓慢怠速行使。

图 2-32 展现了当公交停靠站位于交叉口上游时,公交车辆站点停靠过程中,公交车流和社会车流的相互干扰冲突情况。

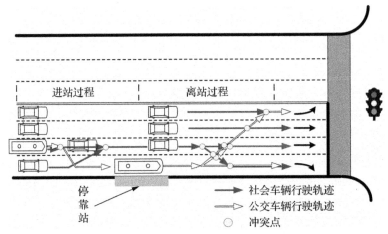

图 2-32 交叉口上游停靠站公交车辆和社会车辆的相互干扰

（2）交叉口下游停靠站

① 减速进站。

当停靠站设置在交叉口下游时，公交车辆通过交叉口后的进站过程，只会和相应右侧进口道的右转车流产生干扰。但是在各交叉口普遍右转不限的情况下，由于右转车流一般会选择在公交车辆红灯相位或者寻找可穿插间隙通行，因此，两者之间的冲突和干扰相对较小。公交车辆在通过交叉口的过程中一直处于低速状态，进站时无明显减速，减速时间也较短。

② 在站停靠。

对于交叉口下游停靠站，公交车辆的在站停靠基本类同于路段停靠站。但是，当下游停靠站需要进站服务的公交流量过大且站点服务能力较差时，停靠站车辆排队过长后发生排队溢出，会严重影响上游交叉口的通行能力，甚至造成交叉口阻塞。

③ 加速离站。

下游停靠站的公交车辆离站过程较为简单，大部分车辆均沿最右侧车道直行，换道情况较少。出站时公交车辆的加速离站过程较为明显，车辆会迅速提速至正常车速，顺利驶离车站。

图 2-33 展现了当公交停靠站位于交叉口下游时，公交车辆站点停靠过程中，公交车流和社会车流的相互干扰冲突情况。

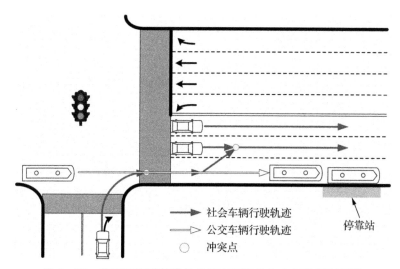

图 2-33　交叉口下游停靠站公交车辆和社会车辆的相互干扰

2) 交叉口与上游停靠站相互作用对交通流的影响机理

在交叉口上游,由于车辆的运行受信号控制、排队长度、进口车道功能划分等因素的影响,公交站点车辆的停靠与交通流运行之间的作用机理和影响方式与路段有较大的差别。

当信号交叉口的进口道设置有公交站点时,车辆的运行不仅受信号灯控制的影响,也受站点公交车辆停靠的影响。不同类型的信号交叉口与设置情况不同的停靠站相组合,公交停靠所产生的车辆延误是不同的。对于同一个信号交叉口,由于公交车辆到达、停靠时间的随机和不确定性,使得进口设置有公交停靠站的信号交叉口的车辆延误过程变得十分复杂。

如图 2-34 为进口道设有公交停靠站的信号交叉口,其公交停靠占用车道的车辆行驶时间-距离轨迹示意图。图的横坐标显示了连续两个完整的信号周期。由图可知,在第一个信号周期内,由于公交车辆在红灯期间到达停靠。并利用红灯时间完成上下客任务,而且公交车辆出站以后能利用红灯时间赶上前车。因此,虽然公交停靠造成了本车道后续车辆的减速停止,但由于没有影响其他车辆利用有效绿灯时间通过交叉口,即没有造成有效绿灯时间的损失,这个信号周期,交叉口车辆延误依旧为基本延误。公交停靠没有对社会车辆运行产生影响。

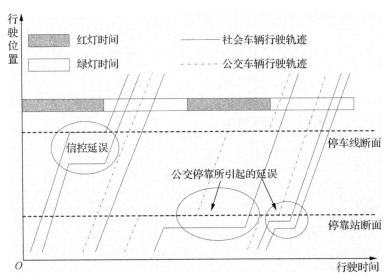

图 2-34 具有上游停靠站的信号交叉口车辆运行时间-距离轨迹示意图

然而,在第二个信号周期,公交车辆在红灯时间的末尾到达公交站点所在断面,其停靠过程延续到绿灯相位。由图可知,由于公交停靠,本车道的后续车辆不得不减速停止,这样,公交停靠影响了后续车辆利用有效绿灯时间通过交叉口,造成了有效绿灯时间的损失,公交停靠对信号交叉口车辆运行产生了额外的延误。

3) 交叉口与下游停靠站相互作用对交通流的影响机理

当停靠站位于交叉口下游时(即位于出口道),对信控交叉口的延误影响和上游的影响机理不同。主要体现在公交车在下游停靠站停靠时对驶入出口道社会车辆的影响。对社会车辆的影响分为两种:第一种情况是公交车停靠在下游停靠站进行服务时,没有排队溢出到交叉口,仅对出口道处车辆有干扰;第二种情况是公交车停靠在下游停靠站,并且排队车辆溢出到了交叉口上游即进口道处,如图 2-35 所示,影响该车道所在相位的机动车辆通行,此时,交叉口各进口机动车辆将会滞留在交叉口。

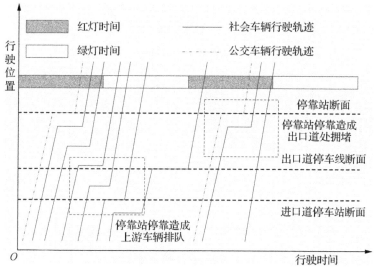

图 2-35 具有下游停靠站的信号交叉口车辆运行时间-距离轨迹示意图

2.3.3 交叉口与停靠站相互作用对通行能力的影响分析

通行能力的影响因素包括许多,这里重点分析公交停靠站距交叉口的距离对交叉口通行能力的影响。

1) 对交叉口通行能力的影响分析

(1) 直线式停靠站对交叉口通行能力的影响

王璨等[127]借助元胞自动机仿真结果做出交叉口最外侧进口道通行能力随停靠站与交叉口距离的柱状变化图。如图 2-36 所示，对于上游直线式停靠站，当元胞长度 $L<13$ 个元胞时，外侧进口道通行能力随 L 的增加而增加，但增加幅度变缓；当 $L \geqslant 13$ 个元胞时，外侧进口道的通行能力随 L 的增加基本保持 350 pcu/h 左右不变，该情况下临界距离为 90~97.5 m。对于下游直线式停靠站，当 $L<6$ 个元胞时，外侧进口道通行能力随 L 的增加而增加，但增加幅度变缓；当 $L \geqslant 6$ 个元胞时，外侧进口道的通行能力随 L 的增加保持 350 pcu/h 不变；该情况下临界距离为 37.5~45 m。

说明对于上游和下游公交站来说，直线式停靠站距交叉口的距离对交叉口外侧进口道通行能力的影响规律类似，都存在某个临界距离值，当小于该临界距离时，交叉口外侧进口道通行能力随着距离的增加而增加，当大于该临界距离时，通行能力基本保持不变。该规律在上游停靠站体现较下游停靠站更明显。

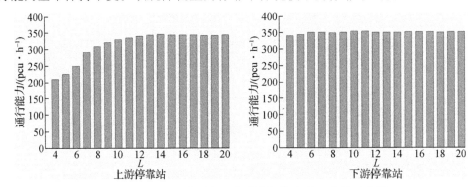

图 2-36 交叉口外侧进口车道通行能力随 L 变化示意图

(2) 港湾式停靠站对交叉口通行能力的影响

赵胜[128]通过建立公交站点元胞自动机模型，运用 Visual C++编程模拟，研究上游港湾式公交车停靠站位置对交叉口通行能力的影响。设停靠站距交叉口的距离 L_B 为自变量，通过改变 L_B 的值得到交叉口的交通量（见图 2-37）。

由图可知：L_B 与交通量 Q 的关系曲线存在拐点 P，称为临界港湾式公交停靠站位置。在拐点之前，通过交叉口的交通量只是在波动，且上下浮动较小，说明港湾式公交站在拐点之前的位置变化对交叉口通行能力的影响相同，即单从交叉口通行能力出发，港湾式公交停靠站可设置在拐点以前的任一位置；而在拐点之后，港湾式公交站距交叉口越近,通过交叉口的交通量越小,说明在拐点以后,港湾式公交停靠站距交叉口越近对交叉口通行能力的影响越大。综上所述,存在一个临界位置使港湾式公交停靠站的布设位置对下游交叉口通行能力的影响最小。

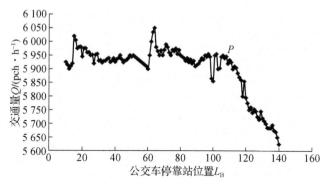

图 2-37 停靠站距交叉口的距离与交通量的关系示意图

2) 对公交车通行能力的影响分析

信号交叉口公交车通行能力是指单位时间内公交车可以通过交叉口并且在其附近的停靠站完成停靠服务的最大车辆数。王璨等[127]借助元胞自动机研究公交车通行能力与停靠站和交叉口距离的关系。

根据仿真结果做出公交车通行能力随停靠站与交叉口距离的柱状变化图。如图 2-38 所示,对于上游直线式停靠站,当 $L<13$ 个元胞时,信号交叉口公交车的通行能力随 L 的增加而增加,但增加幅度趋于变缓;当 $L \geqslant 13$ 个元胞时,信号交叉口公交车的通行能力保持 84 veh/h 不变;该情况下临界距离为 90~97.5 m;对于下游直线式停靠站,当 $L<6$ 个元胞时,公交车的通行能力随 L 的增加而增加,但增加幅度趋于变缓;当 $L \geqslant 6$ 个元胞时,公交车的通行能力基本保持 90 veh/h 左右不变;该情况下临界距离为 37.5~45 m。

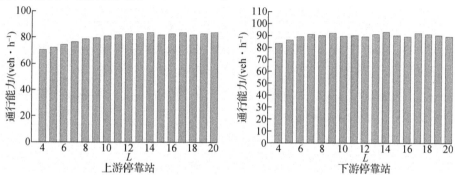

图 2-38 信号交叉口公交车通行能力随 L 变化示意图

研究发现对于上、下游直线式公交停靠站,公交车通行能力随着停靠站距交叉口的距离 L 的增加而增加,当 L 增大到某值后,通行能力基本保持不变。

2.3.4 交叉口与停靠站相互作用对公交停站时间的影响分析

当公交停靠站与下游交叉口的距离较近时,高峰时期公交车辆到达比较频繁,公交车辆在停靠站停靠结束之后,由于无法立刻离开停靠站会产生额外的停留时间,如果停靠站远离交叉口,这种影响出现的可能性会减少;对于交叉口下游停靠站,车辆完成停靠之后基本可以立刻驶出停靠站,不会因为受到停靠站与交叉口的距离影响而产生较大的额外停留时间。

本节主要分析交叉口上游直线式停靠站与交叉口的距离对公交车辆在停靠站停靠时间的影响:当停靠结束的公交车辆驶出停靠站等候红灯引起排队时,对有限的距离而言,排队长度足够大时就会有一些公交车虽然完成了停靠服务,但仍然占用停靠站,从而产生了额外的停留时间;同理,如果此时后面又有公交车辆抵达停靠站,由于停靠站被前车所占用导致后面的公交车辆也无法及时进入停靠站实现停靠服务,增大了公交车辆的停靠失败率,并导致公交停站时间增加。

(1) 临界距离分析

通过调查发现,当停靠站与交叉口的距离比较小时,公交车驾驶员一般会根据信号灯的情况来决定行驶速度,如果信号灯显示为红灯,则大多数司机会以低速慢慢离开停靠站,在慢速靠近交叉口的过程中等待红灯时间的结束,一旦绿灯亮起,驾驶员会以最大的加速度进行加速然后通过交叉口;有少部分驾驶员也会以期望加速度加速离开停靠站并以路段均匀速度抵达交叉口停车线,然后停止等待红灯时间的结束;如果信号灯显示为绿灯,那么绝大多数驾驶员直接以最大加速度进行加速离开停靠站。在这种情况下,公交车能否顺利驶出停靠站取决于公交车在进口道的排队长度[129]。当已经完成停靠的公交车辆由于信号红灯而排队时,排队长度等于停靠站与交叉口的距离时,后面的公交车辆即使已经完成停靠也无法立即离开停靠站,最终影响了公交车辆在停靠站的实际停站时间。

一个周期内在交叉口进口道排队的公交车辆数决定了影响停靠时间的距离,就是本节研究的影响距离的临界值。

设公交车辆到达停靠站的车头时距为 h_t,相邻车辆的最小车头间距为 h_s,信号控制红灯时间为 r,公交车由于无法及时驶离停靠站而产生的额外停留时间值为

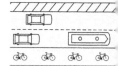

t_0,那么在一个信号周期内抵达交叉口而无法通过交叉口的车辆数为 $N=r/h_t$,所以在一个信号周期内停靠结束的公交车辆占用停靠站与交叉口之间进口道的最大长度为:

$$L_m=(N-N_b)h_s \tag{2-46}$$

式中:L_m——停靠站结束位置到交叉口停车线之间的距离,m;

N_b——公交车站泊位数。

当停靠站与交叉口之间的距离大于临界距离 L_m 时,不存在公交车辆在停靠站停靠结束之后无法离开停靠站的情况,即停靠站与交叉口的距离此时不会影响到公交车辆在停靠站的停靠时间,此时公交车辆额外停站时间等于 0。因此对于设置在交叉口进口道的停靠站,对公交车辆因停靠结束排队等待信号绿灯而产生额外停留时间的影响距离临界值为 L_m,当停靠站与交叉口之间的距离小于这个临界值的时候就必然会产生一个额外停留时间,促使公交车辆在停靠站的停靠时间延长,从而影响平均停靠时间。下面定性地分析停靠站与交叉口距离对公交车辆停靠时间的影响。

(2) 距离对停靠时间的影响分析

根据上文的分析可知,当停靠站结束位置到交叉口停车线的距离小于影响距离临界值时就会有公交车辆由于受到该距离的影响而增加一个额外的停留时间。因此,只需要研究停靠站与交叉口距离小于影响距离临界值 L_m 时对停靠时间的影响。

停靠站到交叉口距离 L_d 与平均额外停留时间 t_0 的关系呈二次多项式关系,如式(2-47)所示:

$$t_0=aL_d^2+bL_d+c \tag{2-47}$$

可以借助仿真模型对停靠站到交叉口距离与平均额外停留时间的关系式进行标定。

(3) **交叉口进口停靠站的停靠时间**

通过对模型参数标定以及公交车辆在站停靠时间修正,可以得到以下结论,当公交车辆在停靠站的平均停靠时间不大于信号周期长度时,公交车辆在绿灯相位内占用停靠站的时间均值为:

$$E(d_g)=\frac{g}{c}(t_d+t_0) \tag{2-48}$$

式中:g——绿灯时长,s;

c——信号周期时长,s;

t_d——公交车辆自由进出停靠站时的平均停靠时间,s。

2.3.5 交叉口与停靠站相互作用对车头时距的影响分析

由于在一定时间间隔内,公交线路的发车间隔是一定的,因此,理论上一个站点在一定的时间间隔内,公交车辆的到达数量应该是恒定不变的,且车辆的到达间隔应该符合某一固定的分布。但是,由于公交车辆的运行受到交通条件、交叉口信号控制和站点停靠延误等不确定因素的影响,每辆公交车到达站点的时间是不确定的,同一条线路相邻的两辆公交车到达站点的时间间隔与发车间隔也不一致。本小节分析停靠站的到达间隔分布与交叉口位置的关系。

公交车站点到达分布是指一定时间间隔内到达的公交车辆数有什么样的统计规律,一般用统计分布来表示。确定一种对某实测分布最贴近的理论分布,称为分布拟合。通过运用 SPSS 对调查数据分析,可以得到公交专用道停靠站的车辆到达规律。首先应用 P-P 概率图来估计车辆到站的车头时距可能服从的分布,然后应用无参数估计中的 Kolmogorov-Smirnov 检验来判断 P-P 概率图得到的分布是否可行。

李涵[130]选择两个站点进行交叉口与停靠站相互作用对车头时距的影响分析。南京市草场门大桥站:该站设置在交叉口进口道上,距离下游交叉口 50 m,为交叉口上游直线式停靠站。南京市龙江小区站:该站设置在交叉口出口道上,距离上游交叉口 50 m,为交叉口下游直线式停靠站。

两个停靠站的车辆到站的车头时距分布分析结果如下:

(1) 南京市草场门大桥站到达分布特征

首先运用 P-P 概率图来估计车辆到站车头时距可能服从的分布,运用各种分布进行检验后发现指数分布比较符合。在 P-P 概率图中斜直线代表理想的分布,散点代表实际车头时距,散点趋势越接近斜直线,数据就越接近理想的指数分布。

该站公交车辆到站的车头时距分布如图 2-39 所示。经过 K-S 检验认为变量"车头时距"服从指数分布。

(2) 南京市龙江小区站到达分布特征。

用同样的方法来分析龙江小区站公交到站的车头时距分布。运用 P-P 概率图得到龙江小区站公交到站的车头时距可能服从指数分布。该站公交车辆到站的车头时距分布如图 2-40 所示。经过 K-S 检验认为变量"车头时距"不服从指数分布。

通过对南京市草场门大桥站、龙江小区站的车头时距分析,可以得出结论:公

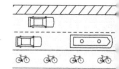

第 2 章 公交停靠站范围交通运行特征分析

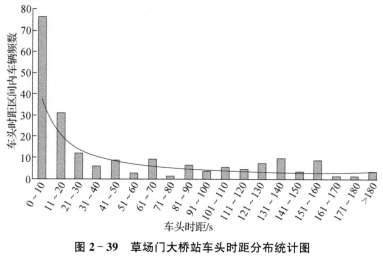

图 2-39 草场门大桥站车头时距分布统计图

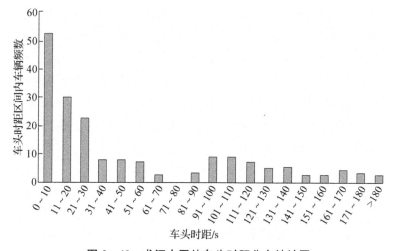

图 2-40 龙江小区站车头时距分布统计图

交车到站车头时距并不一定都服从指数分布,即车辆到达不一定都服从泊松分布:当公交停靠站设置在交叉口上游时,公交车到站的车头时距分布服从指数分布,即认为车辆到达分布服从泊松分布;当公交停靠站设置在交叉口下游时,公交车到站的车头时距分布不服从指数分布,可以认为车辆到达服从一般分布。

该结论说明交叉口与公交停靠站的位置关系对公交车辆的车头时距有着重要的影响。当公交停靠站位于交叉口下游时,因为公交车辆需要通过交叉口才能到达公交停靠站,车辆的运行受到信号灯的控制,使得车头时距不稳定因素增加,车头时距波动性增强,难以用特定分布对其拟合,导致公交服务水平降低。

67

2.3.6 交叉口与停靠站相互作用对延误的影响分析

由以上分析可知,当公交停靠站位于交叉口附近时,交通流运行会受到信号灯控制和站点公交车辆停靠的双重影响,而交通流延误程度除了与交叉口类型和站点设置情况有关外,也受公交车辆到达站点时刻、公交停靠时间和信号配时等多种因素的影响。本小节定性分析交叉口与停靠站相互作用对公交停靠延误的影响,具体定量分析见第5章。

1) 交叉口上游公交停靠站延误影响分析

在相当长的一段时间内,国内外众多学者都认为[131],当公交车辆在交叉口上游站点停靠时,可以有效利用交叉口处的红灯进行上下客,以减少停车延误。但是无论是何种进口道功能划分和信号配时,当上游公交站点与交叉口的距离大于交叉口车辆排队最大长度时,公交车辆的平均实际停靠延误达到最小,均等于公交在站延误时间 t_s,也即由于受信号控制的影响,上游公交站点的车辆实际停靠延误,是大于等于公交在站延误时间的。这主要是因为,虽然公交车辆能利用信号红灯上下客,但是由于公交车辆也会受到进口道排队车辆的影响不能正常进入公交站点停靠,以及绿灯末到达的公交车辆会因为停靠而不能在本周期通过交叉口,都会增加公交车辆的停靠延误。因此,致使上游站点公交车辆的平均实际停靠延误变得复杂。

对于设置在上游的公交停靠站,尤其是直线式停靠站,公交车辆进出站时,将与右转交通流产生冲突,公交停靠时,对右转交通的延误影响最大;上游站点公交车辆停靠对交通流的干扰和延误还随着左转公交车辆比例的增加而加大。左转公交车辆进站时必须变换到最外侧进口道,而出站时又必须变换到最内侧的左转进口道,使得在进口道交通流量较大或左转公交车辆停靠次数较多时,左转公交车辆与右转和直行车辆之间的干扰和冲突相当严重。

2) 交叉口下游公交停靠站延误影响分析

由于下游公交停靠不受信号控制的影响,与路段公交站点的车辆停靠一样,公交车辆的实际停靠延误就等于公交在站延误时间 t_s。因此,对于直线式公交站点,在上游站点按照最佳位置确定时,上、下游公交站点车辆的停靠延误并无差别。对于港湾式公交站点,由于交叉口信号控制的影响,下游出口道的交通流为间断流,

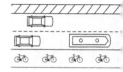

部分公交车辆停靠完成出站时,可以利用交通流的间断时间出站,使得交叉口下游港湾式公交停靠站的车辆平均出站延误小于上游和路段港湾式停靠站。因此,对于港湾式公交站点,在客流需求相同的情况下,下游公交站点的车辆停靠延误小于上游公交站点。

对于设置在下游的公交停靠站,由于大多城市信号交叉口,目标出口道对向上游的直行车流与左侧上游的右转车流不会同时排放,因此,公交停靠对右转交通流的冲突和干扰很小;而且由于公交车辆不需要左转出站,所以对交叉口社会车辆的干扰和冲突较上游停靠站大大减小。

2.3.7 交叉口公交停靠站最佳选址分析

交叉口和停靠站是公交系统的两大瓶颈,如果在交叉口附近设站必须采取合理的方法避免这两处的瓶颈叠加,那公交停靠站的选址就显得尤为重要。

1) 交叉口上游公交停靠站最近位置确定

当交叉口最外侧车道排队堵塞公交站点的时间(t_L)不小于有效红灯时长(r)时,上游站点公交车辆实际停靠延误和公交停靠对交通流的延误均达到最小值。由于延误模型假设不考虑启动波传播时间,则信号交叉口车辆排队长度在 r 时刻达到最大。因此,对于进口道最外侧车道为直右或直左右混合车道的交叉口,公交站点与交叉口停车线的距离 L 大于等于最外侧车道的红灯排队长度时,交叉口停靠造成的自身及其他车辆的延误最小;对于进口道最外侧车道为专用右转车道的交叉口,公交站点与交叉口停车线的距离 L 大于等于直行车道的红灯排队长度时,交叉口停靠造成的自身及其他车辆的延误最小。

考虑到公交乘客通过交叉口和换乘其他公交线路的便捷性,公交站点与交叉口停车线之间的距离在保证对交叉口运行影响最小的情况下宜小不宜大。因此,对于最外侧为混合车道的信号交叉口,公交站点应该设置在最外侧车道高峰小时车辆最大平均排队长度处,对于最外侧为专用右转车道的交叉口,公交站点应该设置在直行车道高峰小时车辆最大平均排队长度处。

2) 交叉口下游公交停靠站最近位置确定

交叉口下游公交站点车辆停靠对道路交通流的影响以及公交停靠延误与路段公交站点类似,主要与站点类型、公交停靠情况和出口道交通流量有关,与公交站点在交叉口出口道的位置关系不大。

但是，由于交叉口上游车辆的运行受信号控制的影响，会出现出口道对向直行车流与其他进口道转弯车流同时排放的情况，此时进口道承担的交通流量往往很大，通行能力会出现短时供应紧缺。而且根据现状调研发现，许多交叉口在进行进口道拓宽时，若道路用地条件受限则会压缩出口道，致使出口道通行能力不足。此时，在出口道设置公交停靠站，尤其是直线式停靠站，公交停靠占用外侧车道，更加削弱了出口道的通行能力，公交停靠会造成尾随交通流遭遇运行瓶颈，产生拥挤排队。如果公交停靠站离交叉口过近，排队车辆很容易到达交叉口，造成交叉口堵塞。但也不是说公交站点离交叉的距离越远越好，如上游公交站点位置的分析，站点设置距离交叉口越远乘客通过交叉口或换乘其他公交线路越不方便。因此，应该在保证公交停靠不造成交叉口堵塞的情况下，在距离交叉口最近位置设置公交停靠站。下面分情况分析、确定公交站点在出口道的合适位置。

(1) 对于直线式公交停靠站

交叉口出口道的供需双方是出口道的通行能力及某相位同时汇入此出口道的上游进口道车流量，不同的相位组合和不同的相位内，出口道接受的汇合交通流不同，因此，交叉口下游公交停靠站位置的确定应该以高峰小时上游进口道组合最多的相位为准。设交通流同时汇入目标出口道的上游直行、左转和右转车道总数为 n_a，目标出口道的车道数为 n_e。

① 当 $n_e - 1 \geqslant n_a$ 时：

公交车辆停靠及交通流运行情况如图 2-41 所示。由图可知，即使有公交停靠占用时，交叉口出口道通行能力也能够满足上游各进口道汇入的交通流的正常通行。此时，公交停靠不会造成交通流排队堵塞交叉口。此时，在公交站点长度满足公交车辆停靠的前提下，公交站点距离交叉口停车线的距离 L 需保证公交车辆变换车道及减速运行所需要的距离。计算公式如下：

$$L = v_b^2 / 2a_d \tag{2-49}$$

式中：v_b——公交车辆刚开始进入进口道时的速度，m/s；

a_d——公交进站停靠时的平均减速度，m/s²。

由调查可知，根据交叉口类型的大小，L 一般取 30～50 m。交叉口相交道路等级越高，取值应该接近上限。

② 当 $n_e - 1 < n_a$ 时：

公交车辆停靠及交通流运行情况如图 2-42 所示。由图可知，由于交叉口出口道数目少于上游各汇入进口道总数，当有公交停靠占用外侧车道时，直线式停靠

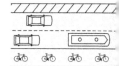

第 2 章 公交停靠站范围交通运行特征分析

站设置处造成通行能力瓶颈。此时,公交停靠站上游汇入出口道的交通量高于"瓶颈"的通行能力,使得站点下游的车辆产生拥挤排队。车辆拥挤排队长度不断增加,直到公交停靠完成加速离站,瓶颈突然消失,或上游某些汇入进口车道(如上游直行进口道)的红灯信号启亮,汇入交通量突然减少,且小于公交站点瓶颈处的通行能力时,车流排队开始消散。

根据我们国家的情况,对于公交线路稍微较多的站点,在上游绿灯启亮向下游放行车辆时,往往不止一辆公交车停靠,而且由于高峰小时人流量大,公交停靠时间也长,致使上游流量汇入过程中,出口道的外车车道总被公交停靠占用。因此,假设流量汇入过程中外侧车道总被占用,即认定车辆拥挤排队开始消散时刻为上游某些进口道红灯启亮,出口道汇入流量突然减少的时刻。根据交通波理论,公交站点距离交叉口停车线的距离 L 既应该满足车辆拥挤排队不堵塞交叉口,又要满足公交车辆停靠所需的减速距离。

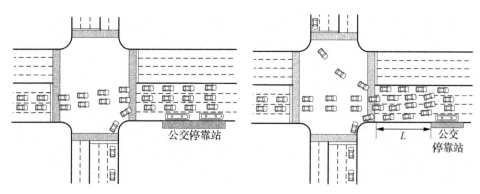

图 2-41 交叉口出口道公交站点公交车辆停靠及交通运行情况 1

图 2-42 交叉口出口道公交站点公交车辆停靠及交通运行情况 2

(2) 对于港湾式公交停靠站

由于港湾式站点公交车辆停靠不占用出口车道,即不会造成尾随车辆的拥挤排队。情况与直线式停靠站的情况类似。在公交站点长度满足公交车辆停靠的前提下,公交站点距离交叉口停车线的距离 L 需保证公交车辆变换车道及减速运行所需要的距离,L 可取 30~50 m。

第 3 章 停靠站范围公交车辆换道决策建模

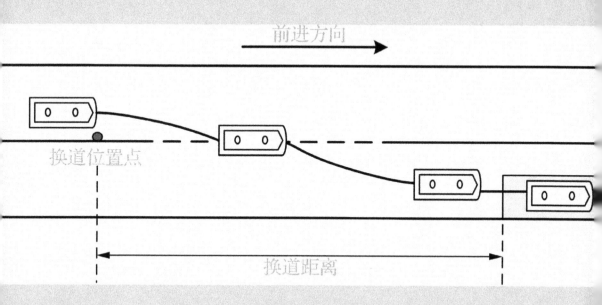

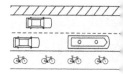

3.1 公交车辆换道决策过程分析

城市交通流组成复杂,混合复杂的交通流往往会造成交通拥堵及交通事故的发生。公交车辆作为城市交通流的重要组成部分,分担了大部分的客流量,减少了小汽车的出行,降低了城市交通的压力,但是公交车辆在公交停靠站处的进出站行为,特别是公交车辆在停靠站处发生的换道行为会极大地影响到邻近车道上车辆的运行效率和安全。

换道行为是指驾驶员以自身的性格特点和驾驶技术为基础,结合对路段上其周围车辆的车速,与本车之间的距离以及此时道路交通流的通畅情况的预估,调整车辆的行驶方向,在安全的情况下从本车道换入邻近车道的过程。公交进出站的换道行为是公交车辆为了满足在站点停靠的要求,调整车身方向,操控车辆从本车道进入停靠站所在车道的相邻车道的行为。根据行驶需求、换道目的的不同车辆换道行为可以被分为两种类型,分别是强制性换道和自由性换道。强制性换道是指受到客观环境条件的限制,车辆必须通过换道行为才能继续行驶,完成驾驶目标,这种换道类型一般存在一个最迟换道位置,在该位置前车辆如果未完成换道行为,则必须停车等待直到成功换道;自由性换道主要是指驾驶员为了获得更好的行驶条件,如希望前方驾驶空间更开阔,能得到期望驾驶速度等而进行的换道,这种类型的换道行为是自愿发生的,不是必须的,因此会因为当前条件不足而放弃换道。

对于不同形式的公交停靠站,公交车辆会有不同的运行特点,并对相邻车道的车辆产生不同程度的影响。因此通过对公交车辆的停靠站形式及公交进出站的运行特点分析,为接下来基于元胞自动机仿真的相关假设与参数设定提供依据。

3.1.1 公交停靠站范围内车辆换道特性分析

1) 车辆换道行为的定义和分类

车辆换道行为是驾驶员根据周围车辆运行速度、车辆位置和交通管理措施等环境信息,结合自身驾驶特性控制车辆由当前车道变换至目标车道的行为,以达到自身车辆理想的行驶速度、驾驶空间或完成其目标任务。

一些学者将车辆换道类型分为自由换道、协同换道、强制换道和竞争换道等多种换道类型,究其原因,是根据各个学者的研究场景进行定性分类的。例如,协同换道是指在先进的车路协同条件下,车辆之间实现信息互联,在当前车辆换道的同时让相邻车道后续车辆也进行换道,以达到车辆协同合作的目的[132]。所以,根据本文研究场景为公交停靠站范围路段,故这里仅考虑车辆的强制换道和自由换道两种换道形式,具体描述如下:

自由换道:一般来说,在实际交通流中,自由换道是指车辆在可以追求更高的行驶速度和更充足的驾驶空间的条件下,凭驾驶员个人特性选择换道的行为。自由换道行为多见于没有其他外部干扰的路段,由于该类换道行为并没有一定要完成的约束,取决于驾驶员在满足换道条件时的自由选择,故部分换道行为可能会因速度、换道间隙或突发情况等条件的不足而放弃。所以,在公交停靠站范围路段内,若社会车辆受到前方公交车辆进出站的阻碍,会进行减速跟随或换道获取更大的行驶空间,将此时的车辆换道行为划分至自由换道。

强制换道:城市道路车辆运行过程中,难免会出现需要车辆转弯、停靠、避障、合流和分流等特殊情况,此时车辆必须采取的换道行为即为强制换道。这种换道行为有清晰的换道目标,需要在有限的时间和区间内完成换道,所以存在一个换道截止空间点,这里称为换道临界点。在换道临界点之前,车辆会尽可能地寻找合适的换道机会,然后执行换道,此时伴随着车辆的减速和加速过程;若车辆在换道临界点前未达到换道安全条件,则车辆只能停在换道临界点处,等待时机直至换道成功。一般来说,强制换道行为相较于自由换道更为激进。

综上来看,两种换道行为的主要差异归结为两点:① 换道动机不同,相应换道自由度不同。强制换道必须完成,而自由换道取决于驾驶员在换道条件达成后是否采取换道行为。② 车辆换道时的行驶特性不同。一般来说,强制换道总是伴随着减速运动,而自由换道大部分为加速运动或先减速再加速。这种差异会造成车辆在换道执行过程中,强制换道车辆所需的平均车头间距、换道距离相对更小,换道时间则与车辆在换道临界点处是否停车等待换道有关。

2) 社会车辆换道特性分析

一般来说,路段中社会车辆的换道形式属于自由换道,当公交车辆混合驶入时,路段上社会车辆的运行会受到一定影响,此时道路交通流特性会变得相对复杂。其变化主要为:由于公交车辆需要进站停靠,且公交车辆行驶于非外侧车道时,存在公交车辆换道行为,此时会与目标车道上社会车辆发生交织;又因为公交车辆需要服务乘客上下车,产生额外的时间消耗,若此时停靠站形式为直线式,则原本行驶于该车道上的社会车辆必须换道才能继续向前行驶,造成换道率的额外提升。所以,公交停靠站范围场景下的社会车辆换道特性与正常路段上会有一定差异。接下来具体以三车道停靠站范围路段为例,考虑停靠站形式,从停靠站和公交车辆换道对社会车辆的影响两方面出发,对每一车道上的社会车辆换道特性进行分析。

如图3-1所示,外侧车道设置了直线式公交停靠站,若停靠站存在公交车辆,则行驶于该条车道上的社会车辆会提前换道驶离车道,此时主要的换道动机是避免停靠公交车辆对自身车辆造成更大的延误。此时社会车辆的换道形式虽然仍属于自由换道,但确实受到了公交停靠的明显干扰,所以该车道上的社会车辆越接近停靠站,其向左换道意愿越迫切,所需的换道条件更宽松一些。对于中间车道上的车辆来说,此时一部分外侧车道的社会车辆换道驶入,对当前车道上行驶的车辆也会造成一定影响,行驶条件变差,故该车道上的社会车辆会进一步向内侧车道换道。一般来说,行驶于内侧车道上的社会车辆由于受到停靠站的影响最小,故向中间换道概率较低,但同时也不可避免地受到中间车道换道进入的干扰,这种干扰既为社会车辆的换道影响,也可视为停靠站对该车道造成的间接影响。若行驶条件良好,行驶于该车道上的车辆保持继续行驶,一般向右换道概率较低。

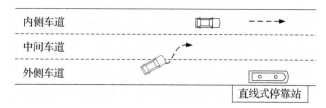

图3-1 直线式停靠站范围社会车辆换道示意图

如图3-2所示,对于港湾式公交停靠站而言,由于公交车辆的停靠对外侧车道上行驶的车辆不会造成固定阻碍,此时停靠站对社会车辆的影响较小,所以外侧车道上的社会车辆的换道形式为正常的自由换道。但由于公交车辆仍需进出停靠站,并且在港湾式停靠站进出站都需要换道一次,故相同公交车流量下,港湾式停靠站范围内公交车辆换道次数相比直线式停靠站更多,所以此时停靠站对社会车辆的影响减弱,公交车辆的换道行为成为主要影响因素。同样的,理论上来说,由于驾驶员趋利避害的心理,外侧车道和中间车道社会车辆将优先向内侧车道方向换道,而内侧车道上车辆若行驶条件良好,则保持继续行驶,以减轻停靠站对自身的影响。但是,在实际调查中发现,当港湾式停靠站范围三车道路段中车辆密度较低时,社会车辆在满足其换道条件后,会优先选择换道进入中间车道。究其原因,这种换道动机与驾驶员行驶心理有关,一部分驾驶员会认为在中间车道行驶更有安全感,既不会有在内侧车道上保持高速行驶的压力,同时在需要换道时更容易满足换道条件,有更多的选择面。

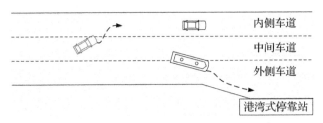

图3-2 港湾式停靠站范围社会车辆换道示意图

3) 公交车辆换道特性分析

在分析公交车辆换道特性之前,首先需要对公交车辆进出站运行特征进行分析。当公交车辆在路段上行驶且附近没有停靠站需要车辆进站停靠时,公交车辆的运行特征和其他社会车辆的运行特征大致相同。假设各种道路条件理想,公交车辆在路段上的运行可以看作是以城市路段设计车速正常运行。然而,考虑到公交停靠站的影响,公交车辆的运行特点和其他社会车辆的特点就大不相同了。一方面,由于公交车辆行驶到相应停靠站时需要进站停靠以供乘客上下车,以及公交车辆进出站需要频繁地加减速,使得公交车辆线路的一次行程时间大大增加;另一方面,公交车辆在进站和出站的过程中可能会涉及换道行为,公交车辆的换道会与其他社会车辆发生交织,产生冲突。因此当公交车辆经过停靠站时,在理想的道路条件下,它的运行特征可以看作先以路段允许的车速匀速前进直到靠近停靠站时,公交车辆减速进站,直到车速为零,此时公交车辆在站点停靠等待乘客上下车,然后车辆逐渐加速驶离公交停靠站。因此,需从减速进站和加速出站两个过程分析公交车辆的换道特性。

(1) 减速进站

公交车辆减速进站过程一般包括两个运动过程:车道变换和减速停靠。其中减速停靠是所有进站车辆都要经历的,车道变换过程则不一定。公交车辆进站是否要进行车道变换和停靠站的设置形式有很大的关系。一般来说,车道数越多,车辆可换道的次数越多,并且对于不同形式的公交停靠站,公交车辆有不同的运行特点,并对周围的社会车辆产生不同程度的影响,因此有必要根据公交停靠站形式对公交车辆换道特性进行分析。接下来以三车道直线式和港湾式公交停靠站路段为例,对公交车辆换道特性进行分析。

① 直线式公交停靠站

直线式公交停靠站作为一种传统的公交站台设置形式,一般将站台设置在外侧车道上,当公交车辆进站停靠时,该路段范围内的社会车辆就失去了该条车道的路权,需要提前换道以便获取更大的行驶空间,此时换道形式为受公交停靠干扰的自由换道。直线式公交停靠站示意图具体如图3-3所示。

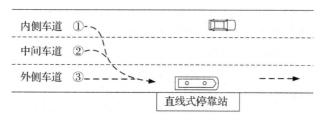

图3-3 直线式公交停靠站示意图

如图3-3所示,在进站前,若公交车辆行驶于内侧车道,则需要先换道至中间车道,再寻找机会换道至外侧车道,此时至少换道两次,其换道路线如①所示,会对三条车道造成不同程度的换道影响;同样的,若公交车辆行驶于中间车道,需要换道至外侧车道,此时换道一次,换道路线如②所示;若公交车辆行驶于外侧车道则不用换道。由于停靠站形式为直线式,在停靠完成后,车辆直接启动在原有车道上驶离停靠站,此时一般无需进行换道。故此,鉴于公交车辆换道特性,换道次数越多,对周围社会车辆及交通流造成的影响越大。

另外,由于公交车辆换道形式属于强制换道,必须进入停靠站,当换道条件不满足且车辆接近停靠站时,需要定点停靠以等待时机完成换道,这个点即称为公交车辆的换道临界点。当公交车辆停下车来等待换道时,增加了公交车辆的换道延误,同时对周围车辆造成更大的阻碍,故只要相邻车道有一定的空间,公交车辆就会强制换道,逼迫后车减速避让,此时换道条件较为宽松。所以,一般行驶于非外侧车道的公交车辆会选择提前一段距离完成换道,以分散这种负面影响。

② 港湾式公交停靠站

港湾式公交停靠站是为了减少公交车辆停靠对车道的占据而采取局部拓宽路面的方式建立的停靠站。这种站台形式在很大程度上减少了停靠站对路段上其他社会车辆正常行驶的干扰,提高了道路的通行能力,但相较于直线式停靠站而言,所有公交车辆进站过程均需至少换道一次,公交换道次数增多了。以下将分析相应的港湾式停靠站范围公交车辆换道流程。

图3-4为港湾式公交停靠站示意图,该形式停靠站大大减少了公交车辆停靠期间对车道的占用及对交通流的干扰,但同时,相较于直线式停靠站来说,公交车辆每次进站至少需要换道一次。公交车辆的换道行为伴随着车辆减速和加速,与周围车辆产生速度差,会对周围社会车辆和交通流正常运行造成一定影响。尤其当公交车辆行驶于内侧车道时,在进站过程中至少需要进行三次换道;同理,位于中间车道的公交车辆至少需要完成两次换道;位于外侧车道的公交车辆至少需要完成一次换道。所以,总体上来说,相同公交流量下港湾式停靠站范围内的公交车辆换道次数相比直线式停靠站要多一些,这些换道行为又会对周围车辆造成阻碍,其对交通流造成的影响值得进一步研究。

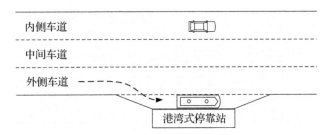

图3-4 港湾式公交停靠站示意图

(2) 加速出站

公交车辆的加速出站过程是指当车辆完成乘客上下车服务后,关闭车门公交车辆开始启动,从静止停靠的状态逐渐加速到驶离停靠站区域的过程。公交车辆出站过程仍然可能涉及换道过程,针对不同形式的停靠站,公交车辆的运动特性也会有一定的差别。对于直线式停靠站来说,出站过程较为简单;但对于港湾式停靠站来说,换道决策过程主要取决于临近车道间隙,不用决策换道位置。这里只做简单介绍,重点将在第4章中研究。

① 直线式公交停靠站

直线式公交停靠站由于其设置特点,公交车辆出站比较便捷,直接踩下油门启动出站即可,无需进行换道过程。公交车辆正常出站时间受到路段交通量及其他公交车辆在站内状态的影响。当站内无其他公交车辆停靠时或即将出站的公交车辆占据前排停靠泊位时,公交车辆直接出站;当站内有公交车辆停靠,且停靠在即将出站的公交车辆前面的泊位时,公交车辆出站会受到前方公交车辆状态的影响,一般会停靠等待前方车辆出站或者低速跟驰。

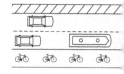

② 港湾式公交停靠站

和直线式公交停靠站相比，港湾式公交停靠站的公交车辆出站比较复杂。因为每一次的公交车辆出站行为不仅涉及加速前进还涉及车道变换，而且加速出站和车道变换两个过程往往是同时进行的。当公交车辆关闭车门后，车辆开始启动，逐渐加速，并寻找间隙汇入机动车流。

因此，通过以上对公交车辆减速进站和加速出站运行特性下的直线式和港湾式公交停靠站范围路段进行调查及理论分析，可以得出公交车辆换道动机比较单一，都是以停靠为目的进行换道，其换道形式为强制换道，相较于社会车辆换道条件更为宽松，但对于不同车道数和不同形式停靠站，公交车辆换道次数有所差异，其对交通流的换道影响也各不相同。另外，对社会车辆来说，换道形式均属于自由换道，但由于受到公交车辆的换道影响，又可将自由换道分为两种类型：一种是不受公交车辆换道行为或公交停靠影响的自由换道，主要发生在社会车辆之间，换道动机为追求更大的行驶空间；另一种是受到公交车辆换道行为和公交停靠阻碍直接或间接影响，从而引发的车辆换道，换道动机多为避免更多潜在的阻碍。这两种换道行为的差异以车辆产生换道行为的诱因为标准进行判别。

3.1.2 影响公交换道因素分析

公交车辆换道与普通小汽车换道有着很大的区别。普通小汽车车身较小，运行灵活，为了达到理想的速度或者驾驶空间，车辆的换道行为比较常见，而公交车辆车身轮廓大且由于受频繁地在站台停靠的影响，其运行速度较低，在附近没有公交停靠站的路段上，换道行为的发生概率相对较小。而在公交停靠站影响范围的城市路段上公交的车道变换行为比较常见。经过调查发现，停靠站处的公交换道行为主要受到以下几种因素的影响。

(1) 站台设置形式

针对不同的站台设置形式，公交车辆会有不同的运行特征。针对公交站台的设置形式，国内外专家学者对此展开研究。Gibson 等人[131]研究了公交站对路段车辆及行人的影响。Yagar 等人[133]研究了当信号交叉口上游存在公交站点时，公交车辆在站点处的停靠行为对交叉口处交通流组织的干扰情况。Fernandez[134]通过对交叉口交通流特性以及其上游公交进出站行为的分析，优化了公交站点通行能力计算模型。葛宏伟[81]在对不同类型的公交停靠站的公交进出站行为与其他社会车辆之间的相互作用与影响分析的基础上，给出了公交车辆停靠对其他交通流的影响延误模型。杨孝宽等人[32]通过对北京市交通路段上两类不同设置形式的公交站的调查,利用线性模型将公交停靠站对道路通行能力的影响定量化。宁智彬[135]认为若公交停靠站的建设缺乏规划性会使得道路运行成本增加,车辆组织混乱,影响了车辆的正常运行,因此他通过分析直线式停靠站和港湾式停靠站附近公交车辆的运行特征,结合概率论、排队论和间隙理论,将两种类型停靠站对道路通行能力折减系数加入到通行能力计算中。刘伟等人[136]认为公交停靠站的设置不仅会影响公交车辆的运行效率与服务水平,还会对周边的交通流产生极大的影响,因此他通过引入排队论模型,针对不同时段内公交到达停靠站的频率规律对公交车辆在站点的通过效率进行了研究。刘建荣[137]从公交车辆提供的服务质量入手,采用贝叶斯网络的方法研究了公交停靠站对路段的影响。常玉林等人[138]针对双向四车道路段,利用改进后的 NS 模型以及 VISSIM 仿真软件对公交站台延误影响进行了分析。

显然,停靠站的设置形式会对道路通行能力产生一定的影响。当公交车辆需要换道进站时,不同形式的公交停靠站会有不同的影响。公交车辆在直线式公交停靠站进行停靠服务时,有一些车辆进站会涉及车辆换道过程,而有一些直接减速进站不需要进行车道变换,而在出站过程中公交车都不需要进行换道,直接加速出站即可。港湾式停靠站由于设计形式不同,公交车辆在出站时总是需要汇入社会车流。

(2) 交通量

由于公交车辆换道过程需要车辆驾驶员寻找合适的穿越空隙进行车道变换,因此路段交通量也会对公交的换道过程产生一定影响。当路段交通量很大处于拥挤状态时,社会车辆的车头间距很小,且由于公交车辆车身比较庞大,很难找到合适的穿越间隙进行车道变换,公交车辆无法完成换道行为,只能停车等待合适的换道时机。

对交通量进行合理的调控是提高道路利用率以及车辆运行效率的有效途径。目前对交通量进行研究的方法也比较多。主要的研究方向是对道路交通量进行预测,以便能够更好地处理道路交通情况。将预测方法进行分类可以分为以下四类:基于统计的预测模型、基于非线性理论的预测模型、基于人工智能的预测模型和基于组合模型方法的预测模型。

在基于统计的预测模型方面,Anthony 等人[139]根据雅典市中心附近城市主干道的 3 min 交通量测量数据,利用多变量时间序列状态空间模型对交通量进行了研究。丛新宇等人[140]采用了将历史趋势模型和多元回归模型相组合,并且分别对

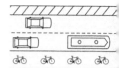

两类模型进行加权处理以此来研究交通量。在基于非线性理论的预测模型方面，唐志强等人利用神经网络和混沌理论对交通量进行了研究。Wang 等人[141]选择了小波分析的方法对交通量进行了研究。在基于人工智能的预测模型方面，张婉琳[142]利用遗传算法对支持向量机参数进行优化，再将交通量历史数据输入支持向量机进行学习从而建立交通流量预测模型。谢凯兵[143]认为交通量容易受到环境条件、社会经济发展、出行需求与目的等多种因素的影响，并且考虑到交通量具有较大随机性与波动性，他将马尔可夫链方法用于研究交通量，将均值马尔可夫链、聚类马尔可夫链以及聚类加权马尔可夫链这三类组合起来构建了综合多种组合模型来进行研究。在基于组合模型方法的预测模型方面，韦凌翔等人[144]针对短时交通流量，将 RVM 模型和 ARIMA 模型相结合对交通量进行降噪处理，使得交通量的预测能够更加精确。

（3）公交到达频率

公交到达频率主要影响公交车辆的换道起始位置和终止位置。公交到达的频率越高，停靠站内的停靠泊位被占据的概率越大，当前排停靠泊位被占据后，后来的公交车辆只能停靠在后面的停靠泊位。在调查中发现，公交车辆在即将进站时若发现前排的停靠泊位已被占据，则会提前开始变换车道，这是因为前排停靠泊位被占据后，使得后来公交车的所能用来换道距离变短，因此为了保证能够成功完成车道变换，驾驶员会根据实际情况调整换道的时机。

公交到达频率也会对路段交通流产生较大的影响。一些专家学者从公交车辆的到达及发车频率来研究其对交通流的干扰作用，并且提出了一些改进方法来降低影响。于滨等人[145]考虑到合理的发车频率有利于提高公交车辆的运行效率以及乘客满意度，于是他提出了一种优化公交线路发车频率的双层规划模型，在该模型中他将使得公交网络系统总成本最低看作优化目的，最后利用标号法和启发式算法对模型进行计算。黄正锋等人[146]为了提高公交车辆线路发车频率的可靠性，保障乘客的出行需求，利用公交系统网络鲁棒性能指标对公交车辆的发车频率进行了优化。吕双等人[147]通过实地调研与数据处理发现公交车辆到达停靠站的频率符合泊松分布，站内停靠时间符合爱尔朗分布。针对港湾式停靠站，在其通行能力模型中考虑了公交到达率对通行能力的折减影响。代存杰等人[148]在分析了公交车辆的发车间隔与乘客需求的基础上，对公交车辆的发车频率进行优化，并以减少公交停靠站内乘客等待时间以及增加公交车辆的平均载客量为优化目标。王佳冬等人[149]根据公交停靠首末站的形式、发车时间间隔等，建立了公交线网优化模型。陈巍等人[150]为了提高公交系统网络的合理性及乘客对公交服务的满意度，对公交线网和公交车辆的发车频率同时进行了优化。

(4) 驾驶员特性

驾驶员特性主要包括驾驶员的性格特点和驾驶特征等。在进行车辆换道的过程中，驾驶员通过各种感觉器官对周围的道路状况、环境、交通管制等信息进行分析后再对车辆进行控制。因此，车辆运行的过程不单单仅是机械的物理过程，还会受到驾驶员个性、心理状态的影响。由于不同的驾驶员具有不同的性格、心理特点和行为习惯，因此，在换道过程中的何时开始换道、何时结束换道行为等都会受到驾驶员的驾驶特性及驾驶习惯的影响，即公交进站的最迟换道点受到驾驶员特性的影响。

专家学者早就注意到了驾驶员个人特性对交通流影响的重要性，并且开展了相关的研究。周健等人[151]为了了解在不同路段作业区驾驶员的反应特点，利用眼动仪记录驾驶员的眼动数据，并通过对眼动数据的整理，分析了驾驶员在普通路段作业区以及隧道作业区的行车反应特征。艾倩楠等人[152]为了研究在不同交通运行条件下驾驶员感知交通风险的能力，从驾驶员的生理及物理两个方面入手建立相应的评价指标体系，并且利用马尔可夫模型将驾驶员风险感知水平进行量化处理。吴斌等人[153]利用车辆驾驶数据构建了在危急条件下驾驶员紧急制动避免发生碰撞的模型，分析了在危急条件下驾驶员从踩下制动踏板到制动起效时所需的总制动反应时间及相关的制动特性。朱兴林等人[154]为了研究具有不同驾驶经验的驾驶人在稳定的车辆跟驰情况下的运行状态以及对路段交通流的作用，利用车载激光雷达设备对稳定跟驰状态下车辆间的车头时距等参数进行记录。李雪玮等人[155]认为驾驶员的驾驶记忆会影响车辆的路径规划与选择，采用多种方式建立了驾驶员记忆增长模型。

3.1.3 公交换道位置影响因素分析

为得到公交换道位置影响因素，对实际交通流情况开展调查，调查地点选取南京草场门大桥东公交站以及南京中山路-珠江路北公交站，选取的停靠站分别为典型的直线式停靠站和港湾式停靠站，附近有多处居民区，以及大型超市、商铺等交通吸引点，人流密集，交通量比较大，公交车辆换道进站的现象比较频繁。选取周四、周五两个工作日的15:00~17:00，该时段路段交通流比较畅通，符合对观察对象的要求。利用地面高空摄像法和测速仪测速法相结合的方法进行调查，获取公交站处公交车进站速度、换道时间、换道位置、路面交通量等参数。

通过对公交车进站换道轨迹的学习,结合实地观测数据发现公交车进站换道行为一般发生在距离停靠站 80 m 的范围内,因此将距站 0～80 m 的范围称为公交车进站区。在进站区内以下几种因素对公交换道位置影响比较大。

(1) 路段平均车速

路段的平均车速主要是从两个方面来影响公交进站换道的位置分布。一方面,路段的平均车速会影响到车辆换道纵向换道轨迹的距离,当平均速度比较大时,车辆换道所需要的纵向距离长度也会增加,导致车辆会选择提前换道或者在未能成功找到合适的换道机会时继续前进在靠近停靠站的最迟换道点进行换道;另一方面,路段的平均车速配合路段交通流可以在一定程度上反映出道路此时的交通通畅情况,在道路交通状况良好的情况下,即交通流属于自由流时,路段平均速度对车辆换道影响程度比较小,这是因为此时路段交通条件比较好,公交车辆能够找到足够多的可穿越间隙实施换道过程。根据对实际换道情况的观测,此条件下公交车辆在距站 20 m 的范围左右换道发生概率比较大;当路况条件不良时,车辆间的跟驰比较紧密,公交车辆换道机会比较少,因此在靠近停靠站的范围内发生车辆换道行为比较常见。

(2) 路段车速离散程度

路段车速的离散程度是指路段上车辆速度的分布情况。当车辆的速度离散程度比较大时,道路上行驶的车辆间会形成更多的不同的车头间距,且出现距离较大的车头间距的可能性比较大,这就为公交车辆进站换道提供了更多的可穿越间隙,提高了换道机会的可选择性;当速度离散程度较小,公交车辆越趋向于在靠近停靠站的附近进行换道。速度的离散程度小说明路段上的车辆的行驶车速相差较小,在这种情况下能够使公交车辆换道的可穿越间隙出现的机会也比较少,因此在靠近停靠站的范围内进行换道的概率会增加。

(3) 路段交通流量

交通流量是最能够反映道路拥挤程度的参数之一。当路段交通流量比较大时,车辆之间跟驰比较紧密,由于公交车辆车身轮廓的特点,公交车辆换道需要比较大的可穿越间隙,在如此跟驰紧密的车流下很难找到合适的换道机会。同时,在没有合适换道机会的情况下,公交车辆强制提前换道会给道路交通带来更大的压力,严重情况下还会造成车辆追尾等各种交通事故,因此公交车辆大多也会在最迟换道点等待适宜的换道时机。一般当交通流较小时,路段上车辆分布比较零散,公交车辆会有较充足的换道机会,换道位置的分布集中在 20 m 范围左右。

(4) 到站距离

在进站区的范围内并不是所有位置都可供公交车完成车道变换行为。由于公交进站车道变换的过程需要一定安全的换道距离,当公交车辆在驶向公交停靠站的过程中,如果因为道路交通流量过大、交通管制等各种原因无法寻找到合适的换道时机,未能完成换道过程,公交车辆就必须在路段上停车等待,伺机换道。公交车辆被迫停车等待的位置被称为最迟换道位置,代表公交车一旦越过这个位置后会导致实际距离公交停靠站的长度小于公交换道所需的安全距离从而造成公交车辆无法在停靠站的停靠泊位进行停靠。到站距离就是指进站区内公交车辆与公交进站最迟换道位置之间的距离,即可供公交车辆换道的距离,如图3-5所示。

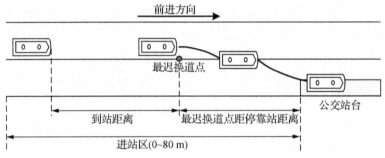

图3-5 公交换道进站到站距离示意图

由于驾驶员的驾驶特性、道路交通流的情况等多种因素的影响,最迟换道距离在不同条件下是不同的。最迟换道距离的变化会使可供公交车辆换道的路段长度发生变化,从而影响公交换道位置分布情况。

3.2 公交换道进站运行轨迹模拟

在复杂的城市交通运行中,需要在站台停靠的公交车辆在靠近公交停靠站的过程中,若车辆行驶在停靠站所在车道的邻近车道时必须通过车道变换行为才能在停靠站进行停靠,为乘客提供交通出行服务。通过对公交车辆换道轨迹曲线的分析结合实际道路观察情况,得到影响公交车辆换道位置的四个主要因素,为接下来公交换道决策建模提供依据。

3.2.1 公交换道轨迹特征分析

1) 换道轨迹一般特征

车辆的换道和跟驰行为是道路交通流运行中比较常见的交通行为,车辆换道的整体过程可以分解为三个阶段,首先是换道需求的产生,其次是检测道路条件是否允许换道,最后是换道行为的具体实施过程。一些研究人员通过观察换道行为实施的阶段,又将该过程细分为扭角阶段、靠拢阶段、收角阶段和调整阶段,并分别对这四个阶段进行研究分析,得到了一般车辆换道轨迹特征。以下是几种常见的换道轨迹模型。

(1) 等速偏移换道轨迹模型

等速偏移换道轨迹模型是一种线性模型,它将现实交通流情况理想化,是对现实道路上车辆换道轨迹的简化。该模型的图形如图 3-6 所示,由三段直线段组成。A_0 和 A_3 分别为换道的起始点和换道终点。A_1、A_2 为三条直线段的连接点,d 为两条车道线之间的距离,L 为换道纵向长度。

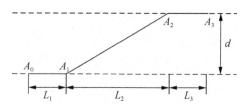

图 3-6 等速偏移换道轨迹

由上图可得到等速偏移换道轨迹模型的表达式为:

$$Y(x) = \begin{cases} 0, & x \leq L_1 \\ \dfrac{d}{L_2}(x - L_1) & L_1 < x \leq L_1 + L_2 \\ d & L_1 + L_2 < x \leq L_1 + L_2 + L_3 \end{cases} \quad (3-1)$$

(2) 圆弧换道轨迹模型

圆弧换道轨迹模型是在等速偏移换道轨迹模型的基础上做出了一些改进,为了更加符合现实情况下车辆换道轨迹,将等速偏移换道轨迹模型三段直线的连接处改用平滑的曲线将其连接起来,直线两端分别与两段圆弧相切,保证了车辆在进行换道时,换道轨迹的起终点处的曲率不会发生突变。其轨迹图形如图 3-7 所示。

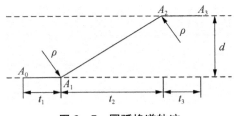

图 3-7 圆弧换道轨迹

圆弧换道轨迹模型的换道表达式如下:

$$\begin{cases} \rho = \dfrac{v^2}{a_{\max}} \\ d = 2\rho\left[1-\cos\left(v \cdot \dfrac{t_1}{\rho}\right)\right] + v \cdot t_2 \cdot \sin\left(v \cdot \dfrac{t_1}{\rho}\right) \\ L = 2\rho\sin\left(v \cdot \dfrac{t_1}{\rho}\right) + v \cdot t_2 \cdot \cos\left(v \cdot \dfrac{t_1}{\rho}\right) \end{cases} \quad (3-2)$$

式中：ρ——圆弧段的曲率；

v——当前车速；

$a_{\max}$——最大侧向加速度。

该模型虽然对换道车辆的起终点处的运行曲线进行了优化并且考虑了侧向加速度的影响，但是在圆弧段与直线段相接地方即 A_1、A_2 点处的曲率仍然不连续，不符合实际换道轨迹的变化。若控制曲率 ρ 使其能够连续变化以保证车辆在各个衔接点能够顺滑过渡，那么圆弧段则为多阶非线性曲线。多阶非线性曲线计算复杂，并且将其应用到轨迹变化上后会导致轨迹曲线不够灵活。所以，一般利用圆弧换道轨迹模型计算车辆换道轨迹曲线时会对轨迹进行二次规划。如利用回旋曲线、β 样条曲线等方法对初步轨迹进行平滑优化，最终实现轨迹曲率连续。

(3) 梯形加速度换道轨迹模型

模型主要以车辆换道的侧向加速度为研究对象，研究人员认为车辆在进行换道时的侧向加速度呈线型变化规律，且侧向加速度有一个最大的临界值 $a_{\max}$，反映到图像上时，侧向加速度由两个大小、形状相同的正反梯形组成，如图 3-8 所示。

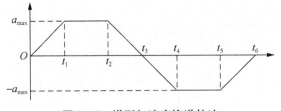

图 3-8 梯形加速度换道轨迹

且满足时间关系：

$$\begin{cases} t_1 = \dfrac{a_{\max}}{J_a} \\ t_2 = -\dfrac{a_{\max}}{2J_a} + \dfrac{\sqrt{2(a_{\max}/J_a) + 4d/a_{\max}}}{2} \\ t_1 = t_3 - t_2 = t_4 - t_3 = t_6 - t_5 \\ t_2 - t_1 = t_5 - t_4 \end{cases} \quad (3-3)$$

满足车辆的换道加速度关系：

$$a(t) = \begin{cases} 0, & t \leqslant 0 \\ J_a, & 0 < t \leqslant t_1 \\ a_{\max}, & t_1 < t \leqslant t_2 \\ a_{\max} - J_a, & t_2 < t \leqslant t_4 \\ -a_{\max}, & t_4 < t \leqslant t_5 \\ -a_{\max} + J_a, & t_5 < t \leqslant t_6 \\ 0, & t > t_6 \end{cases} \quad (3-4)$$

式中：J_a——侧向加速度率。

由上式可以看出，各个时间段的轨迹曲线都是关于横向加速度和横向加速度率的函数。因此只要确定了侧向加速度和侧向加速度率即可得到梯形加速度换道轨迹模型的轨迹曲线。虽然梯形加速度换道轨迹模型考虑侧向加速度的影响，并且很好地满足了换道轨迹曲线曲率连续的要求，但是，在运用该模型进行车辆的运行轨迹规划时发现，轨迹曲线的灵活性不够，角度调整比较困难，而且通过大量的数据观察分析，在现实的交通环境条件下，车辆换道过程的侧向加速度并不是完全呈现正反梯形分布的，与理想情况仍存在较大的区别。

(4) 基于正弦函数的换道轨迹模型

相比于以上三种换道轨迹模型，基于正弦函数的换道轨迹模型是在正弦函数的基础上进行设计，因此曲线具有连续、平滑的优点，能够较好地模拟车辆换道的过程，一直被研究人员广泛地采纳使用，如图3-9所示。

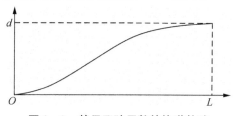

图3-9 基于正弦函数的换道轨迹

基于正弦函数的换道轨迹模型可以通过换道横向距离 d 和换道纵向距离 L 确定。模型函数如下：

$$Y(x) = \frac{d}{2} \times \left[1 - \cos\left(\frac{\pi}{L}x\right)\right] \tag{3-5}$$

对 x 进行多次求导，得到：

$$\begin{cases} Y'(x) = \dfrac{d\pi}{2L}\sin\left(\dfrac{\pi}{L}x\right) \\ Y''(x) = \dfrac{d\pi^2}{2L^2}\cos\left(\dfrac{\pi}{L}x\right) \end{cases} \tag{3-6}$$

假设车辆换道轨迹曲线的曲率为 K，则 K 的计算公式如下：

$$K = \frac{|Y''(x)|}{[1+Y'^2(x)]^{3/2}} \tag{3-7}$$

分别计算轨迹曲线在换道起始处($x=0$)和换道终点处($x=L$)的曲率，由公式(3-7)求得在两处的曲率为 $K=d\pi^2/2L^2$，所以在基于正弦函数的换道轨迹模型中，曲率的最大值出现在换道的起终点处，即起终点处的侧向加速度最大。而通过对现实情景下的车辆换道过程的观察分析，换道起终点处的曲率应该趋向于零或者为零，因此该模型所得到的换道轨迹曲线与实际换道轨迹仍有一定差别，需要对该模型进行进一步的优化。

(5) 基于 β 样条曲线换道轨迹模型

β 样条曲线受到一组点的控制，这些点被称为控制点。控制点唯一确定一条曲线，β 样条曲线的数学表达式为：

$$\begin{cases} P_{i,n} = \displaystyle\sum_{k=0}^{n} P_{i+k} \cdot F_{k,n}(t), & i = 1,2,3,\cdots,n \\ F_{k,n} = \dfrac{1}{n!}\displaystyle\sum_{j=0}^{n-k}(-1)^j \cdot (t+n-k-j)^n & 0 \leqslant t \leqslant 1 \end{cases} \tag{3-8}$$

式中：$F_{k,n}$——n 次 β 样条基函数。

通过对公式进行分析可以发现，β 样条曲线是分段的，具有分段处理的优点。n 次 β 样条曲线的每一段都只与控制曲线形成的 $n+1$ 个顶点有关，不会对整条曲线产生影响，易于进行局部修改。若给定 $m+n+1$ 个控制点 $P_i(i=0,1,2\cdots,m+n)$，则可以定义 $m+1$ 段 n 次的参数曲线。考虑到 β 样条曲线灵活、易控制的特点，一些研究人员决定利用 β 样条曲线来获得车辆的换道运行轨迹，一般考虑采用三次 β 样条曲线来拟合生成轨迹曲线[84]。基于 β 样条曲线换道轨迹模型是通过观察车辆的整个换道过程选取合适的边界控制点，然后利用控制点得到换道轨迹曲线。所以,在利用该模型进行换道轨迹的获取时,边界点选取的好坏会直接影响到轨迹曲线的准确度。其次,在利用该模型进行计算时会用到换道距离,车速等一系列参数,不同的换道过程所产生换道距离也有很大的不同,因此基于β样条曲线换道轨迹模型在实际操作时会给最终的换道轨迹结果带来很大的偶然性。

(6) **基于多项式换道轨迹模型**

基于多项式换道轨迹模型的通用形式如下式所示:

$$Y(x) = \sum_{i=0}^{n} a_i x^i = a_0 + a_1 x + a_2 x^2 + \cdots + a_n x^n \quad (3-9)$$

式中,Y代表横向换道距离,x代表纵向换道距离。系数a_0为车辆在换道起点处的横坐标值,系数a_1为换道轨迹上各点的斜率,即车辆在进行换道行为时在不同时刻的速度方向,其余系数如$a_2,a_3,\cdots,a_n$代表车辆进行换道行为所留下换道轨迹的光滑程度,也表示在换道过程的不同时刻车辆的运动方向。

基于多项式换道轨迹模型主要依靠车辆换道时产生的换道横向距离和换道纵向距离来确定轨迹曲线。当x的阶次i为0时,此时的模型为$Y(x)=a_0$,模型的值为一个常数,说明当阶次为0时车辆并没有进行车道变换;当x的阶次i为1时,模型表达式为$Y(x)=a_0+a_1x$,该模型实际上就是等速偏移换道轨迹模型;当阶次i最大为2时,模型表达式为$Y(x)=a_0+a_1x+a_2x^2$,此时模型得到的轨迹曲线不够平滑,与现实情境中的换道轨迹曲线拟合效果比较差,当x的阶次i取值较大时,虽然能够使换道轨迹的精度提高,但是模型中的参数过多,一方面过多的未知参数难以确定,另一方面也会造成模型计算困难,收敛缓慢。因此选择合适的阶次i对模型的计算,最终效果等影响较大。在已有的基于多项式的换道轨迹规划算法研究中,大多数研究人员采用了5次或7次多项式换道轨迹模型,这是因为在此条件下的模型便于计算且能够保证一定的精度要求,具有比较高的实用性。无论是5次多项式模型还是7次多项式模型,在对模型进行求解前需要人为地输入一些固定参数,如换道时间、换道目标位置等,但由于换道行为会受到道路交通量,驾驶员生理、心理特性等多种因素的共同影响,因此这一做法会给轨迹模型计算带来一定的不确定性,从而造成车辆轨迹拟合效果不理想。

2) 进站换道轨迹特征

公交车辆无论是进入直线式停靠站还是进入港湾式停靠站进行停靠服务时,如果要进行车道变换则必然会穿越和占用机动车道,并与其他社会车辆产生交织,当道路交通状况不良时还会形成交通瓶颈,对停靠站所在车道和邻近车道上的社会车辆的正常运行造成干扰。公交车辆由于具有车身庞大,容易遮挡其他社会车辆的视线且行驶速度较慢等特点,在城市路段上行驶时较少会因为对期望速度和驾驶空间的要求而进行车道变换,大多数时候的车道变换属于强制性换道,一般在公交停靠站附近比较常见。公交车辆驾驶员在进行进站车道变换时一般要采取4个步骤,如图3-10所示。

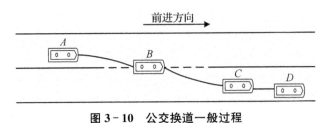

图3-10 公交换道一般过程

A、B、C、D分别代表公交车辆在进行车道变换时的四个不同状态。A点代表车辆换道的起始点,在该点处公交车辆驾驶员产生换道意图并通过对车辆方向盘的控制达到控制车身转向目的,驾驶员调整方向盘角度使得公交车辆的车身航向角达到一个适宜的角度并控制行驶速度,使公交车辆逐渐减速向目标车道靠拢。B点是车辆换道的位置临界点,当车辆慢慢减速向前运行到达B点后,驾驶员需要继续控制方向盘调节车身航向角使车身航向角趋向于零,即与车道线平行。车辆继续减速运动,越过车道分隔线到达C点,此时车辆的换道过程基本已经完成。若此时C点的位置刚好是站台停靠点的位置则车辆停止运动在站点进行停靠;若C点处离停靠点D还有一段距离则继续向前行驶并微调方向盘,使车辆在停靠点适当位置进行停靠以方便为乘客提供交通出行服务。当距离条件不满足时,车辆则停在C点,不再向D点前进。A、B、C、D四点之间的实线就是公交车辆进站换道的运行轨迹曲线。

与其他社会车辆的换道运行轨迹相比,公交车辆的进站换道行为略有不同。一般的社会车辆在进行换道时要经历扭角、靠拢、收角和调整四个具体过程,且在最后的调整阶段驾驶员会通过微调方向盘使车辆车身归正,即与车道线平行,一旦车身与车道线平行即可代表完成车辆换道行为。然而,由于公交车辆在停靠站处需要进行停靠为乘客提供公共交通出行的服务,因此在最后的微调阶段,驾驶员必须在停靠泊位前完成,如若未完成也必须在停靠泊位处停止车辆运动,这就导致公交车辆的换道运行轨迹在换道终点处车身并不与车道线平行,即公交换道最终目标位置处公交换道轨迹曲率趋近为零。

通过对公交进站换道运行及在站点停靠过程的分析,综合大量文献中对换道轨迹的研究成果和经验，得到公交车辆进站换道轨迹特征：

① 公交车辆换道进站时车辆的运动方向应为连续逐渐改变，不发生运行方向的突变，并且在轨迹图像的显示上，公交进站换道轨迹曲线无论是在纵向上还是横向上都是一条连续的、光滑的、无突点或变点的曲线。

② 受到公交车辆必须进站停靠为乘客提供公共交通出行服务的影响，公交进站换道轨迹曲线的换道起始点处的曲率为零，换道终点处的曲率趋近于零。

3.2.2 公交进站换道轨迹模拟

根据对上述几种常见的换道轨迹模型的分析，这几种模型都存在一些不足，与实际道路上车辆换道轨迹特征仍有一些差距。因此，在对公交车辆进站换道轨迹特征分析的基础上，考虑到正弦函数换道轨迹模型所形成的换道轨迹曲线具有平滑、连续、无突变的特点，结合等速偏移换道轨迹模型中车辆在进行车道变换时其侧向加速度为零的特点，对公交进站换道轨迹进行研究。

1) 直线式停靠站公交进站运动轨迹方程

由正弦函数换道轨迹模型计算得到的车辆换道轨迹曲线平滑，曲率连续，但是在换道的起始点与终点处存在曲率偏大的问题，而公交车辆在换道进站时换道起终点处的曲率应接近零，即不满足公交车辆进站换道第二个特征；等速偏移换道轨迹模型虽然是理想状态下的换道轨迹模型，且存在曲线不连续不平滑的问题，但是其在换道起终点处的曲率为零的特点与实际情况下车辆换道轨迹特点是一致的，因此，结合等速偏移换道轨迹模型的优点，针对公交换道进站构造换道轨迹模型如下：

$$Y(x) = \frac{d}{2k\pi}\sin\left(\frac{2k\pi}{L}x\right) - \frac{d}{L}x, \quad x \in [0, L] \quad (3-10)$$

式中，L 为车辆换道纵向距离；d 为换道横向距离；k 为公交进站换道折减系数，根据轨迹拟合实测数据，k 值取 0.95。

公交换道运行轨迹曲线的曲率 K 的计算公式如下：

$$K = \frac{|Y''(X)|}{[1 + Y'^2(X)]^{3/2}} \quad (3-11)$$

为了确定公交车辆换道起终点处的曲率值是否满足公交进站换道特征，分别对换道轨迹模型求一阶、二阶导数：

$$Y'(X)=\frac{d}{L}\cos\left(\frac{2k\pi}{L}x\right)-\frac{d}{L}, \quad x\in[0,L] \qquad (3-12)$$

$$Y''(X)=-\frac{2kd\pi}{L^2}\sin\left(\frac{2k\pi}{L}x\right), \quad x\in[0,L] \qquad (3-13)$$

当 $x=0$ 时,将其代入一阶、二阶导数公式得到在 $x=0$ 处的一阶导数与二阶导数值都为 0,因此其曲率值也为 0;当 $x=L$ 时,同样代入一阶导数与二阶导数的公式,得到在 $x=L$ 处的一阶导数为:

$$Y'(L)=-\frac{d}{L}[1-\cos(2k\pi)] \qquad (3-14)$$

二阶导数为:

$$Y''(L)=-\frac{2kd\pi}{L^2}\sin(2k\pi) \qquad (3-15)$$

曲率 K 值为:

$$K=\frac{2kdL\pi\sin(2k\pi)}{\{d^2[1-\cos(2k\pi)]^2+L^2\}^{3/2}} \qquad (3-16)$$

根据式(3-14)、式(3-15)以及式(3-16)得到构造的公交进站换道轨迹模型函数连续且处处可导,在 $x\in[0,L]$ 上有界,构造的轨迹曲线符合公交换道轨迹的第一个特征,即曲线过渡无论是在纵向上还是横向上都是光滑的,无突点和变点。且换道轨迹模型的一阶导数和二阶导数连续且处处可导,在 $x\in[0,L]$ 区间上有界。当 $x=0$ 时,即在换道起点处,模型的一阶导数与二阶导数的值分别为 0,因此在该点处的曲率也为 0;当 $x=L$ 时,模型的一阶导数与二阶导数的值也为 0,在换道终点处,曲率值等于 0,因此曲率变化过程符合公交进站换道轨迹第二个特征。

2) 港湾式停靠站公交进站运动轨迹方程

当公交停靠站的设置形式为港湾式的时候,由于港湾式停靠站一般设置成梯形的形状,因此,当位于停靠站邻近车上的公交车辆想进入停靠站时,会沿着梯形的斜边行驶入站。一般情况下,车辆遵守排队进站的规则,在此规定公交车辆在进站停靠时,如果此时停靠站内没有公交车辆占用停靠泊位,则到达停靠站的公交车辆会首先选择前排停靠泊位进行停靠,随后到达的车辆依次进入后方泊位进行停靠;如果车辆在靠近停靠站时发现前方停靠站内无空余泊位时,公交车辆在站外等候,直到前方停靠站内公交车驶离停靠站。

通过对实际道路上公交车辆运行特点的观察发现,和直线式停靠站处的公交换道行为相比,港湾式停靠站处的公交换道进站行为要先从非邻近停靠站车道换入停靠站的邻近车道,然后再沿着港湾式停靠站边缘斜线逐渐驶入停靠站。因此在进入停靠站以前,公交车辆其实已经完成了车道变换,此时的公交换道过程与普通小汽车的换道过程大致是一致的。因此,港湾式停靠站公交换道轨迹方程为:

$$Y(x)=\frac{d}{2\pi}\sin\left(\frac{2\pi}{L}x\right)-\frac{d}{L}x, \quad x\in[0,L] \tag{3-17}$$

式中,L 为换道纵向距离,d 为换道横向距离。

通过对公交进站换道轨迹在换道的起终点处的曲率计算,其换道轨迹模型的一阶导数和二阶导数连续且处处可导,同时,当 $x=0$ 与 $x=L$ 时,模型的一阶导数与二阶导数的值分别为 0,曲率也为 0,符合公交进站换道轨迹的特征。

3.3 公交换道进站决策特征建模

根据对公交换道进站特征的分析,以公交换道决策行为为研究对象,重点研究公交车辆换道位置决策问题,即公交车辆在进站过程中在何处进行换道的问题。针对元胞自动机交通流模型设定相关的参数与假设,结合上章所分析的公交换道位置影响因素,建立公交换道位置模型,研究公交换道位置的分布情况。具体的建模思路如图 3-11 所示。

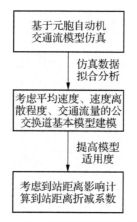

图 3-11 公交换道位置模型建模思路

1) 元胞自动机模型简介

元胞自动机(Cellular Automata,简称CA)模型是一种时间、空间和状态均离散的网格动力学系统,其基本组成要素包括元胞、元胞空间、邻居和演化规则。具有离散、有限状态的元胞在其所组成的元胞空间内,按照一套确定的演化规则,随着离散的时间维度进行演化。另外,元胞自动机又与一般的动力学模型不同,它没有严格定义的物理方程,而是通过定义元胞的更新规则完成整个系统的动态演化,进而达到模拟复杂现象的目的。

(1) 元胞

元胞作为元胞自动机最基本的组成单元,分布于离散的一维、二维或多维欧几里得空间的晶格点上。每个元胞包含自己的状态,且某一时刻只能有一个状态,该状态可以是$\{0,1\}$表示的二进制形式,也可以是$\{S_0,S_1,\cdots,S_k\}$表示的整数离散集合。在实际应用过程中,根据研究的场景确定元胞的状态变量。例如,在交通流模型应用领域,一般将元胞划分为$\{0,1\}$状态,分别表示空状态和被占据状态,并且每个元胞包含位置、速度等属性。

(2) 元胞空间

元胞空间是元胞所分布的网格点的集合,在维度上依然分为一维、二维和多维,其中一维和二维元胞自动机最为常用。在二维元胞自动机的应用中,又可将元胞空间的形状分为三角形、四边形和六边形等。在实际应用中,四边形网格因具有简单、直观的优点,常被用于道路交通仿真模拟中。

(3) 邻居

在元胞自动机模型中,元胞状态在进行演化和更新时,必然会对其周围情况进行判断,此时该元胞状态更新时需要搜索的空间域即为该元胞的邻居。在一维元胞自动机中,通常以半径r范围内的元胞都被确定为是该元胞的邻居;在二维元胞自动机中,由于演化规则的复杂性,元胞邻居的种类相较一维来说更加复杂,常用的有Von Neumann型、Moore型和扩展的Moore型等。

(4) 演化规则

演化规则是指元胞根据当前自身状态和邻居的状态来确定下一时刻状态的函数,其本质是一个状态转移函数。演化规则设计是否合理,直接关系到元胞自动机模型应用效果的优劣。因此,要想反映出客观事物或现象的本质特性,必须保证元胞自动机模型演化规则的合理性。在建立交通流元胞自动机模型时,通过设计其中元胞的演化规则,即可用来描述一个系统的运行状态,进而借助计算机建模以取代复杂的数值计算。

2) 单车道元胞自动机模型

Wolfram最早将元胞自动机模型成功运用于交通流并推广,随后Nagel和Schreckenberg在1992年提出了著名的N-S模型,用来模拟单车道交通流的运行状态。该模型将单车道分成n个大小相等且离散的格子,即元胞,每个元胞通过赋值分为空元胞和车辆占据两种状态,然后提出车辆运行过程中的四个状态变化方程,分别为加速规则、减速规则、随机慢化规则和位置更新规则。由于元胞自动机的离散性、模型中速度和位移的量纲均以元胞个数变化值来表示,故可直接将这两个变量统一起来构成相应的状态变换方程,具体如下:

加速规则:$v_b \rightarrow \min(v_n+1, v_{\max})$,反映了车辆从该时刻到下一时刻期望加速的过程,其速度阈值为车辆最大速度。

减速规则:$v_n \rightarrow \min(v_n, d_n)$,表示车辆受到阻碍或达不到加速条件时,当前车辆需减速至速度大小等于安全车距,以避免与前车碰撞。

随机慢化:$v_n \rightarrow \max(v_n-1, 0)$,$\text{rand}() < P$,表示车辆以概率$P$和减速度1进行随机减速,用以描述车辆运行过程的随机减速过程。

位置更新:$x_n \rightarrow x_n + v_n(t+1)$,描述车辆该时间步长(可简称时步)内的位移变化。

上述式子中,v_n、x_n、d_n分别为该时刻第n辆车的速度、位置、与前车的安全距离,其中$d_n = x_{n+1} - x_n - l_{n+1}$,表示前车$n+1$与当前车辆$n$的车头间距减去前车车长$l_{n+1}$;$P$表示随机慢化概率,$\text{rand}()$表示计算机随机生成0~1之间的数,$v_{\max}$表示车辆最大速度。

N-S模型规则简洁,但可以反映出一些基本的交通流特征,为元胞自动机模型在交通流的研究开辟了新的篇章,其后几乎相关的元胞自动机交通流模型都是以N-S模型为基础进行构建优化的。如Barlovic等[156]在N-S模型的基础上引入车辆慢启动规则,提出了依赖速度的随机慢化模型(VDR模型);Li等[157]学者提出了考虑前车速度效应的VE模型;另外,针对模型演化规则中未考虑到车辆加减速度的限制,一些研究将加速度阈值[158]或减速度阈值[159]引入到N-S模型中,改进了交通流元胞自动机模型,并取得了较好的仿真效果。

3) 双车道元胞自动机模型

由于单车道元胞自动机模型只描述了车辆跟驰行为,而在实际道路中,车辆还会进行超车、换道,故Zhao等[30]以单车道模型为基础,通过增加车辆换道规则建立了一个对称的双车道元胞自动机模型(Symmetric Two-lane Cellular Automata,即 STCA 模型)。双车道元胞自动机模型中,每个时间步又分为两个子时间步:在第一个子时间步内,车辆按照换道规则进行换道;在第二个子时间步中,车辆再根据跟驰规则进行速度和位置更新。

一般来说,驾驶员换道动机主要由两部分组成:① 车辆在当前车道上受到阻碍以致无法按照期望速度行驶;② 当前车道相邻车道有满足当前车辆期望速度行驶的条件。此外,车辆若想实现换道,在满足换道动机的前提下,还需要保证一定的安全条件,即保证车辆在不发生碰撞的前提下进行换道以达到预期的行驶速度。换道动机和安全条件具体规则如式(3-18)所示:

$$\begin{cases} d_n < \min(v_n+1, v_{\max}) \text{ 且 } d_{n,\text{other}} > d_n \\ d_{n,\text{back}} > d_{\text{safe}} \end{cases} \quad (3-18)$$

两个式子分别表示换道动机和安全条件,d_n 表示当前车道车辆距前方车辆的距离,$d_{n,\text{other}}$ 表示当前车道车辆距相邻车道前方车辆的距离,$d_{n,\text{back}}$ 表示当前车道车辆距相邻车道后方车辆的距离,d_{safe} 为确保车辆之间不会发生碰撞的最小安全距离。

在 STCA 模型中,为了保证相邻车道后车与换道车辆运行的绝对安全,d_{safe} 一般取车辆最大速度 $v_{\max}$ 为固定值,即 $d_{\text{safe}} = v_{\max}$。然而在实际情况中,车辆的运行并非会严格保持如此理想的安全距离,据此安全距离仿真模拟出的交通密度必定会大大低于实际情况。根据驾驶员特性的差异,会有一部分车辆换道时较为激进,在这部分车辆换道时,后续车辆被迫减速以保证安全,故此时保持的车距小于这个理想值。鉴于此,STCA 模型较为理想,常用于车流密度较低的高速公路,在车辆较为集中的城市道路仿真模拟中应用效果较差。

由于 STCA 模型中安全条件较为苛刻,一些学者在此基础上考虑速度效应、换道率和驾驶员特性,进一步对双车道元胞自动机模型进行改进。如 Jia[160]和 Li[161]分别考虑车辆的鸣笛效应和车辆强制换道特性,引入车辆鸣笛换道规则,重点分析快慢车道车辆驾驶员特性和换道动机的差异,对双车道元胞自动机模型进行改进。Toor 等[162]对 STCA 模型中固定单一的换道规则进行改进,考虑驾驶人特性提出了车辆弹性换道规则,并建立 STCA-Ⅰ 和 STCA-Ⅱ 两类改进模型。Zamith 等[163]考虑前方多辆车辆的运行状况,对车辆最大速度进行限制并建立相关模型,解决了仿真中车辆急停的问题,优化车辆分布,减轻了车速波动。王永明[164]、华雪东[165]和 Zhu 等[166]考虑当前车辆与前后车辆的相对速度,分别从安全距离、驾驶心理和车头间距三方面对模型进行改进,在模拟中证实了较大安全参数能获得更大的平均车速和流量。

3.3.1 公交进站换道决策分析

公交车辆的进站换道行为受到多种因素的影响,在不同场景条件下,公交车会选择距离停靠站不同的位置开始进行车道变换行为。由于公交车辆车身庞大的特点,公交车辆换道行为会给其邻近车道上的交通流带来一定影响。了解公交车辆的换道位置分布概率情况能够为规范公交车辆的进站行为及提高道路交通安全性提供理论支撑。

公交车辆的进站换道决策是研究公交车辆在行驶进站过程中换道行为发生的情况,主要包括两个方面:一方面是公交车辆是否需要进行车道变换的行为,另一方面是公交车辆具体在何处进行车道变换的行为。因为研究对象是公交车辆的进站换道行为,因此在公交车辆的进站换道决策中只考虑公交车辆在何处发生换道行为的问题。由于公交车辆的换道位置在路段上是一个具体的位置点,因此为了更好表示换道距离,用换道位置点与停靠站之间的距离表示公交车辆的换道位置,具体如图3-12所示。

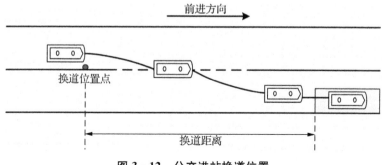

图3-12 公交进站换道位置

考虑到公交车辆在不同交通流状况下换道位置分布情况会有所不同,对一天或若干天中的交通流情况以及公交车辆的换道位置情况进行记录,并将该时段内的交通流情况按照一定的标准进行分类,如可以按照交通流的稳定程度分为自由流场景条件、稳定流场景条件、不稳定流场景条件等;按照道路等级可分为快速路交通流场景条件、主干路交通流场景条件、次干路交通流场景条件和支路交通流场景条件等,并分别计算每种场景在该时段内出现的概率,将每种场景下公交车辆的换道位置与该场景出现概率相乘即可得到在什么位置范围公交车辆比较倾向于进行车道变换。具体公式如式(3-19)所示。

$$Y = y_1 a_1 + y_2 a_2 + \cdots + y_n a_n \qquad (3-19)$$

式中：Y——公交车辆换道位置；

$y_1, y_2, \cdots, y_n$——不同场景下公交进站换道的换道位置；

$a_1, a_2, \cdots, a_n$——每种场景出现的概率。

为了得到公交车辆在每种场景下的换道位置 y_n，考虑到在实际道路交通情况下，公交车辆行驶入停靠站的过程中选择在何处开始进行车道变换其实受到多种因素的共同影响，用函数表达如下式所示。

$$y = f(x_1, x_2, \cdots, x_n) \qquad (3-20)$$

式中：y——固定条件下公交车辆换道位置；

$x_1, x_2, \cdots, x_n$——n 种公交进站换道位置分布影响因素。

由于公交换道位置分布影响因素众多，不可能一一对其进行量化处理分析，根据上文中对公交换道影响因素的分析，路段平均车速、车速离散程度、交通流量以及到站距离是影响公交换道位置比较重要的因素，因此选择这四个因素进行建模，研究这四种因素对公交换道位置分布的影响情况，并构造公交换道位置分布模型，如式(3-21)所示。

$$y = f(x_1, x_2, x_3, x_4) \qquad (3-21)$$

式中：y——固定条件下公交车辆换道位置；

x_1——路段平均车速；

x_2——路段车速离散程度；

x_3——路段交通流量；

x_4——到站距离。

3.3.2 基本假设和仿真参数设定

交通流元胞自动机模型主要应用于交通流的微观仿真。由于所构建模型的运行规则可由自己定义，模型自由度高，且能够根据作业要求设定程序，使仿真结果通过软件形成各类的分析图表，便于研究。因此，根据作业要求和模型各自特点，选取交通流元胞自动机模型，通过设定一系列的跟车以及换道规则来模拟公交车辆进站换道过程。

1) 模型基本假设

城市道路交通流状况十分复杂多变，路段上的车辆种类繁多，为了使所构建的

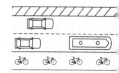

模型能够充分有效地反映实际交通流状况,对路段条件进行简化以便于模型的构建。

① 假设路段上只包含两种车辆类型,即公交车和小汽车,且公交车辆的车身尺寸大小相同,速度区间一致,小汽车的车身尺寸和速度区间也一致。

② 不考虑非机动车以及路上行人的干扰。

③ 不考虑公交停靠站上下游交叉口及信号灯对交通流运行的影响。

④ 模型不考虑车辆间的横向距离的影响,认定在行驶过程中车辆间的横向间距均满足安全行驶需求,不会对车辆的运行造成干扰。

(1) 车辆模型构建

根据公安部与建设部颁布的《停车场规划设计规则》中的关于各种车辆类型外廓尺寸规定,如表 3-1 所示。

表 3-1 机动车各类车型外廓尺寸

车辆类型		各类车型外廓尺寸		
		总长/m	总宽/m	总高/m
机动车	微型汽车	3.20	1.60	1.80
	小型汽车	5.00	2.00	2.20
	中型汽车	8.70	2.50	4.00
	大型汽车	12.00	2.50	4.00

表中小型汽车的车身尺寸为道路上一般小汽车的尺寸,大型汽车的尺寸为一般客运汽车及公交车辆的外廓大小,结合实际道路上对车辆车身长度的测量,对模型中公交车辆的车身尺寸及小汽车的尺寸进行规定:公交车辆车身长度为 10 m,宽 2.5 m;小汽车车身长度为 5 m,宽 2 m。传统的交通流元胞自动机模型大多定义路段上一辆车只占用一个元胞,忽视了车辆长度可能会造成的影响,或者考虑了车辆长度的影响,但是将元胞长度设置过大,使得模拟结果比较粗糙,不能够客观地反映实际道路交通流状态。因此,考虑到我国实际道路交通条件,路段上车道宽度一般为 3.75 m,标定模型中元胞的长度为 2.5 m,宽度为 3.75 m。公交车辆用 4 个元胞长度表示,小汽车用 2 个元胞长度表示。

模型中车辆的运动状态由此刻车辆的运行速度及其所在位置所确定。按照《中华人民共和国道路交通安全法》中不同道路条件下对车辆行驶速度的规定,当同方向上有两条及以上的机动车道,同时该车道没有对车辆速度进行限制的相关标识时,若该车道是城市道路则车辆最大速度可达 70 km/h,若该车道为封闭的机动车专用道路或公路则最高时速为 80 km/h。城市公交车辆运行速度不超过 40 km/h。考虑到实际状况下城市道路交通流具有平均车速低,车头间距小的特点,确定模型中车辆的最大车速,假设路段上其他社会车辆(小汽车)的最大速度为 60 km/h,公交车辆的最大车速为 40 km/h。因此,在模型中公交车辆在路段上的最大车速为 $V_{\max\_bus}=4$,小汽车的最大车速为 $V_{\max\_car}=6$。

启动模型后,在每个时间步长内都会根据模型设置的车辆出现概率在定义的路段的起点处出现新的车辆,公交车辆与小汽车的出现概率由不同的变量数值控制。当新的车辆生成时,车辆会被随机赋予一个初始速度。公交车辆的初始速度的范围为[0,4],小汽车的初始速度范围为[0,6]。

(2) 道路模型构建

由于研究对象为进站换道的公交车辆,而公交换道行为大多发生在距离停靠站前端 80 m 范围内的进站区,因此针对进站区范围,建立二维元胞自动机车道模型。

二维元胞自动机车道模型即双车道元胞自动机模型,是由二维空间上的平面网格构成,每一个平面网格即为一个元胞。根据实际所要仿真模拟的路段长度与宽度,分别定义车道模型的长为 100 m,宽度为 3.75 m。按照车道距离公交停靠站的远近,规定距离停靠站较远的车道称为第一车道,邻近停靠站的车道称为第二车道,如图 3-13 所示。

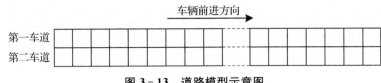

图 3-13 道路模型示意图

图中虚线为公交停靠站所在位置。由于仿真路段过长,上图为部分路段示意图。在实际仿真模型中,每条车道空间为 50 个元胞。公交停靠站根据各自设计形式分别设置。

路段的起始端采用开放式边界条件。在路段左端,模型会根据设定好的概率以及道路上的元胞占用情况随机生成车辆,公交车与小汽车的比例也会根据对实际道路上的观测统计在模型上反映出来。当车道左端随机出现车辆时,模型会随机给车辆附上初始速度,初始速度在模型规定的速度区间内随机取得。一旦车辆超过路段最右端,即模型路段的终点处,就认为车辆已驶离路段,不再对其进行分析。此外,在模型中设置公交进站最小换道位置,当需要换道而未完成车道变换行为的公交车行驶到该点时必须停车等待合适的换道机会伺机换道。

(3) 停靠站模型构建

根据《城市道路公共交通站、场、厂工程设计规范》对于公交停靠区站台长度的相关要求：在大城市和特大城市，公交车辆线路行车的时间间隔在 3 min 以上时，停靠站长度宜设为 30 m；当线路行车的时间间隔在 3 min 以内时，停靠站长度应设为 50 m。以及《城市道路设计规范》中对常规公交站设计的规定：停靠站站台的长度最短应按照同时可停靠两辆公交车长度设置，最长按照同时停靠四辆公交车设置。结合实际道路上公交停靠站的常见尺寸，定义直线式公交停靠站占用 12 个元胞空间，由于港湾式公交停靠站呈梯形，考虑到梯形的两个腰，因此定义港湾式停靠站的范围大小为 18 个元胞空间。两种类型停靠站示意图如下图（图 3-14、图 3-15）所示。

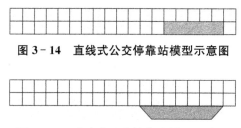

图 3-14　直线式公交停靠站模型示意图

图 3-15　港湾式公交停靠站模型示意图

图中阴影范围代表停靠站的设置形式。图 3-14 为直线式停靠站，停靠站位于第二车道上，占据一条行车道；图 3-15 为港湾式停靠站，停靠站位于路侧。定义两种类型的公交停靠站的泊位数均为 2 个。

2) 运行规则

为了使模型中的车辆能够正常合理地运行必须给交通流设置一系列的运行规则。基于元胞自动机模型主要设置两大规则，分别是车辆基本行驶规则和换道规则。其中，换道规则根据换道主体对象的不同又分为小汽车换道规则和公交车换道规则。

(1) 车辆基本行驶规则

车辆的基本行驶规则主要是针对在车道上正常行驶，即不涉及车辆换道行为的车辆在每一时间步长内的速度变化、位置变化等交通状态进行实时更新。以 N-S 模型为基础，在每一时间步长内的加速、减速、随机慢化，公交车辆在停靠站内的行驶规定以及车辆位置变动的演化按照以下定义的规则进行。

① 加减速过程规则

$$V_n = \min\{V_n+1, V_{\max}, d\} \qquad (3-22)$$

其中 V_n 为第 n 辆车的车速。当车辆与本路段的前方车辆之间的距离 d 较大的时候,在路段上行驶时驾驶员总倾向于以目前所能得到最大速度进行驾驶,同时为了保障驾驶的安全性,避免与前车发生碰撞,第 n 辆车的车速不得大于车辆与前车之间的距离。因此,在考虑到驾驶员对期望速度的要求和驾驶的安全性,选择此三种速度中的最小值作为下一时刻的运行速度。此外,当第 n 辆车是社会汽车时,$V_{\max}$ 是社会车辆的最大行驶速度,为 $V_{\max\_car}$;当第 n 辆车是公交车时,$V_{\max}$ 是公交车辆的最大行驶速度,为 $V_{\max\_bus}$。

② 随机慢化过程规则

$$V_n = \max\{V_n-1, 0\} \qquad (3-23)$$

随机慢化过程由概率 P 控制,主要表示在道路行驶的车辆由一系列不可控制的因素造成车辆速度的降低,如当路况、天气不好时,一些驾驶员会为了保障驾驶安全而主动降低车速等。在此条件下,车辆当前的行驶速度会在保证大于 0 的情况下下降 1 个单位速度。

③ 公交车辆在停靠站内的行驶规则

$$V_n = \min(1, d) \qquad (3-24)$$

现实道路状态下,公交车辆进入停靠站后需要停靠为乘客提供服务,为了简化这一过程,规定一旦公交车辆进入停靠站,车辆以 1 个单位速度在停靠站内运行直到驶离停靠站。

④ 车辆位置变化规则

$$X_{n+1} = X_n + V_n \qquad (3-25)$$

X_n 代表在 t 时刻第 n 辆车在路段上所处的位置。在 $t+1$ 时刻,第 n 辆车会按照当前车辆车速向前行驶 V_n 个元胞长度。

(2) 换道规则

由于模型中所设置的路段距离公交停靠站位置比较近,因此,行驶在此路段上的公交车辆的换道意图主要是为了进入停靠站。这种意图是强烈且不可取消的,即换道是不可避免必须进行的。而在路段上其他社会小汽车的换道意图主要是为了得到期望的最大速度进行行驶而产生的,这种换道意图根据驾驶员对于出行时间的不同要求而不同,总的来说,当换道条件不满足时,这种换道意图是可以取消的。因此,针对两种车辆的不同的换道意图,在设定换道规则时有必要将两类车型分开设置。这里以两车道为例,对公交车辆与社会车辆的换道规则进行简单介绍,第 4 章中将针对三车道路段,研究公交换道临界点与公交优先换道区,对车辆换道规则进行进一步改进。

下面所述的换道规则中所要涉及的距离元素如图 3-16 所示。

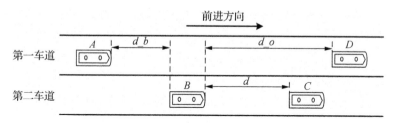

图 3-16 换道规则中的距离元素

图中有两条车道,B 为目标车辆,d 表示目标车辆 B 与同车道前方第一辆车 C 的距离;d_o 表示目标车辆 B 与相邻车道前车 D 之间的距离;d_b 表示目标车辆 B 与相邻车道后车 A 之间的距离。

① 公交车辆的换道规则

对于直线式停靠站,当公交车辆行驶在停靠站所在的车道时并不需要进行换道,只有车辆在相邻车道时才需要进行车道变换的过程。而对于港湾式停靠站来说,同样也是如此。因此,规定:只有当公交车辆行驶在第一车道并且公交车辆需要进入停靠站时公交车才进行车道变换,否则车辆仍在第一车道行驶;当公交车辆行驶在第二车道上时,公交车不进行车道变换。对于第一车道的公交车辆,由于换道行为是必须进行的,并且换道须在停靠站前完成,即车辆必须在停靠站前由第一车道转变到第二车道上来,否则车辆无法进入停靠站,因此,越靠近停靠站,换道意图越强烈。

考虑到上述规定以及交通流的安全性,当公交车辆的状态满足式(3-26)所列出的三个规则时可以进行车道变换。

$$\begin{cases} d\_o > V_{\max\_bus} \\ d\_b > V_{\max\_car} \\ rand(1) < ii/detect\_pos \end{cases} \tag{3-26}$$

式中:$V_{\max\_bus}$——公交车辆的最大速度;

$V_{\max\_car}$——其他社会车辆的最大速度;

ii——车辆车头所在的位置;

$detect\_pos$——最迟换道位置,需要换道的公交车辆若没能成功换道必须在该点停止等待换道机会。

$d\_o > V_{\max\_bus}$ 表示当前的公交车辆与换入车道的前方的邻近车辆的距离要大于公交车辆所能达到的最大速度,即公交车辆即使以最大速度换入目标车道,目标车道也有充足运行空间,不会与目标车道的前方车辆发生冲撞事故。

$d\_b > V_{\max\_car}$ 表示当前公交车与换入车道的邻近后车的距离要大于社会车辆的最大速度,由于不确定当前公交车所要换入车道的邻近后车的类型,又因为社会车辆的最大速度要大于公交车辆的最大速度,因此选取社会车辆的最大速度来保障行车安全。这条规则保证了在公交车辆换入目标车道时,目标车道的后方来车不会撞上正在换道的公交车辆。

$\text{rand}(1) < ii/detect\_pos$ 代表公交车辆的换道概率。$\text{rand}(1)$ 表示随机产生一个范围为[0,1]的数。ii 为车头所在的位置,当公交车的车头越来越靠近最迟换道点时,公交车辆的换道概率也随之增大,当车头到达最迟换道点时,此时的换道概率为1,表示到达此处的车辆必须进行换道,当此时不满足换道空间条件时,公交车辆停在最迟换道位置处等待,直到成功换道。

② 社会车辆的换道规则

由于社会车辆的换道意图并不十分强烈,随时可能因为外界换道条件的不足而放弃换道,因此从换道意图的产生,车道变换的安全性条件以及换道概率来考虑,社会车辆的换道规则如下:

$$\begin{cases} d < \min(V_n+1, V_{\max\_car}) \\ d\_o > d \\ d\_b > V_{\max\_car} \\ \text{rand}(1) < p\_c \end{cases} \tag{3-27}$$

$d < \min(V_n+1, V_{\max\_car})$ 表示当前社会车辆与前车的距离比车辆下一步的最小速度小;$d\_o > d$ 表示当前车辆与即将转入车道的前车距离大于与本车道前车的距离。这两个条件主要是从社会车辆的换道动机角度考虑的。首先,当车辆前方的运行空间过小时,若车辆仍在原车道继续行驶时为了保障行车安全,车辆无可避免地需要降低车速。一般来说,当驾驶员发现前方路段上车辆运行空间不足,驾驶员会有转入邻近车道以期得到期望行驶空间的意图产生,尤其是在邻近车道有足够行驶空间,这种换道意图就会变得更为强烈。以上两个条件模拟了车辆在原车道行驶会受到阻碍从而降低车速,若变换到邻近车道会获得更大的行驶空间和行驶车速的情况。

$d\_b > V_{\max\_car}$ 表示当前社会车辆与意图转入车道的相邻后车之间的距离要大于社会车辆的最大速度。这个条件主要是从车辆的行车安全角度考虑的。该条件

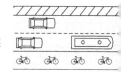

第3章 停靠站范围公交车辆换道决策建模

确保了当前社会车辆若变换车道到邻近车道时,该邻近车道上后车也有充足的驾驶空间,防止后车与换道车辆相撞事故的发生。

rand(1)<p_c是从概率的角度来描述驾驶员换道意图的强烈程度。p_c代表车辆换道的概率。由于驾驶员的个性以及驾驶行为习惯的不同,当前车辆的换道行为是非强制的、可以放弃的时候,不同的驾驶员的换道意图强烈程度具有差异。一般来说,在非强制换道的情况下,男性驾驶员比女性驾驶员的换道意图更强烈,年轻的驾驶员要比年长的驾驶员更倾向于换道。同时,由于不同驾驶员的出行目的不同,对出行时间的要求也不同,是否进行换道也会受到一定的影响。因此,模型中加入概率参数来模拟社会车辆驾驶员是否实施换道这一行为。

3) 仿真算法及流程

(1) 仿真算法流程

利用矩阵数组模拟道路环境,每一个数组元素代表一个元胞,每一个元胞都能存放车辆类型、速度、位置等信息,通过建立的车辆基本行驶规则和换道规则控制车辆正常有效地运行。由于直线式停靠站和港湾式停靠站的设置形式不同,对交通流所产生影响也有一定的差异,因此分别对两类停靠站不同交通流特点进行模拟。

MATLAB 除了可用于算法开发之外,还是一种可以提供数值计算、矩阵分析和数据可视化等强大的功能工具。在元胞自动机模型应用方面,MATLAB 由于具有简单上手的编程优势,不但可以实现元胞之间的并行模拟计算,而且可以动态展示整个仿真流程。此外,MATLAB 解决了 VISSIM 软件难以更改车辆跟驰规则和换道规则的问题,模型自由度更高,能够更加灵活地根据某些特定条件对交通流状况进行仿真模拟及相关预测分析。

根据前文建立的停靠站范围车辆换道模型,在 MATLAB 中进行仿真模拟验证,确定相应的算法流程如图 3-17 所示。

(2) 模型界面显示

由于 MATLAB 软件在矩阵数组的运算方面具有独特的优势,而且 MATLAB 中所定义的 GUI 函数能够实

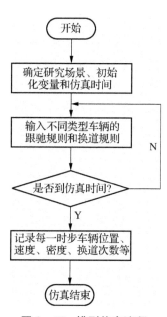

图 3-17 模型仿真流程

现模型运行的可见性,可以更直观地看到仿真过程,所以特别适用于模拟公交车辆在路段上的正常运行及换道过程。其仿真环境和图形窗口如图 3-18、图 3-19 所示。

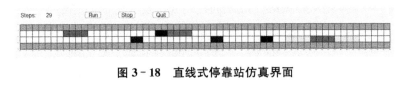

图 3-18 直线式停靠站仿真界面

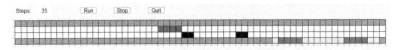

图 3-19 港湾式停靠站仿真界面

图中每一个方格代表一个元胞,中间两条白色的方格代表两条车道,黑色的代表社会车辆,占据 2 个元胞长度,深灰色的代表公交车辆,占据 4 个元胞长度,浅灰色代表公交停靠站。

(3) 统计变量设定

在进行模型仿真的同时,模型会依照每一步的行驶状态记录下对每个车道上车辆的实时速度、位置、公交换道位置等信息进行了统计记录。

4) 模型有效性检验

(1) 检验方法

模型的有效性检验是为了检验模型是否能够确实有效地反映实际交通流状况。根据研究内容,将进站区 80 m 范围列为调查对象,以 10 m 的距离为一个小段,平均分为 8 个小区间并进行标号,选择公交车辆在进站区不同区间内的换道发生概率作为校核变量,模型仿真运行 10 次后取平均值,记录任意 30 min 内进站区范围内的公交车辆在不同区间内换道的分布比例,然后将模型运行后得到的数据与真实数据作对比以检验构建的仿真模型是否有效。

由于交通流的不确定性以及调查精度的限制,定义当校核指标的误差不超过 15%[167]时都是有效的,即模型与现实调查数据的拟合程度良好。

(2) 模型有效性检验结果

针对直线式公交停靠站和港湾式公交停靠站,选择南京草场门大桥东公交站以及中山路-珠江路北公交站分别进行 2 天的交通调查。利用人工计数方法记录公交车辆的换道行为发生位置以及数量。将仿真运行数据结果进行统计处理后与现实状态条件下调查得到的公交车辆换道数据进行对比。结果如表 3-2、表 3-3 所示。

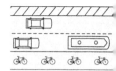

表 3-2 直线式停靠站进站区不同区间内公交换道概率分布

到站距离/m	仿真模拟数据	调查数据	误差
0～10	—	1.6%	—
>10～20	53%	55.1%	3.8%
>20～30	9.1%	9.5%	4.2%
>30～40	8.1%	7.8%	3.8%
>40～50	7.6%	7.0%	8.6%
>50～60	7.5%	6.7%	11.9%
>60～70	7.1%	6.3%	12.7%
>70～80	6.8%	6.0%	13.3%

表 3-3 港湾式停靠站进站区不同区间内公交换道概率分布

到站距离/m	仿真模拟数据	调查数据	误差
0～10	—	0.8%	—
>10～20	54.9%	51%	7.6%
>20～30	8.7%	9%	3.3%
>30～40	6.8%	7.2%	5.6%
>40～50	6.3%	6.8%	7.3%
>50～60	9.3%	10.5%	11.4%
>60～70	10.3%	11.6%	11.2%
>70～80	3.3%	3.1%	6.4%

表 3-2 为在直线式停靠站不同区间内公交换道概率分布,表 3-3 为港湾式停靠站不同区间内的公交车辆换道分布概率,从上述两张表中可以看出,无论是直线式停靠站或是港湾式停靠站,调查数据与仿真模拟数据的结果都较为接近,且误差均小于 15%,因此认为构建的基于元胞自动机的公交车辆换道模型是可行的,能较好地反映停靠站进站区范围内的公交车辆的运行特点。

(3) 公交车辆在不同区间换道分布情况分析

相比社会车辆小汽车而言,公交车辆车身比较庞大,且公交车辆驾驶员对出行时间的要求并不强烈,因此在路段上公交车辆的换道行为比较少见。但是在停靠站附近,为了能够顺利进站,公交车辆在进站区的换道行为确实比较常见,并且与距离停靠站的位置、路段交通流量、驾驶员的驾驶行为习惯等因素密切相关。公交车辆的换道行为在停靠站上游分布不均,通过模拟仿真,得到不同公交停靠站进站区不同区间内的车辆换道概率分布如图 3-20、图 3-21 所示。

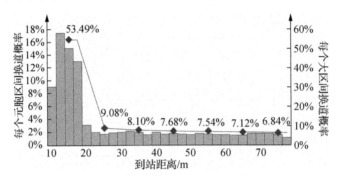

图 3-20　直线式停靠站公交车辆换道分布

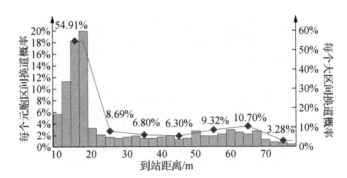

图 3-21　港湾式停靠站公交车辆换道分布

由于模型设定一个元胞大小为 2.5 m,因此图中每个小元胞区间换道概率代表在每个元胞上公交车辆换道的概率分布;每个大区间换道概率是指将 4 个元胞组合成为一个大区间,即图中所示的 10~20 m,20~30 m 等处的换道概率大小。

如图 3-20、图 3-21 所示,直线式停靠站和港湾式停靠站附近的公交车辆换道位置分布趋势大致类似。越靠近停靠站区域换道行为越常见,离停靠站越远公交车辆的换道行为越少。

在直线式公交停靠站附近,公交车辆的换道位置分布呈现一个持续下降的趋势,离停靠站越远,公交车辆换道行为出现的概率越小。这与调查中所观测到的公交换道特点是一致的,这是由于直线式停靠站占据一条行车道,当公交车辆不需要在站点进行停靠时若行驶在中间车道有利于避开需要停靠的公交车辆,从而减少延误,提高车辆速度,而行驶在中间车道上的公交车辆驾驶员一般更倾向于在更靠

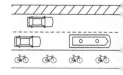

近停靠站的位置再进行车道变换,因为当停靠站处没有其他公交车辆停靠时或者停靠的公交车辆数比较少时,即能够保证有充足安全的换道空间时,越靠近停靠站换道越能够保证交通安全。事实上,当公交车辆行驶在路段上时,如果没有特殊情况,主动换道行为并不太常见。一方面,由于公交车辆需要更大的换道空间,换道较普通小汽车而言更为复杂;另一方面,公交车辆车身比较高,容易遮盖小汽车的驾驶视野,因此公交车辆在路段上随意且经常换道的行为会给道路带来巨大的安全隐患,而公交车辆在越靠近停靠站附近才进行车道换道相当于给了其他社会车辆一个预警信号,因为在停靠站附近,其他社会车辆的驾驶员会有意识地注意到公交车辆的运行状态并且及时地进行避让。

在港湾式停靠站附近,公交车辆的换道位置分布也大致呈现下降的趋势,但与直线式停靠站的不同是,在距离停靠站 50~70 m 的范围内,公交车辆的换道行为概率有了一个比较小幅度的回升,这是因为港湾式公交站构造特殊,站台向慢车道方向凹入形成弧形,车辆若需要换道,首先要先换入停靠站的邻近车道,再沿着停靠站的边缘斜线进入停靠站,相当于二次换道,一些比较谨慎的公交车驾驶员为了防止前方路段没有足够的换道空间无法顺利进行换道时,为了保证能够顺利地进入停靠站提供交通服务,会提前寻找适宜换道机会实施车道变换进入邻近车道,然后继续向前行驶一段时间后再沿着道路方向驶入停靠站。

3.3.3 公交换道位置建模

1) 换道位置基本模型建立

针对影响公交车辆换道位置的三个因素,选择路段的平均速度(x_1)作为分类指标,分别研究在不同的平均速度情况下,换道位置分布(y)与其他两种因素(x_2,x_3)之间的关联关系,构建公交进站换道位置基本模型,并考虑到站距离(x_4)对模型进行折减影响分析。

联系我国城市道路交通实际情况,以平均速度作为分类指标将其分为三类。考虑到公交车辆的运行线路大多在城市的快速路、主干路及次干路上,根据《城市道路交通规划设计规范》中的描述,在城市道路中机动车辆在快速路上的设计车速为 80 km/h,主干路上的设计车速为 60 km/h 时,在次干路上的设计速度为 40 km/h,因此将路段车辆的平均车速分为 80 km/h、60 km/h 和 40 km/h 三类。通过更改模型参数的设定,分别对三种不同等级道路条件下的公交进站换道情况进行仿真模拟,设定最迟换道位置为距站 15 m 处,即到站距离为 65 m。根据数据分析拟合得到直线式停靠站和港湾式停靠站的公交换道位置基本模型。

(1) 直线式停靠站换道位置基本模型

对仿真数据进行处理后利用 MATLAB 软件得到换道位置、交通量、速度离散程度的三个因素的散点关系图,根据散点图形趋势利用相关函数进行拟合。在平均速度为 80 km/h、60 km/h 和 40 km/h 的条件下的图像如图 3-22~图 3-24 所示。

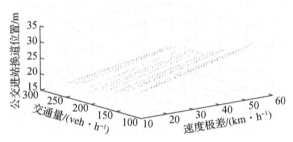

图 3-22　直线式停靠站当平均速度为 80 km/h 时换道分布情况

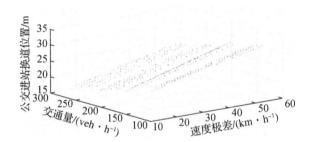

图 3-23　直线式停靠站当平均速度为 60 km/h 时换道分布情况

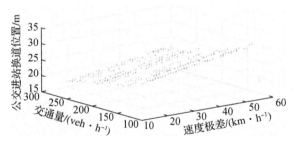

图 3-24　直线式停靠站当平均速度为 40 km/h 时换道分布情况

Z 轴为公交换道位置分布情况,Y 轴为交通量,X 轴为路段速度的离散情况,用速度极差表示。从以上三个图像上可以看出,当路段平均速度不同时,换道位置

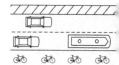

与速度离散值和交通量之间的关系趋势类似。当交通量较大,路段上车辆速度比较集中时,车辆换道位置会更靠近停靠站方向;当交通量减小,增大路段上车辆离散程度,车辆换道位置与停靠站之间的距离也会增加。

根据上述图像考虑用线性函数进行拟合。通过 SPSS 软件对三种场景下的换道位置影响参数进行多元线性回归分析,得到三类速度条件下的公交进站换道位置基本模型。

① 当平均速度为 80 km/h 时(表 3-4)

表 3-4 直线式停靠站当平均速度为 80 km/h 时线性回归分析表

模型	非标准化系数		标准系数	t 值	显著性
	B-系数	标准误差			
常量	29.225	0.233		125.421	0.000
交通量	−0.062	0.001	−0.899	−85.151	0.000
速度极差	0.170	0.005	0.369	34.968	0.000

根据计算结果得到公交进站换道位置基本模型:

$$y = 29.225 + 0.17x_1 - 0.062x_2 \tag{3-28}$$

式中:y——当路段平均速度为 80 km/h 时公交车辆换道位置与停靠站之间的距离;

x_1——速度离散程度,用极差表示;

x_2——交通量。

② 当平均速度为 60 km/h 时(表 3-5)

表 3-5 直线式停靠站当平均速度为 60 km/h 时线性回归分析表

模型	非标准化系数		标准系数	t 值	显著性
	B-系数	标准误差			
常量	29.512	0.256		115.209	0.000
交通量	−0.059	0.001	−0.865	−74.063	0.000
速度极差	0.197	0.005	0.430	36.813	0.000

根据计算结果得到公交进站换道位置基本模型:

$$y = 29.512 + 0.197x_1 - 0.059x_2 \tag{3-29}$$

式中:y——当路段平均速度为 60 km/h 时公交车辆换道位置与停靠站之间的距离;

x_1——速度离散程度;

x_2——交通量。

③ 当平均速度为 40 km/h 时(表 3-6)

表 3-6　直线式停靠站当平均速度为 40 km/h 时线性回归分析表

模型	非标准化系数		标准系数	t 值	显著性
	B-系数	标准误差			
常量	27.766	0.257		108.050	0.000
交通量	−0.049	0.001	−0.777	−61.402	0.000
速度极差	0.238	0.005	0.562	44.405	0.000

根据计算结果得到公交进站换道位置基本模型：

$$y = 27.766 + 0.238x_1 - 0.049x_2 \tag{3-30}$$

式中：y——当路段平均速度为 40 km/h 时公交车辆换道位置与停靠站之间的距离；

　　　x_1——速度离散程度，用极差表示；

　　　x_2——交通量。

(2) 港湾式停靠站换道位置基本模型

同样，根据仿真数据处理后得到港湾式停靠站三个因素的散点关系图，如图 3-25~图 3-27 所示。

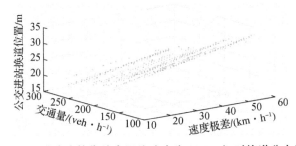

图 3-25　港湾式停靠站当平均速度为 80 km/h 时换道分布情况

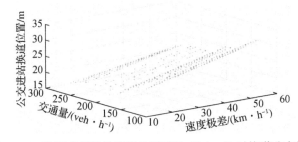

图 3-26　港湾式停靠站当平均速度为 60 km/h 时换道分布情况

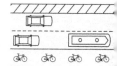

第 3 章 停靠站范围公交车辆换道决策建模

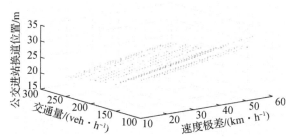

图 3-27 港湾式停靠站当平均速度为 40 km/h 时换道分布情况

根据图像分布情况,考虑用线性函数进行拟合。利用 SPSS 软件对三种不同平均速度条件下的换道位置影响参数进行多元线性回归分析,结果如下所示。

① 当平均速度为 80 km/h 时(表 3-7)

表 3-7 港湾式停靠站当平均速度为 80 km/h 时线性回归分析表

模型	非标准化系数		标准系数	t 值	显著性
	B-系数	标准误差			
常量	27.531	0.330		83.351	0.000
交通量	−0.053	0.001	−0.844	−52.127	0.000
速度极差	0.169	0.007	0.397	24.550	0.000

根据计算结果得到公交进站换道位置基本模型:

$$y = 27.531 + 0.169x_1 - 0.053x_2 \tag{3-31}$$

式中:y——当路段平均速度为 80 km/h 时公交车辆换道位置与停靠站之间的距离;

x_1——速度离散程度,用极差表示;

x_2——交通量。

② 当平均速度为 60 km/h 时(表 3-8)

表 3-8 港湾式停靠站当平均速度为 60 km/h 时线性回归分析表

模型	非标准化系数		标准系数	t 值	显著性
	B-系数	标准误差			
常量	32.249	0.248		130.149	0.000
交通量	−0.064	0.001	−0.915	−83.108	0.000
速度极差	0.151	0.005	0.321	29.172	0.000

根据计算结果得到公交进站换道位置基本模型:

$$y = 32.249 + 0.151x_1 - 0.064x_2 \quad (3-32)$$

式中：y——当路段平均速度为 60 km/h 时公交车辆换道位置与停靠站之间的距离；

x_1——速度离散程度，用极差表示；

x_2——交通量。

③ 当平均速度为 40 km/h 时（表 3-9）

表 3-9 港湾式停靠站当平均速度为 40 km/h 时线性回归分析表

模型	非标准化系数		标准系数	t 值	显著性
	B 系数	标准误差			
常量	32.328	0.468		69.014	0.000
交通量	-0.058	0.001	-0.833	-39.726	0.000
速度极差	0.138	0.010	0.296	14.142	0.000

根据计算结果得到公交进站换道位置基本模型：

$$y = 32.328 + 0.138x_1 - 0.058x_2 \quad (3-33)$$

式中：y——当路段平均速度为 40 km/h 时公交车辆换道位置与停靠站之间的距离；

x_1——速度离散程度，用极差表示；

x_2——交通量。

2) 到站距离折减系数计算

由于各种道路路面状况，道路设施设备是不同的，同时公交车辆驾驶员性格及驾驶习惯也多种多样，因此每位公交车辆驾驶员在进行公交车道变换的过程中所需要的换道安全距离是不同的。为了了解到站距离对公交换道位置的影响，以上文得到的公交换道位置基本模型为基础开展相关研究。

(1) 到站距离对换道位置的影响

上文中公交进站换道位置基本模型是在到站距离为 65 m 时进行仿真模拟的，即在距离公交停靠站 15 m 处为公交的最迟换道点，需要换道进而未能成功换道的公交车辆必须在该点处停车等待换道时机。为了了解到站距离对换道位置的具体影响，将公交进站最迟换道点设在 5 m、10 m、15 m、20 m、25 m、30 m 处，此时在进站区范围内，公交车辆的到站距离，即能够有机会进行车道变换的路段长度分别为 75 m、70 m、65 m、60 m、55 m、50 m。当控制路段平均车速为 60 km/h 时，以距站 30~40 m 范围内的公交进站换道位置分布情况为例，观测到站距离对换道位置的影响。

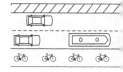

第 3 章 停靠站范围公交车辆换道决策建模

通过参数的输入,分别改变路段车辆的离散程度和路段交通量,并将其进行组合模拟。由于模型输入时给定了速度的区间范围,因此选用极差来表示路段车辆的速度离散程度。极差为输入车速最大值与最小值之间的差值,极差越大则车速离散性越大,反之则越小。将极差设定为 6 个元胞大小(54 km/h)、4 个元胞大小(36 km/h)、2 个元胞大小(18 km/h)。通过改变模型道路车辆的生成概率,将道路交通流情况设定为自由交通流与拥挤交通流。将模型仿真运行 500 个步长,自由交通流情况下路段交通量为 100 veh/h,拥挤交通流情况下路段交通量为 300 veh/h。

每个场景分别仿真 500 个步长,仿真 10 次后取平均值,利用 MATLAB 软件将数据进行处理,得到在平均速度为 60 km/h 时距站 30~40 m 区间内公交进站换道分布趋势,如图 3-28 所示。

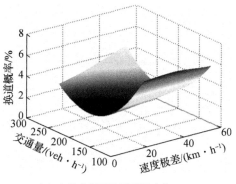
(a) 直线式停靠站到站距离为 75 m

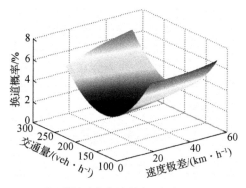
(b) 港湾式停靠站到站距离为 75 m

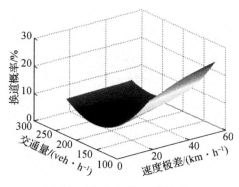
(c) 直线式停靠站到站距离为 70 m

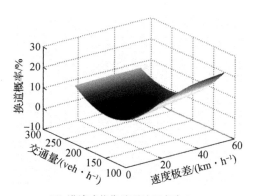
(d) 港湾式停靠站到站距离为 70 m

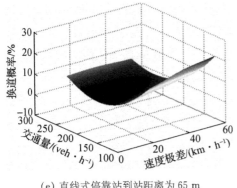

(e) 直线式停靠站到站距离为 65 m

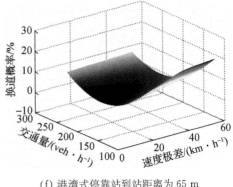

(f) 港湾式停靠站到站距离为 65 m

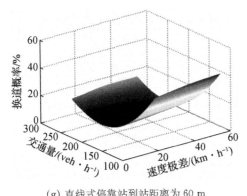

(g) 直线式停靠站到站距离为 60 m

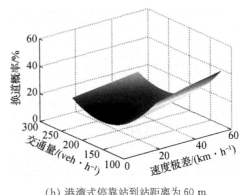

(h) 港湾式停靠站到站距离为 60 m

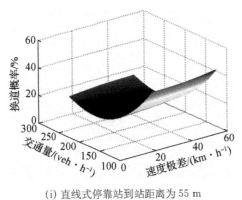

(i) 直线式停靠站到站距离为 55 m

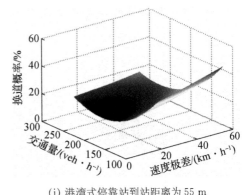

(j) 港湾式停靠站到站距离为 55 m

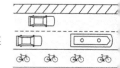

第3章 停靠站范围公交车辆换道决策建模

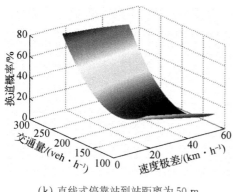
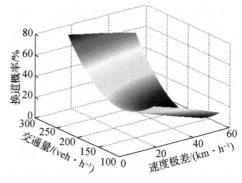

(k) 直线式停靠站到站距离为 50 m　　　　　(l) 港湾式停靠站到站距离为 50 m

图 3-28　不同到站距离下距站 30～40 m 处换道概率

以上图像分别为直线式停靠站和港湾式停靠站当到站距离不同时,距站 30～40 m 范围内的公交进站换道位置分布概率情况。根据图像可知,增大到站距离,无论是直线式停靠站还是港湾式停靠站,其在 30～40 m 范围内的换道发生概率都有所增加。当到站距离设置为 50 m 时,在路段交通流比较大的情况下,其在该区间的换道发生概率能够达到 70% 以上。这是因为到站距离的增大导致可供公交车辆换道的路段长度变大,由于公交车辆必须换道进站完成停靠服务,所以公交车辆的车道变换行为发生率会有所增加。

(2) 到站距离折减系数计算方法

根据以上仿真图像显示,当到站距离设置为 75 m 时,在路段交通流比较大的情况下,其在该区间的换道发生概率大约为 6%,而当到站距离设置为 50 m 时,在路段交通流比较大的情况下,其在该区间的换道发生概率能够达到 70% 以上,数据相差比较大,说明到站距离对公交换道位置影响比较大。为了提高对多种场景下公交换道发生位置的预测精度,将上文中得到换道位置基本模型添加到站距离折减系数。

同样将到站距离分为六类,分别为 75 m、70 m、65 m、60 m、55 m、50 m。以路段平均速度为分类依据,将平均速度分为 80 km/h、60 km/h、40 km/h,分别代表快速路,主干路与次干路三种不同等级道路情况。以直线式公交停靠站路段平均速度为 60 km/h 的场景为例。通过模型仿真,每次仿真模拟得到 3 000 辆公交进站换道位置数据,由于设定的元胞自动机模型中的元胞长度为 2.5 m,因此,通过数据处理得到进站区范围内以 2.5 m 为间隔的公交进站换道位置分布概率特征,如图 3-29 所示。图(a)是在不同到站距离影响下直线式停靠站处每一换道位置上的换道发生概率,每个散点的横坐标代表公交进站换道位置,纵坐标表示在该换

119

道位置公交进站换道发生的概率。从图(a)可以看到,不同到站距离下的公交换道位置概率分布趋势相似,随着换道位置数值的增加,呈现先升后降的趋势,这与实际观测到的情况是相同的。首先公交车辆驾驶员在道路交通条件比较良好的情况下并不会提前很久进行换道,即在距离停靠站 60 m 外的路段上公交换道行为比较少见,同时为了保证顺利进站以及车辆运行的安全性,也尽量避免在最迟换道位置换道,一般在距最迟换道位置后 10 m 左右的路段上发生车道变换概率比较大。图(b)是将图(a)中每一换道位置的换道发生概率进行累加,得到换道概率累积值,在不同到站距离下,换道发生概率的累积和都为 100%。

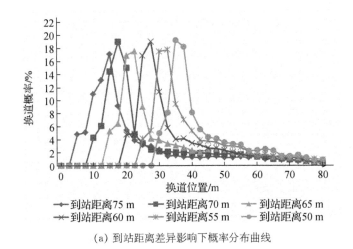

(a) 到站距离差异影响下概率分布曲线

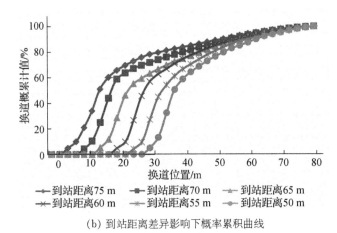

(b) 到站距离差异影响下概率累积曲线

图 3-29　平均速度为 60 km/h 时直线式停靠站换道位置概率特征

将图(a)中每一条概率分布曲线中的散点按照公式(3-34)进行计算,即可得

第3章 停靠站范围公交车辆换道决策建模

到不同到站距离条件下公交进站换道位置。

$$Y = \sum x_i y_i \qquad (3-34)$$

式中：x_i——图(a)中第 i 个散点的横坐标；
y_i——图(a)中第 i 个散点的纵坐标。

通过数据处理得到直线式公交停靠站路段平均速度为 60 km/h 时不同到站距离条件下公交换道位置。

当到站距离为 75 m 时，公交进站换道位置为：$Y_{75\,m} = \sum x_i y_i = 23.20$ m；

当到站距离为 70 m 时，公交进站换道位置为：$Y_{70\,m} = \sum x_i y_i = 27.33$ m；

当到站距离为 65 m 时，公交进站换道位置为：$Y_{65\,m} = \sum x_i y_i = 32.30$ m；

当到站距离为 60 m 时，公交进站换道位置为：$Y_{60\,m} = \sum x_i y_i = 35.53$ m；

当到站距离为 55 m 时，公交进站换道位置为：$Y_{55\,m} = \sum x_i y_i = 40.29$ m；

当到站距离为 50 m 时，公交进站换道位置为：$Y_{50\,m} = \sum x_i y_i = 43.93$ m。

由于上文中所得到的公交进站换道位置基本模型是在到站距离为 65 m 的条件下获得的，因此将到站距离为 65 m 的换道位置概率分布曲线作为基准，则直线式公交停靠站平均速度为 60 km/h 时的到站距离折减系数即为不同到站距离条件下获得的公交换道位置与到站距离为 65 m 时的公交换道位置之比。到站距离折减系数用 a 表示。直线式公交停靠站路段平均速度为 60 km/h 时不同到站距离条件下到站距离折减系数如下所示。

当到站距离为 75 m 时，公交到站距离折减系数为：$a_{75\,m} = Y_{75\,m}/Y_{65\,m} = 0.72$；

当到站距离为 70 m 时，公交到站距离折减系数为：$a_{70\,m} = Y_{70\,m}/Y_{65\,m} = 0.85$；

当到站距离为 65 m 时，公交到站距离折减系数为：$a_{65\,m} = Y_{65\,m}/Y_{65\,m} = 1$；

当到站距离为 60 m 时，公交到站距离折减系数为：$a_{60\,m} = Y_{60\,m}/Y_{65\,m} = 1.11$；

当到站距离为 55 m 时，公交到站距离折减系数为：$a_{55\,m} = Y_{55\,m}/Y_{65\,m} = 1.25$；

当到站距离为 50 m 时，公交到站距离折减系数为：$a_{50\,m} = Y_{50\,m}/Y_{65\,m} = 1.36$。

根据折减系数结合到站距离为 65 m 的公交车辆进站换道位置基本模型即可得到在不同到站距离条件下的公交进站换道位置模型。如下式所示。

$$y = af(x_1, x_2, x_3) \qquad (3-35)$$

式中：a——到站距离折减系数。

如在到站距离为 75 m 时折减系数为 0.72，结合上文得到的直线式公交停靠站到站距离为 65 m、平均速度为 60 km/h 的换道位置基本模型，则其公交进站换道模型为：

$$Y = 0.72 \times (29.512 + 0.197x_1 - 0.059x_2)$$
$$= 21.248 + 0.142x_1 - 0.042x_2 \quad (3-36)$$

根据以上的方式，通过更改仿真参数模拟直线式停靠站平均速度为 40 km/h 和 80 km/h 时以及港湾式停靠站平均速度为 40 km/h、60 km/h 和 80 km/h 时公交进站换道情况。分别将到站距离设置为 75 m、70 m、65 m、60 m、55 m、50 m。每组仿真试验获得 3 000 个公交换道位置数据。同样以到站距离为 65 m 作为基准，分别得到直线式停靠站和港湾式停靠站在不同平均速度下的到站距离折减系数。

① 直线式停靠站平均速度为 40 km/h 时

当设置条件为直线式公交停靠站且平均速度为 40 km/h 时，其在进站过程中的换道位置分布情况与换道概率累积如图 3-30 所示。

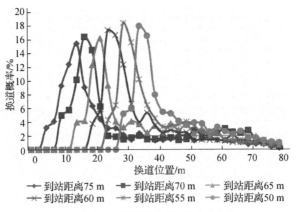

(a) 到站距离差异影响下概率分布曲线

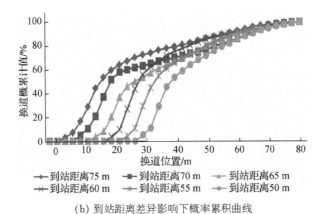

(b) 到站距离差异影响下概率累积曲线

图 3-30 平均速度为 40 km/h 时直线式停靠站换道位置概率特征

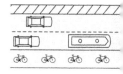

当平均速度为 40 km/h 时,将图 3-29 与图 3-30 中的图(a)进行对比,当平均速度降低时,公交车辆在 40 m 外时的换道发生概率略有增加,而在换道概率较高的位置点的概率略有下降。这是因为在其他条件相同的情况下,降低平均速度使得道路上车辆间的可供公交车换道的穿越间隙增加,车辆换道的机会变多。在距最迟换道位置后 10 m 处仍是换道位置发生概率最高处,其他换道位置的换道发生概率有所增加。图(b)中的换道概率累积的变化和图 3-29 中的图(b)一样,越靠近停靠站,曲线趋势越平缓。

按照相同的方法利用公式(3-34)得到在不同到站距离时的公交换道位置,以平均速度为 40 km/h,到站距离为 65 m 的概率分布曲线和公交换道位置基本模型为基准,分别得到在直线式公交停靠站平均速度为 40 km/h 时不同到站距离处的到站距离折减系数。

当到站距离为 75 m 时,公交到站距离折减系数为:$a_{75\,m}=Y_{75\,m}/Y_{65\,m}=0.72$;
当到站距离为 70 m 时,公交到站距离折减系数为:$a_{70\,m}=Y_{70\,m}/Y_{65\,m}=0.89$;
当到站距离为 65 m 时,公交到站距离折减系数为:$a_{65\,m}=Y_{65\,m}/Y_{65\,m}=1$;
当到站距离为 60 m 时,公交到站距离折减系数为:$a_{60\,m}=Y_{60\,m}/Y_{65\,m}=0.99$;
当到站距离为 55 m 时,公交到站距离折减系数为:$a_{55\,m}=Y_{55\,m}/Y_{65\,m}=1.13$;
当到站距离为 50 m 时,公交到站距离折减系数为:$a_{50\,m}=Y_{50\,m}/Y_{65\,m}=1.27$。

② 直线式停靠站平均速度为 80 km/h 时

改变路段平均速度继续进行仿真模拟,得到直线停靠站在平均速度为 80 km/h 时的公交进站换道位置分布特征情况,如图 3-31 所示。

当平均速度为 80 km/h 时,与平均速度为 40 km/h 和 60 km/h 时的图像对比发现,平均速度的提高使得在距最迟换道位置后 10 m 处的换道发生概率增加,这是因为其他交通条件与平均速度为 40 km/h 和 60 km/h 时的保持一致时,提高平均速度造成道路交通流状态变差,可供公交车辆换道的可穿越间隙减少,车辆在找不到合适换道时机的情况下,在最迟换道点附近换道的概率提高。换道概率累积趋势相似。通过数据分析计算得到:

当到站距离为 75 m 时,公交到站距离折减系数为:$a_{75\,m}=Y_{75\,m}/Y_{65\,m}=0.69$;
当到站距离为 70 m 时,公交到站距离折减系数为:$a_{70\,m}=Y_{70\,m}/Y_{65\,m}=0.90$;
当到站距离为 65 m 时,公交到站距离折减系数为:$a_{65\,m}=Y_{65\,m}/Y_{65\,m}=1$;
当到站距离为 60 m 时,公交到站距离折减系数为:$a_{60\,m}=Y_{60\,m}/Y_{65\,m}=1.08$;
当到站距离为 55 m 时,公交到站距离折减系数为:$a_{55\,m}=Y_{55\,m}/Y_{65\,m}=1.21$;
当到站距离为 50 m 时,公交到站距离折减系数为:$a_{50\,m}=Y_{50\,m}/Y_{65\,m}=1.36$。

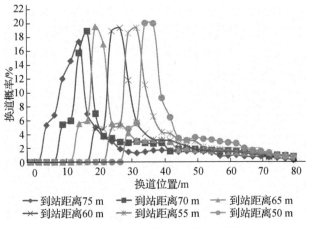

(a) 到站距离差异影响下概率分布曲线

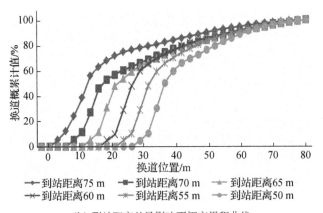

(b) 到站距离差异影响下概率累积曲线

图 3-31　平均速度为 80 km/h 时直线式停靠站换道位置概率特征

③ 港湾式停靠站平均速度为 40 km/h 时

将仿真条件改为港湾式公交停靠站，计算港湾式停靠站不同到站距离下的到站折减系数。

在港湾式停靠站平均速度为 40 km/h 时，其基准为港湾式停靠站平均速度为 40 km/h 且到站距离为 65 m 时的换道位置概率分布曲线和该条件下的公交换道位置基本模型。在平均速度为 40 km/h 时公交换道的概率分布情况和换道概率累积情况，如图 3-32 所示。

第 3 章　停靠站范围公交车辆换道决策建模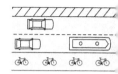

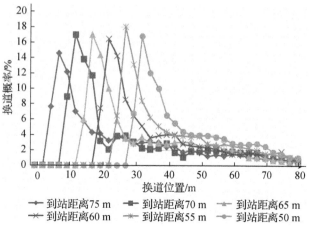

(a) 到站距离差异影响下概率分布曲线

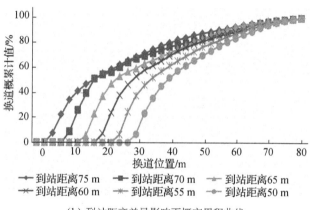

(b) 到站距离差异影响下概率累积曲线

图 3-32　平均速度为 **40 km/h** 时港湾式停靠站换道位置概率特征

图(a)中港湾式停靠站与直线式停靠站在不同到站距离下的换道概率分布趋势相类似,图像中折线的变换规律同样先升后降。在距最迟换道点 10 m 左右的位置上换道发生概率最高,在换道位置 60 m 后的换道发生概率比较低,在 4% 以下。图(b)中的折线变化趋势和直线式公交停靠站相似,越靠近停靠站,趋势变化幅度越平缓。

通过数据计算得到港湾式停靠站平均速度为 40 km/h 时,不同到站距离折减系数:
当到站距离为 75 m 时,公交到站距离折减系数为: $a_{75\,m}=Y_{75\,m}/Y_{65\,m}=0.77$;
当到站距离为 70 m 时,公交到站距离折减系数为: $a_{70\,m}=Y_{70\,m}/Y_{65\,m}=0.87$;
当到站距离为 65 m 时,公交到站距离折减系数为: $a_{65\,m}=Y_{65\,m}/Y_{65\,m}=1$;
当到站距离为 60 m 时,公交到站距离折减系数为: $a_{60\,m}=Y_{60\,m}/Y_{65\,m}=1.13$;

当到站距离为 55 m 时,公交到站距离折减系数为:$a_{55\,m}=Y_{55\,m}/Y_{65\,m}=1.27$;
当到站距离为 50 m 时,公交到站距离折减系数为:$a_{50\,m}=Y_{50\,m}/Y_{65\,m}=1.41$。

④ 港湾式停靠站平均速度为 60 km/h 时

当模型参数设定为港湾式停靠站平均速度为 60 km/h 时,其换道位置分布特征情况如图 3-33 所示。其基准为港湾式停靠站平均速度为 60 km/h 时且到站距离为 65 m 时的换道位置概率分布曲线和该条件下的公交换道位置基本模型。

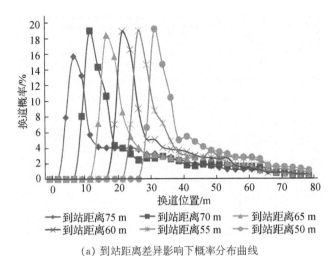

(a) 到站距离差异影响下概率分布曲线

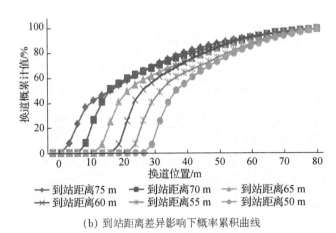

(b) 到站距离差异影响下概率累积曲线

图 3-33 平均速度为 60 km/h 时港湾式停靠站换道位置概率特征

在其他条件不变的情况下,提高车辆的平均速度,在距最迟换道位置后 10 m 处,即换道行为发生概率最高的位置范围处的概率有所上升达到了 19% 左右。通过数据计算得到港湾式停靠站平均速度为 60 km/h 时不同到站距离折减系数。

当到站距离为 75 m 时,公交到站距离折减系数为:$a_{75\,m}=Y_{75\,m}/Y_{65\,m}=0.78$;
当到站距离为 70 m 时,公交到站距离折减系数为:$a_{70\,m}=Y_{70\,m}/Y_{65\,m}=0.86$;
当到站距离为 65 m 时,公交到站距离折减系数为:$a_{65\,m}=Y_{65\,m}/Y_{65\,m}=1$;
当到站距离为 60 m 时,公交到站距离折减系数为:$a_{60\,m}=Y_{60\,m}/Y_{65\,m}=1.10$;
当到站距离为 55 m 时,公交到站距离折减系数为:$a_{55\,m}=Y_{55\,m}/Y_{65\,m}=1.27$;
当到站距离为 50 m 时,公交到站距离折减系数为:$a_{50\,m}=Y_{50\,m}/Y_{65\,m}=1.40$。

⑤ 港湾式停靠站平均速度为 80 km/h 时

当条件更改为港湾式停靠站平均速度为 80 km/h 时,在不同到站距离下公交进站换道位置特征如图 3-34 所示。

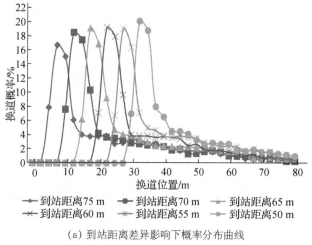

(a) 到站距离差异影响下概率分布曲线

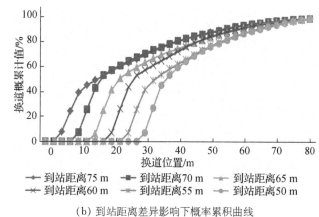

(b) 到站距离差异影响下概率累积曲线

图 3-34 平均速度为 80 km/h 时港湾式停靠站换道位置概率特征

当继续提高平均速度，达到 80 km/h 时，在距最迟换道位置后 10 m 处的换道发生概率变大。换道概率累积值为 100%。根据计算得到公交到站距离折减系数如下。

当到站距离为 75 m 时，公交到站距离折减系数为：$a_{75\,m}=Y_{75\,m}/Y_{65\,m}=0.76$；

当到站距离为 70 m 时，公交到站距离折减系数为：$a_{70\,m}=Y_{70\,m}/Y_{65\,m}=0.83$；

当到站距离为 65 m 时，公交到站距离折减系数为：$a_{65\,m}=Y_{65\,m}/Y_{65\,m}=1$；

当到站距离为 60 m 时，公交到站距离折减系数为：$a_{60\,m}=Y_{60\,m}/Y_{65\,m}=1.11$；

当到站距离为 55 m 时，公交到站距离折减系数为：$a_{55\,m}=Y_{55\,m}/Y_{65\,m}=1.29$；

当到站距离为 50 m 时，公交到站距离折减系数为：$a_{50\,m}=Y_{50\,m}/Y_{65\,m}=1.38$。

第 4 章 公交车辆换道进出停靠站影响分析

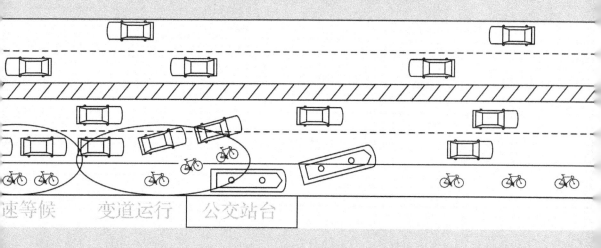

第 4 章 公交车辆换道进出停靠站影响分析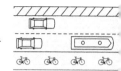

4.1 停靠站范围公交运行影响分析

混行车辆换道模型的建立必须以研究路段的实际交通特性为基础,以求真实地反映对象的本质特征,因此在对停靠站范围内车辆换道行为建模之前,需要对其车辆换道特性和影响因素进行分析。这里采用理论分析的方法,从车辆换道行为的定义和分类、换道特性和换道行为的影响因素分别进行分析。由于城市交通流运行环境较为复杂,在车辆换道特性分析方面,主要将混行车辆分为社会车辆和公交车辆,分别从两种车辆的换道形式、换道动机、换道条件和换道影响四个角度进行分析;在车辆换道行为影响因素分析中,从道路物理条件、车辆特性和交通流状态三个方面出发,将众多可能对车辆换道造成影响的因素进行归纳叙述。最终通过以上分析过程,为下文混行车辆换道模型的建立奠定理论依据。

4.1.1 停靠站范围内公交换道影响过程分析

一般来说,在没有公交停靠站的路段,除了因车型产生的速度和机动性差异之外,公交车辆和社会车辆的运行特征大致相同。但在有停靠站的路段,由于公交车辆需要进站停靠,此时公交车辆有明确的换道动机,其换道形式属于强制换道,而周围社会车辆受到干扰,其换道特性也会有所变化。一方面,由于公交车辆需要进站停靠以供乘客上下车,由此产生减速进站行为,若公交车辆位于非外侧车道上,还需要提前换道以便进站。另一方面,公交车辆在进站和出站的过程中也会影响到周围社会车辆的正常运行,与社会车辆产生交织冲突,造成社会车辆换道率增加。

对于不同形式的公交停靠站,公交车辆有不同的运行特点,并对周围的社会车辆产生不同程度的影响。经过 3.1.1 节分析发现,对于直线式和港湾式公交停靠站来说,公交车辆换道形式为强制换道,换道动机比较单一,都是以停靠为目的进行换道,相较于社会车辆换道条件更为宽松,但不同车道数和不同形式停靠站公交车辆换道次数有所差异,其对交通流的换道影响也各不相同。

对于直线式公交停靠站,当公交车辆减速进站停靠时,一般车道数越多,车辆可换道的次数越多,鉴于公交车辆换道特性,换道次数越多,对周围社会车辆及交通流造成的影响越大；当车辆加速离站时，车辆直接启动在原有车道上驶离停靠站，此时一般无需进行换道。

港湾式停靠站的站台形式在很大程度上减少了公交车辆停靠期间对车道的占用及对交通流的干扰，提高了道路的通行能力，但相较于直线式停靠站而言，公交车辆每次进站和出站至少需要换道一次，公交换道次数增多。公交车辆的换道行为伴随着车辆减速和加速，与周围车辆产生速度差，会对周围社会车辆和交通流的正常运行造成一定影响。由于公交车辆出站时需要重新汇入相邻车道的交通流，会迫使该车道上车辆减速甚至产生拥堵。

4.1.2 混行车辆换道行为影响因素分析

车辆换道作为一种普遍的交通现象，无法脱离车辆本身、道路交通条件和交通流运行状态去独立研究。3.1.2 节与 3.1.3 节分别对停靠站处公交换道行为的影响因素以及公交换道位置影响因素进行了简略分析，这里从道路物理条件、车辆运行特性和交通流状态三个方面详细分析车辆换道行为的影响因素。

1) 道路物理条件影响因素

(1) 车道数

一般而言，当路段车道的数量越多，车辆可选择的空间越大，车辆换道行为也会更加频繁，因此，车道数是影响一段道路上车辆换道频率的重要因素。例如，对于双车道路段而言，车辆只能由所在车道换道至相邻车道，换道形式较为单一。而在三车道路段条件下，车辆除了可以从当前车道换道至相邻车道外，内侧车道的车辆还可以换道至中间车道再换道至外侧车道，如果条件允许，则可以连续两次换道；另外，中间车道的车辆可以选择向两侧换道，根据自身需求和周围交通流特性进行选择，拥有更多选择面。由此可见，三车道相比双车道道路来说，车辆换道空间更大、形式更多，故换道频率也相对更高。

(2) 站台形式

目前城市道路中公交停靠站形式主要分为直线式和港湾式两种。直线式停靠站是传统的公交停靠站设置形式，其直接位于行车道上；港湾式停靠站是在停靠站处将道路进行外扩，公交车辆停靠在正常机动车道外，对路段交通流干扰较少。针对不同的站台设置形式，公交车辆会有不同的运行特征。通过上文对车辆换道特性的分析，可以得出站台的设置形式是影响路段交通流的主要因素之一。

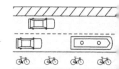

另外，根据停靠站相对于交叉口的位置来看，停靠站又可分为路段停靠站、交叉口上游停靠站和下游停靠站。对于位于交叉口上、下游的停靠站来说，公交车辆进出站台会受到交叉口信号灯、不同方向车流量、车辆排队和非机动车等较多因素的影响。所以，本文选择路段停靠站作为研究对象，尽量避免信号交叉口对停靠站处交通流的干扰，故暂不考虑交叉口众多复杂的影响因素。

（3）泊位数

公交停靠站的泊位数与停靠站的公交通行能力密切相关，同时也对该路段交通流产生间接影响。若泊位数过少，公交车辆易在停靠站处出现排队现象，此时溢出的车辆会占用当前车道的道路资源，对交通流正常运行造成阻碍；若泊位数过多，则泊位利用率降低，既不利于道路资源的合理配置，也大大增加了乘客上下车延误，降低了公交服务水平。因此，根据公交流量合理设置泊位数对提高道路通行效率和公交服务水平都具有重要意义。

（4）公交专用道

当道路没有设置公交专用道时，公交车辆和社会车辆可以混合行驶。为了获得更好的驾驶环境，公交车辆也可以选择在内侧车道上行驶，当即将到达公交停靠站时，再提前换道准备进站。但是这样一来，公交车辆换道频率必然增加，对周围社会车辆造成更大的干扰。所以，设置公交专用道可将公交车辆和其他社会车辆分离，保证公交优先通行，完全杜绝公交车辆对周围车辆的换道影响。然而，在实际应用阶段，若公交车频率较低，则完全式公交专用道利用率低，浪费了大量道路资源，当相邻车道达到饱和甚至超饱和状态时，整条路段交通运行状况并不能得到明显改善，反而降低了交通运行效率。因此，一些学者提出将完全式公交专用道设置为动态间歇式专用道，在公交车流量较低时允许一部分社会车辆驶入公交专用道，在不影响公交运行效率的前提下提高道路通行能力。所以，公交专用道也是探究车辆换道行为不可忽略的重要因素之一。

2）车辆运行特征影响因素

（1）车型差异

公交车辆与社会车辆运行特征有着很大的差异。社会车辆多为小汽车，车身较小，运行灵活，制动性能也较好，为了达到理想的速度或者驾驶空间，车辆产生的换道行为属于自由换道；公交车辆车型较大，运行速度较低，由于需要进出公交停靠站，产生的换道行为属于强制换道。

在没有公交停靠站的路段上，两种车辆混合行驶的相互影响主要取决于不同车型的速度差异,但在公交停靠站附近,由于公交车辆需要减速进站并停靠,阻碍了社会车辆的正常运行,进而车型的差异和相互影响被进一步放大,车辆换道率必然增加。另外,若公交车辆产生强制换道行为,以公交停靠站为目标,也会产生一个换道临界点,而公交车辆从准备换道到换道临界点的距离大小,也会对该路段造成不同程度的影响。若公交车辆越早完成换道,延误时间越短,对所在车道上社会车辆的影响也就越小。

(2) 公交分布情况

在未设置公交专用道的路段内,公交车辆可以在任何车道上自由行驶,结合上节公交车辆换道特性可知,若公交车辆需要进站停靠,则分布于不同车道的公交车辆换道次数有所差异,对其他社会车辆和交通流的影响也各不相同。一般来说,位于内侧车道的公交车辆相比其他车道车辆需要穿越更多的车道才能进站,换道次数更多,换道影响更大。所以,在考虑公交停靠站范围车辆运行特性时,不能忽略公交车辆的分布情况。

(3) 驾驶员特性

在车辆换道过程中,驾驶员特性与换道决策和换道执行密不可分。当车辆行驶在道路上时,驾驶员通过各种感觉器官对周围的道路交通运行情况进行分析,然后做出相应的反应和操作,对车辆进行加速、减速、换道等控制。由于人具有主观能动性,驾驶员采取的多数支配车辆的操作都是驾驶员主观行为。但更重要的是,车辆所处的驾驶环境、驾驶目的和交通管制措施会在很大程度上影响驾驶员的决策过程。例如,车辆在高速公路上行驶和在城市道路上行驶,驾驶员的心态和驾驶行为必然有所差别;而驾驶不同的车辆,如公交车和普通小汽车,驾驶员的特性也是不一样的。所以,在分析驾驶员特性时,需要结合特定场景,具体情况具体分析。一般来说,在仿真模拟中可引入随机慢化概率这一指标,来简要描述驾驶员的不确定性减速等行为。

3) 交通流状态影响因素

(1) 交通量

这里的交通量指的是单位时间内停靠站范围路段通过的车流量。由于公交车辆换道过程驾驶员需要寻找合适的空隙进行车道变换,因此交通量也会对公交的换道过程产生一定影响。一般来说,当路段交通量很大并处于拥挤状态时,社会车辆的车头间距很小,又因为公交车辆车身比较庞大,很难找到合适的间隙进行车道变换,公交车辆无法完成换道行为,只能停车等待合适的换道时机。

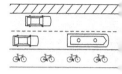

(2) 交通密度

交通密度指的是单位长度的路段某瞬时时刻的车辆数,也可用于描述道路交通流的运行情况。在对交通流进行分析描述时,仅用交通量这一参数无法全面解释交通流的运行情况。因为当交通量趋于零时,既可以是交通密度极低的自由流状态,也可以是交通密度极高的拥堵状态,此时用交通密度这一指标就可以区分这两种情况。此外,交通密度还能反映车辆的平均车头间距分布情况,并在一定程度上反映道路服务水平,能够较为准确地反映出车辆实际运行状态。所以,在使用交通量这一指标描述交通流时,往往需要结合交通密度共同分析。

(3) 公交流量

公交流量对公交停靠站的影响也不可忽略,一般公交流量的主要指标包括公交到站频率和公交车辆占比。公交到站频率表示一定时间段内公交车辆到达站台的频率,例如一小时内公交车辆的到站频率即是公交车辆一小时的流量。一方面,公交到站频率的增加会导致公交停靠附近公交车辆换道次数的增加,对周围车辆的影响也会增大;另一方面,公交到站的频率越高,停靠站内需要的泊位也就越多,当泊位数量与到站频率不匹配时,就会造成公交车辆排队溢出,进一步占据更大范围的车道,造成更多的延误。另外,公交车占比主要为公交车辆占道路总流量的比例,在不同交通流量下,相同公交占比对应的公交车辆数并不一样,所以在探究公交流量时,不可忽略公交车辆的占比。

(4) 公交停站时间

由于公交车辆与社会车辆车型的差异,机动性和行驶速度也有不同。公交车辆需要进站停靠,对于直线式停靠站来说,停站时间关系到公交车辆对路段交通流的影响程度。其中,一定时段内的停站时间主要取决于公交车辆的到站频率和平均停靠时间,而平均停靠时间又取决于乘坐公交车的乘客流量。一般来说,公交车辆的到站频率越高,在停靠站范围内换道次数也就越多;停靠时间越长,交通瓶颈存在的时间也就越长。而对于港湾式停靠站来说,公交停靠区域未占用机动车道,相对来说停靠行为对交通流运行影响不大,但当停靠站泊位不满足公交车辆到站频率时,后续到达的公交车辆只能在站外排队,此时就会对机动车道交通流运行造成阻碍。所以公交到站频率与平均停站时间对道路交通流的影响也不容忽视。

4.2 停靠站范围车辆跟驰换道规则

元胞自动机模型在模拟具有离散性和随机性的交通流方面应用非常广泛且比较成熟,具有规则容易修改、计算效率高的优势。基于元胞自动机模型,可以根据研究的对象构建仿真场景,复现实际交通流现象,并解释其运行机理;同时,对不同参数条件下的交通流进行仿真分析,可以探究现实情况中无法试验的各种交通现象,为相关规划做预测分析。尤其是近年来,许多国内外学者针对实际交通环境,对元胞自动机模型在交通问题中的应用不断进行研究,不断拓展相关模型,并取得了丰硕的成果。故此,本章选取应用范围广泛、认可度高的元胞自动机模型,结合上一节对混行车辆换道特性即换道影响因素的分析,在此基础上建立公交停靠站范围混行车辆换道模型,以便进一步对公交停靠站范围路段混行车辆换道行为和交通运行状态进行仿真分析。

4.2.1 车流跟驰规则分析

1) 车辆位置更新分析

以往相关研究中对于车辆位置更新规则一直沿用 N-S 模型,即在位置更新公式中没有考虑车辆的初始速度。这种位置更新规则计算出的车辆位移与实际不符,存在一定偏差,如车辆加速时位置变化距离偏大,减速时位置变化距离偏小。以下将具体描述这种位置偏差,并对车辆位置更新规则进行改进。

N-S 模型中,车辆 n 的位置更新规则为:

$$x_n(t+1) = x_n(t) + \Delta x_n = x_n(t) + v_n(t+1) \cdot \Delta t \tag{4-1}$$

这里 Δt 为单位时间 1 s,即车辆在这一单位时间内的位移为 $\Delta x_n = v_n(t+1)$,车辆的位移由这一时刻速度 $v_n(t+1)$ 决定,未考虑初始速度 $v_n(t)$。N-S 模型车辆位置更新位移示意如图 4-1 所示。

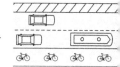

第4章 公交车辆换道进出停靠站影响分析

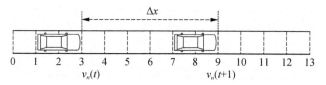

图 4-1 NS 模型车辆位置更新位移示意图

然而,在单位时间 Δt 内,若确定车辆的运动方式,车辆的位移需要考虑这一过程车辆的起始速度和终止速度。为了简化模型,这里将车辆加、减速的过程设为匀变速运动,该单位时间内初速度为 v_0,末速度为 v_1,则车辆的位置变化量 Δx 公式如下:

$$\Delta x = \frac{(v_0 + v_1)}{2} \Delta t \qquad (4-2)$$

改进后的车辆位置更新位移示意如图 4-2 所示。

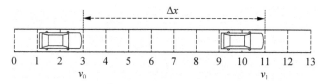

图 4-2 改进后车辆位置更新位移示意图

通过上述比较,两种位置更新规则计算出的位移有一定偏差。这种位置偏差或许对高速公路上车辆的位置变化影响不大,但对于公交停靠站处的路段来说,车辆速度较低且速度差异较大,车流具有时走时停的特点,车辆加减速和换道行为频发,这种位置偏差不可忽略。举个例子,当公交车辆从速度 $v(v>0)$ 匀减速降至速度为 0 时,若减速度大小为 a,则该车按上述公式所计算出的实际位移为 $v^2/2a$,相比 N-S 模型的中对应公式计算出的结果 0 来说,明显精度差距较大。

因此,N-S 模型中的位置更新规则只适用于模拟高速公路交通流,对于城市道路而言,尤其是对公交停靠站范围这一短距离路段进行交通流仿真模拟时,车辆的这种位置更新偏差会对车辆安全距离造成影响,导致模型不够细致和精确。为了解决车辆频繁加减速或停启过程造成的位移偏差,在 N-S 模型的基础上重新对位置更新规则进行改进。该规则考虑车辆当前时刻速度和下一时刻速度,通过优化 N-S 模型中车辆加减速或停启过程中的位移偏差,使车辆位移精度更高,模型运行流畅度更好。

故此,将车辆加减速过程视为匀变速运动,以当前时刻速度与下一时刻速度的平均速度为指标,得到车辆在这一时步内因速度差异造成的位移 $\Delta x(t \sim t+1)$ 为:

$$\Delta x(t \sim t+1) = \frac{v_n(t)+v_n(t+1)}{2} \cdot \Delta t = \frac{v_n(t)+v_n(t+1)}{2} \tag{4-3}$$

最终,通过以上分析和推导,可将车辆位置更新规则优化为:

$$x_n(t+1) = x_n(t) + \Delta x(t \sim t+1) = x_n(t) + \frac{v_n(t)+v_n(t+1)}{2} \tag{4-4}$$

2) 安全距离分析

在以往多种改进的车辆换道模型中,安全距离这一指标无论是在跟驰规则还是换道规则中都有不可忽视的地位,而安全距离是否精确,与每一时刻的车辆位置密切相关。安全距离是指当前车紧急刹车时,车辆为了避免与其发生追尾而必须保持的一个安全的车辆间隙,其大小不仅与自身车辆速度、前车速度和车辆制动能力密切相关,还与驾驶员的反应特性有关。在N-S模型中,为了简化模型,仿真模拟中保证前方安全距离小于当前车辆的最大速度,这种做法虽然可以保证车辆不会碰撞,但没有考虑前车的速度,过于理想化导致换道条件较为严苛,使得仿真模拟所得交通量小于实际交通量,与城市道路的交通流运行特性契合程度不高。另外,考虑车辆自身最大减速度的限制(减速度阈值),当安全距离一定时,车辆在一个时步内降低的速度值不可能超过最大减速度值。故此,车辆行驶时应依据安全距离的变化,存在一个最大安全行驶车速,以避免与前车发生碰撞。

以下将综合考虑公交车辆和社会车辆自身的物理特性、行驶差异和驾驶员反应时间,结合速度效应模型对不同条件下的安全距离公式进行优化,并据此推导出当前车辆下一时刻的最大行驶车速,即车辆最大安全速度。

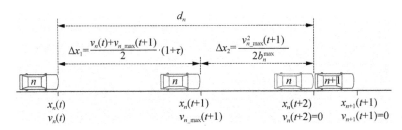

图4-3 安全距离示意图(前车静止)

如图4-3所示,设当前车辆n前方的车辆$n+1$静止不动,$x_n(t)$为车辆n在t时刻的位置,x_{n+1}为前车$n+1$在t和$t+1$时刻所在的位置(此时车辆保持静止),l_{n+1}表示前车$n+1$的车身长度,为避免车辆n与前方车辆$n+1$追尾,根据安全距离的原理$d_n = x_{n+1} - x_n - l_{n+1}$,此时车辆$n$允许的最大位移$\Delta x_n = d_n$,故车辆$n$下一时刻的最大速度$v_{n,\max}(t+1)$与安全距离应满足以下公式:

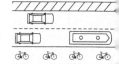

第4章 公交车辆换道进出停靠站影响分析

$$d_n \geqslant \frac{v_n(t)+v_{n\_\max}(t+1)}{2} \cdot (1+\tau)+\frac{v_{n\_\max}^2(t+1)}{2b_n^{\max}} \quad (4-5)$$

式中：τ——驾驶员发现前方车辆停止至做出刹车操作的反应时间；

$\dfrac{v_n(t)+v_{n\_\max}(t+1)}{2} \cdot (1+\tau)$——车辆 n 在当前时步及反应时间内移动的距离；

$\dfrac{v_{n\_\max}^2(t+1)}{2b_n^{\max}}$——车辆 n 以最大减速度 $b_n^{\max}$ 减速至停下来时所行驶的距离。

由上式可以进一步得到车辆 n 在 $t+1$ 时刻（下一时刻）能够允许的最大车辆速度，即安全车速为：

$$v_{n\_\max}(t+1)=\left\lfloor \frac{-b_n^{\max}(1+\tau)+\sqrt{(b_n^{\max})^2(1+\tau)^2-4b_n^{\max}(1+\tau)v_n(t)+8b_n^{\max}d_n}}{2} \right\rfloor$$
$$(4-6)$$

式中$\lfloor\ \rfloor$表示对最大车辆速度值向下取整，保证车辆运行安全的同时便于元胞自动机进行仿真运算。

另外，实际情况中，除了公交车辆在停靠站停靠时是长时间静止的之外，一般前方车辆都会存在一个速度值正常向前行驶，这种情况下以上安全距离公式便不再适用。所以，此时需要进一步考虑前方车辆的实时速度，并通过评估前车 $n+1$ 一个时步内移动的最小距离，计算出当前车辆 n 可以移动的最大位移。按前面所述理论来说，要想知道前车 $n+1$ 的最小距离，同样需要考虑车辆 $n+1$ 前方车辆 $n+2$ 的速度效应，这样依次迭代下去，问题就变得愈加复杂化，建模也会更加困难。考虑到公交停靠站范围内混行车辆的运行特性，该路段行驶车辆随机性较强，速度波动较大，当前车辆的行驶往往取决于相邻车辆运行状态，故考虑前方多辆车辆的速度效应对安全距离的影响意义不大。所以，这里仅考虑当前车辆 n 前方相邻第一辆车 $n+1$ 的速度效应及影响，并假设前车 $n+1$ 开始刹车，其移动的最小距离等于其当前速度匀减速至零所行驶的距离，具体示意图如图 4-4 所示。

如图 4-4 所示，l_{n+1} 为前方车辆车身长度，设前方车辆 $n+1$ 以最大减速度 $b_{n+1}^{\max}$ 紧急刹车时的速度为 $v_{n+1}(t)$，可得车辆 $n+1$ 减速至零时所行驶的最小距离为：

$$d_{n+1}=\frac{v_{n+1}^2(t)}{2b_{n+1}^{\max}} \quad (4-7)$$

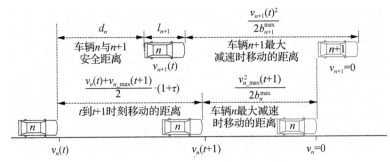

图 4-4 安全距离示意图(前车非静止)

由于前方车辆为紧急刹车,故后方跟随车辆 n 接受到该信息从而做出减速判断会有一定的延迟,即为驾驶员反应时间 τ,故在当前时刻 t 和下一时刻 $t+1$ 内,车辆 n 的位移为:

$$d_n^1 = \frac{v_n(t) + v_{n\_max}(t+1)}{2} \cdot (1+\tau) \quad (4-8)$$

然后,车辆 n 以 $t+1$ 时刻最大速度进行刹车减速,避免与前车相撞,此时减速过程中行驶的距离为:

$$d_n^2 = \frac{v_{n\_max}^2(t+1)}{2b_n^{max}} \quad (4-9)$$

故据此可以得到此时车辆 n 与前方车辆 $n+1$ 的安全距离公式如下:

$$d_n \geqslant d_n^1 + d_n^2 - d_{n+1} = \frac{v_n(t) + v_{n\_max}(t+1)}{2} \cdot (1+\tau) + \frac{v_{n\_max}^2(t+1)}{2b_n^{max}} - \frac{v_{n+1}^2(t)}{2b_{n+1}^{max}}$$

$$(4-10)$$

式中:d_n——第 n 辆车与前车所需的安全距离;

$v_n(t)$——t 时刻第 n 辆车的速度;

$v_{n\_max}(t+1)$——下一时刻第 n 辆车为保证安全所能行驶的最大速度;

b_n^{max}——第 n 辆车的最大减速度;

b_{n+1}^{max}——第 $n+1$ 辆车的最大减速度;

τ——驾驶员的反应时间。

根据上面式子可以得出车辆 n 在下一时刻的最大安全速度为:

$$v_{n\_max}(t+1) = \left\lfloor \frac{-b_n^{max}(1+\tau) + \sqrt{(b_n^{max})^2(1+\tau)^2 - 4b_n^{max}[(1+\tau)v_n(t) + 2d_n + v_{n+1}^2(t)/b_{n+1}^{max}]}}{2} \right\rfloor$$

$$(4-11)$$

至此,依据安全距离原理,考虑车辆最大减速度的限制,推导出当前车辆前方车辆静止和正常行驶两种情况下的安全距离公式,并进一步得出车辆下一时刻行驶的最大安全速度,保证车辆不会发生碰撞,并用于跟驰规则中车辆加速过程和减速过程的判断依据。

3) 车辆跟驰规则改进

车辆跟驰规则是元胞自动机交通流模型中最基本的动态模型,在每一个时步,车辆都会对周围的交通情况做出反应。3.3节中对基于N-S模型的车辆运行过程中四个状态变化方程进行了系统介绍,这里进一步展开研究。考虑到公交车辆与社会车辆在车型、速度、启动性能和制动性能上的差异,跟驰规则应该体现出两种车辆行驶时的运行特性。综合以上因素,考虑驾驶员特性并借鉴TT模型中车辆慢启动规则,在优化车辆位置更新规则和安全距离公式的基础上,对公交停靠站范围路段上车辆运行的跟驰规则进行优化,使之更加细致地反映该路段范围内不同车辆的驾驶行为和交通流现象。

（1）加速规则

车辆跟驰过程中,当前车辆n与其前方车辆$n+1$尾部的车辆间距大于安全间距时,为了以更高的期望速度行驶,车辆可以选择以一定的加速度加速。但是,车辆下一时刻的最高时速同时受制于车型本身的最大速度、最大安全速度和当前车间距,具体加速规则如式(4-12)所示:

$$\begin{cases} v_n^{car}(t+1)=\min[v_n^{car}(t)+a_n^{car},v_{n\_max}^{car}(t+1),v_{n\_max}^{car},d_n(t)] \\ v_n^{bus}(t+1)=\min[v_n^{bus}(t)+a_n^{bus},v_{n\_max}^{bus}(t+1),v_{n\_max}^{bus},d_n(t)] \end{cases} \quad (4-12)$$

式中:$v_n^{car}(t)$、$v_n^{bus}(t)$——在t时刻当前社会车辆和公交车辆的速度大小;

$v_n^{car}(t+1)$和$v_n^{bus}(t+1)$——$t+1$时刻(即下一时刻)社会车辆和公交车辆的速度大小;

$v_{n\_max}^{car}$和$v_{n\_max}^{bus}$——社会车辆和公交车辆两种车型最大行驶速度值;

$v_{n\_max}^{car}(t+1)$和$v_{n\_max}^{bus}(t+1)$——社会车辆和公交车辆$t+1$时刻最大安全行驶速度;

a_n^{car}和a_n^{bus}——社会车辆和公交车辆的加速度值;

$d_n(t)$——当前车辆与前方车辆的车间距。

（2）减速规则

若当前车辆n与前方车辆$n+1$尾部的间距小于所需的安全间距时,车辆则需要减速以保证安全行驶。与加速规则类似,车辆以一定的减速度减速后,车辆下一时刻的速度同时受制于最大安全速度和当前车间距,即取两者中最小值以避免碰撞,且最终减速后的速度值不可能为负数,具体减速规则如下：

$$\begin{cases} v_n^{car}(t+1)=\max\{\min[v_n^{car}(t)-b_n^{car},v_{n\_max}^{car}(t+1),d_n(t)],0\} \\ v_n^{bus}(t+1)=\max\{\min[v_n^{bus}(t)-b_n^{bus},v_{n\_max}^{bus}(t+1),d_n(t)],0\} \end{cases} \quad (4-13)$$

式中,b_n^{car} 和 b_n^{bus} 分别表示社会车辆和公交车辆的减速度值,其他参数含义同上。

(3) 慢启动规则

车辆的慢启动过程为车辆由停止状态到启动至正常运行状态的一个反应过程,具体表现为车辆在停止状态开始启动时,车辆速度不可能从零立刻加速到正常行驶速度,而存在一段缓慢的加速时间。慢启动过程会造成一定的延误时间,并取决于车辆的启动性能和驾驶员的反应时间。在公交停靠站范围内,由于公交车辆需要进站停靠,故在驶离停靠站时,公交车辆基本都需要经历车辆慢启动过程,所以在构建相应元胞自动机交通流模型时,需要将此造成的延误时间考虑在内。这里将启动车辆下一时刻的速度继续设为0,以近似计算启动时间的延误,具体引入如下车辆慢启动规则：

$$\begin{cases} v_n^{car}(t)=0 \text{ and } rand(1)<P_{slow},v_n^{car}(t+1)=0 \\ v_n^{bus}(t)=0 \text{ and } rand(1)<P_{slow},v_n^{bus}(t+1)=0 \end{cases} \quad (4-14)$$

式中：P_{slow} 表示车辆慢启动概率；rand(1)表示计算机随机生成概率,式子即表示路段中停止的车辆以概率 P_{slow} 继续保持速度为 0,以模拟车辆慢启动过程,其中,公交车辆因为停靠均存在慢启动过程,其慢启动概率为1。一般来说,在仿真程序建立过程中,慢启动规则一般写在加速规则前,以表示静止车辆在加速前先完成慢启动过程。

(4) 随机慢化规则

车流在运行过程中,会出现车辆随机减速现象,即随机慢化现象。这是因为车辆在运行过程中,由于驾驶员存在不确定性驾驶行为,导致车流并非全是稳定匀速行驶的,会因驾驶员驾驶习惯或道路情况形成交通波动。故在建立车辆跟驰规则时,通过加入随机慢化概率 P_s,使路段上的车辆按照一定概率进行速度上的慢化,以模拟车辆随机减速慢化的交通现象,具体慢化规则如下：

$$\begin{cases} v_n^{car}(t+1)=\max[v_n^{car}(t)-b_n^{car},0] \\ v_n^{bus}(t+1)=\max[v_n^{bus}(t)-b_n^{bus},0] \end{cases} \quad (4-15)$$

式中参数含义同上。

(5) 位置更新

针对 3.1.2 节 N-S 模型中位置更新规则精度不高的问题,重新优化位置更新规则,使之更加适用于车速普遍较低且交通运行状况复杂的公交停靠站范围城市

路段。该规则考虑车辆当前时刻速度和下一时刻速度,更加精确地修正车辆加减速或停启过程中的位移偏差,具体位置更新规则如下:

$$\begin{cases} x_n^{\text{car}}(t+1) = x_n^{\text{car}}(t) + \dfrac{v_n^{\text{car}}(t) + v_n^{\text{car}}(t+1)}{2} \\ x_n^{\text{bus}}(t+1) = x_n^{\text{bus}}(t) + \dfrac{v_n^{\text{bus}}(t) + v_n^{\text{bus}}(t+1)}{2} \end{cases} \quad (4-16)$$

式中,$x_n^{\text{car}}(t)$ 和 $x_n^{\text{bus}}(t)$ 分别表示社会车辆和公交车辆的当前位置,$x_n^{\text{car}}(t+1)$ 和 $x_n^{\text{bus}}(t+1)$ 分别表示社会车辆和公交车辆在下一时刻的位置,其他参数含义同上。

4.2.2 车辆换道规则改进

车辆的换道行为主要受到两个因素制约:一是换道动机,二是换道安全条件。其中,换道动机指车辆因前方驾驶空间不足而追求相邻车道更大的行驶空间和更高的期望速度,主要受到驾驶员自身特性和相关交通法律法规的影响;换道安全条件即满足换道动机后,需要寻找合适的时机以便安全地完成换道,一般考虑与相邻车道后车和前车不会碰撞。STCA 模型即是在 N-S 模型的基础上,增加换道动机和换道安全条件这两种车辆换道规则,最终构建出的双车道元胞自动机交通流模型。但是,该模型主要应用于对称的双车道理想路段,对复杂的城市道路不适用。故本节在 3.3.2 节两车道换道规则制定的基础上,以公交停靠站范围三车道路段为研究对象,考虑公交车辆和社会车辆的特性差异,建立新的混行车辆换道规则。

1) 社会车辆换道规则

因为我国道路实行车辆左侧超车规则,普通社会车辆在换道时优先向左换道,故社会车辆向左换道的概率一般略大于向右换道的概率。尤其在公交停靠站范围路段,由于受到公交车辆和停靠站的影响,社会车辆驾驶员存在让行公交车辆的心理,以避免不必要的延误或冲突,优先向左换道现象更为突出。所以,在接下来构建社会车辆换道规则时,需要考虑向不同车道换道概率的差异。

当社会车辆有换道意愿时,需要考虑此时换道动机和安全条件是否满足。首先,界定换道动机需要满足的条件:① 当车辆前方间距不足以支持车辆下一时步的速度时,即表示前方车道受阻。② 此时再将目标车道前方的间距与当前车道前方间距作对比,若目标车道前方间距更大,说明目标车道有更大的行驶空间。同时满足这两个条件,表示换道动机成立。具体表达式如式(4-17)所示:

$$\begin{cases} d_n^{car} - carlen_{type} < \min[v_n^{car}(t)+1, v_{n\_max}^{car}] \\ d_0^{car} - carlen_{type} > d_n^{car} - carlen_{type} \end{cases} \quad (4-17)$$

式中：d_n^{car}——当前时刻该车道社会车辆与前方车辆的车头间距；

d_0^{car}——该车道社会车辆与相邻车道前方第一辆车的车头间距；

$v_{n\_max}^{car}$——社会车辆行驶的最大速度值；

$carlen_{type}$——当前车辆前方车辆的车身长度，且长度大小取决于车辆类型是公交车辆还是社会车辆；

$d_n^{car} - carlen_{type}$——两辆车车头间距减去前方车辆车身长，即为当前车道相邻两车的安全距离 d_n；

$d_0^{car} - carlen_{type}$——当前车辆与目标车道前方车辆之间的安全距离。

在满足车辆换道动机后，在换道执行时还需进一步考虑换道的安全条件，即车辆在换道过程中，后车应有足够的能力控制自身速度以避免两车碰撞。考虑后车车速与当前换道车辆车速大小，结合优化的车辆位置更新规则，换道车辆需要与目标车道后车保持一定的安全距离，避免发生碰撞事故。具体公式如式（4-18）所示：

$$d_b^{car} - carlen_{car} > [v_n^{car}(t) - v_{l\_b}^{car}(t)]/2 \quad (4-18)$$

式中：d_b^{car}——该车道社会车辆与相邻车道后车的车头间距；

$v_n^{car}(t)$——当前车辆的当前速度值；

$v_{l\_b}^{car}(t)$——当前车辆相邻车道后车的当前速度值；

$carlen_{car}$——当前社会车辆的车身长度。

该式表明当相邻车道后方的车辆与当前车辆的间距大于两车单位时间内的相对位移时，即能保证换道车辆不会被追尾，换道安全性满足。

当同时满足换道动机与换道安全条件时，车辆即可以一定的概率进行换道。考虑公交停靠站的影响，多车道路段中不同车道车辆换道规则存在一定区别。因此，这里以三车道直线式停靠站路段为例，社会车辆和公交车辆在该路段范围内混合行驶，结合 3.3.1 节车辆换道特性分析分别给出不同车道上社会车辆的换道规则。图 4-5 为中间车道社会车辆换道示意图，其他车道车辆换道示意图与之类似。

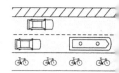

第4章 公交车辆换道进出停靠站影响分析

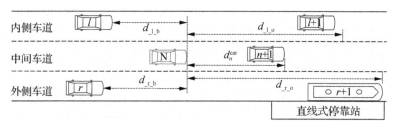

图 4-5 中间车道社会车辆换道示意图

(1) 内侧车道换道规则

内侧车道一般作为快车道,由于在该车道上车辆速度较快,干扰较少,所以行驶环境相较其他车道较好。若该车道上车辆前方行驶空间受阻,而此时相邻中间车道有更大的行驶空间,则需要判断此时车辆的换道条件和安全条件,如果条件均满足,则可以以一定的概率 P_{rc} 向右换道至中间车道。具体换道规则如式(4-19)所示:

$$\begin{cases} d_n^{car} - carlen_{type} < \min[v_n^{car}(t)+1, v_{n\_max}^{car}] \\ d_{\_r\_o} - carlen_{type} > d_n^{car} - carlen_{type} \\ d_{\_r\_b} - carlen_{car} > [v_n^{car}(t) - v_{r\_b}^{car}(t)]/2 \\ rand(1) \leqslant P_{rc} \end{cases} \quad (4-19)$$

式中: $d_{\_r\_o}$ ——当前车道社会车辆与中间车道前方车辆的车头间距;

$d_{\_r\_b}$ ——当前车道社会车辆与中间车道后方车辆的车头间距;

$v_{r\_b}^{car}(t)$ ——当前时刻中间车道后方车辆的速度;

$carlen_{car}$ ——当前社会车辆的车身长度;

$carlen_{type}$ ——当前社会车辆前方的车身长度,具体长度取决于前方车辆的类型,当前车头间距减去车身长度即是车辆之间的安全距离;

P_{rc} ——满足换道条件和安全条件后车辆向右换道的概率,车辆最终是否换道取决于驾驶员的决策;

$rand(1)$ ——编程术语,表示计算机程序运行过程中随机生成一个区间为 $[0,1]$ 的数, $rand(1) \leqslant P_{rc}$ 即表示仿真过程中的车辆向右换道的概率;

其他符号含义在上文已出现过的,在此不再赘述。

(2) 中间车道换道规则

相较于两侧的车道来说,中间车道上车辆的换道选择面更多。当该车道上车辆有换道需求时,需要同时判断内侧车道和外侧车道的符合换道条件和安全条件:

145

若内侧车道满足条件而外侧车道不满足,则以概率P_{lc}向左换道;若外侧车道满足条件而内侧车道不满足时,则以概率P_{rc}向右换道;若内侧车道和外侧车道均满足条件,此时由驾驶员"趋利避害"的心理,优先以概率P_{lc}向左换道至内侧车道,以避免停靠站和公交车辆的干扰。具体换道规则如式(4-20)和式(4-21)所示:

① 向左换道:

$$\begin{cases} d_n^{car}-carlen_{type}<\min[v_n^{car}(t)+1,v_{n\_max}^{car}] \\ d_{\_l\_o}-carlen_{type}>d_n^{car}-carlen_{type} \\ d_{\_l\_b}-carlen_{car}>[v_n^{car}(t)-v_{l\_b}^{car}(t)]/2 \\ rand(1)\leqslant P_{lc} \end{cases} \quad (4-20)$$

② 向右换道:

$$\begin{cases} d_n^{car}-carlen_{type}<\min[v_n^{car}(t)+1,v_{n\_max}^{car}] \\ d_{\_r\_o}-carlen_{type}>d_n^{car}-carlen_{type} \\ d_{\_r\_b}-carlen_{car}>[v_n^{car}(t)-v_{r\_b}^{car}(t)]/2 \\ rand(1)\leqslant P_{rc} \end{cases} \quad (4-21)$$

式中:P_{lc}——满足条件的中间车道车辆向左换道至内侧车道的概率;

P_{rc}——满足条件的中间车道车辆向右换道至内侧车道的概率;

$v_{l\_b}^{car}(t)$——当前时刻内侧车道后方车辆的速度;

其他参数含义同上。

(3) 外侧车道换道规则

同内侧车道相似,外侧车道车辆的换道选择只能为中间车道。当该车道内社会车辆存在换道需求时,判断是否满足换道条件和安全条件,若条件满足则以概率P_{lc}向左换道至中间车道。其换道规则如式(4-22)所示:

$$\begin{cases} d_n^{car}-carlen_{type}<\min[v_n^{car}(t)+1,v_{n\_max}^{car}] \\ d_{\_l\_o}-carlen_{type}>d_n^{car}-carlen_{type} \\ d_{\_l\_b}-carlen_{car}>[v_n^{car}(t)-v_{l\_b}^{car}(t)]/2 \\ rand(1)\leqslant P_{lc} \end{cases} \quad (4-22)$$

式中参数含义同上,此处不再赘述。

2) 公交车辆换道规则

当一段道路设置公交专用道后,公交车辆只能在公交专用道上行驶,其他车辆禁止进入,此时公交车辆与其他社会车辆就被完全隔离开来,几乎不会产生相互影

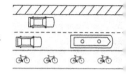

响。这里为了探究公交停靠站范围内公交车辆换道对周围社会车辆及路段交通流的影响,故先不考虑设置公交专用道,所以接下来主要以未设置公交专用道的停靠站范围路段进行公交换道规则的建立。

在未设置公交专用道的三车道路段上,公交车辆一般行驶于外侧车道,但也有少部分公交车辆可能在行驶条件较好的中间车道和内侧车道行驶。考虑到公交车辆的进站需求,公交换道行为目的性明确,属于强制换道。由于行驶于非外侧车道的公交车辆在进站前必须换道至外侧车道,故存在一个公交换道临界点,越接近这个点车辆换道意愿越迫切,并且在到达这个点之前,公交车辆必须完成换道;若没有合适的安全条件完成换道,则在换道临界点处等待机会直至换道完成。所以,为了体现公交车辆越接近停靠站提前换道至外侧车道的概率越高的现象,这里设停靠站范围存在一个公交优先换道区域,在此区域内的公交车辆换道动机、安全条件以及换道概率与在其他路段行驶有所差异。

理论上来说,公交车辆在公交优先换道区会优先提前换道至外侧车道,为进站停靠做好准备,除非是交通流密度较大时,不满足换道安全条件,公交车辆才会在换道临界点等待换道;并且公交车辆所在车道间隔停靠站所在车道越大,公交车辆越需要提早换道。由前文车辆换道特性可知,对于直线式停靠站和港湾式停靠站的三车道路段来说,社会车辆换道规则基本一样,但公交车辆换道过程及换道次数略有差异,结合本节提出的公交优先换道区,以下分别建立两种形式停靠站范围路段公交车辆的换道规则。

（1）直线式停靠站范围公交车辆换道规则

首先,以无公交专用道的直线式停靠站路段为例,结合以上分析和实际调查观测,取每条车道一定长度的路段作为公交优先换道区域,得到不同车道公交优先换道区位置分布形式如图4-6所示。

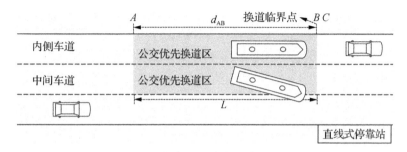

(a) 公交优先换道区位置分布形式一

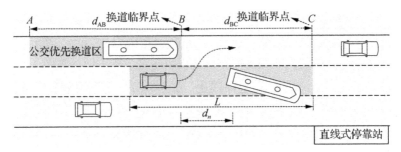

(b) 公交优先换道区位置分布形式二

图 4-6　直线式停靠站范围不同车道公交优先换道区位置分布

图 4-6(a)、图 4-6(b)分别展示了两种公交优先换道区布设方式,内侧车道和中间车道均设置长度为 L 的公交优先换道区。其中,起点 A 以实际调查中公交车辆最早换道点统计得出,B、C 分别为内侧车道和中间车道的换道临界点,在这之前,公交车辆必须尽快完成换道。

先以图 4-6(a)为例,内侧车道和中间车道的公交优先换道区起终点相同,A 点为停靠站范围内公交车辆最早换道点,B、C 分别为这两条车道的换道临界点,均与停靠站起点横截面重合。这种设置方式较为简单,但没有体现出不同车道公交车辆换道特性的差异:当车流密度较大时,若位于内侧车道的公交车辆不满足换道条件,只能停靠在点 B 以等待换道,而此时仍需进行两次换道才能进站,无论从空间还是时间上来说,这个过程不仅难度极大,而且还会对路段交通流造成严重堵塞;若 B、C 两点同时存在公交车辆等待换道,基本该段道路是瘫痪的状态。为了解决这个问题,这里设置图 4-6(b)的不同车道公交优先换道区位置布设方式。这种设置方式将内侧车道公交优先换道区整体向车道上游前移,其换道临界点 B 与中间车道换道临界点 C(即停靠站起点)距离为 d_{BC},中间车道则保持不变,此时换道临界点 B、C 彼此错开,保证在公交车辆等待换道时仍有一部分社会车辆有空间 d_n 可以换道继续通行,减轻公交换道对交通流的影响。其中,距离 d_n 的长度至少要大于换道车辆车身长度,以保证该车辆有足够空间能顺利换道。

在无公交专用道且没有停靠站的道路上,公交车辆可以根据驾驶员特性进行自由换道,当满足换道条件时,以一定概率选择是否向右换道。而通过以上分析可知,在停靠站范围的公交优先换道区内,公交车辆的换道行为属于强制换道,且换道概率并非是一个固定的值,而是与换道临界点的距离有关。故此处进一步对公交车辆的在公交优先换道区内的换道概率进行分析。

这里设公交车辆在距停靠站较远的路段上行驶时向右换道的概率为 P_{r_bus},而在停靠站范围的公交优先换道区内,其向右换道概率在原有概率的基础上,随着与换道临界点的距离动态变化,即车辆越接近换道临界点,向右换道越急迫,换道概率也就越大。当公交车辆在优先换道区的起点处,向右换道的概率与正常行驶路段的换道概率相等,即为 $P_\mathrm{r\_bus}$;当公交车行驶至公交优先换道区的末端,即换道临界点,此时车辆换道概率为1,必须在此处完成换道。因此,通过以上分析,这里提出公交优先换道区内公交车辆的动态向右换道概率表达式:

$$P^L_\mathrm{r\_bus}=P_\mathrm{r\_bus} \cdot \frac{l+\partial}{L+\partial} \tag{4-23}$$

式中:$P_\mathrm{r\_bus}$ 和 $P^L_\mathrm{r\_bus}$——正常行驶路段和公交车辆在优先换道区的向右换道概率;

L——公交优先换道区的长度;

l——公交优先换道区内车辆到换道临界点的实时距离,取值范围为 $0\sim L$;

∂——相应的距离系数,其具体数值与 $P_\mathrm{r\_bus}$ 相关。当 $l=0$ 时,$P^L_\mathrm{r\_bus}=P_\mathrm{r\_bus}$;当 $l=L$ 时,$P^L_\mathrm{r\_bus}=1$。

对于进站前位于内侧车道和中间车道的公交车辆来说,其换道动机明确且换道行为属于强制换道,故只需满足安全条件即可进行换道。结合以上分析,可以得到直线式停靠站范围内不同车道公交车辆的换道规则:

① 公交车辆行驶于内侧车道和中间车道中的非公交优先换道区域时,换道规则如下:

$$\begin{cases} d_\mathrm{r\_b}-carlen_\mathrm{bus}>[v_n(t)-v_\mathrm{r\_b}(t)]/2 \\ \mathrm{rand}(1) \leqslant P_\mathrm{r\_bus} \end{cases} \tag{4-24}$$

式中:$d_\mathrm{r\_b}$——相邻右侧车道后方车辆与当前车道车辆的车头间距;

$v_\mathrm{r\_b}(t)$——当前时刻相邻右侧车道后方车辆的速度;

$v_n(t)$——当前公交车辆的速度;

$carlen_\mathrm{bus}$——当前公交车辆的车身长度;

$P_\mathrm{r\_bus}$——符合安全条件的公交车辆向右侧车道换道的概率,其主要取决于驾驶员的选择;

$\mathrm{rand}(1)$——计算机随机生成一个区间为[0,1]的数,$\mathrm{rand}(1) \leqslant P_\mathrm{r\_bus}$ 则用于表示模拟仿真过程中的车辆换道概率的生成。

② 当公交车辆行驶于公交优先换道区域时,只需将正常行驶路段区域公交车辆的固定向右换道概率 $P_\mathrm{r\_bus}$ 改为动态向右换道概率 $P^L_\mathrm{r\_bus}$ 即可,其他不变,具体换道规则如下:

$$\begin{cases} d_\mathrm{r\_b}-carlen_\mathrm{bus}>[v_n(t)-v_\mathrm{r\_b}(t)]/2 \\ \mathrm{rand}(1) \leqslant P^L_\mathrm{r\_bus} \end{cases} \tag{4-25}$$

此外,直线式停靠站范围路段外侧车道上公交车辆在进站前后一般无需换道,故不考虑外侧车道公交优先换道区及换道规则。

(2) 港湾式停靠站范围公交车辆换道规则

由于公交车辆在进出港湾式停靠站时至少需要换道两次,故该场景下公交车辆换道规则与直线式停靠站略有不同。结合以上提出的公交优先换道区和动态公交换道概率,对港湾式停靠站范围路段不同车道的公交优先换道区布置方式进行优化,建立相关公交车辆换道规则。同理,港湾式停靠站范围公交优先换道区位置分布形式如图 4-7 所示。

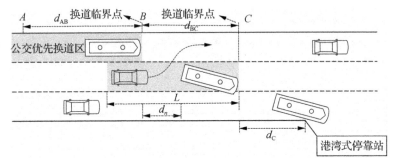

图 4-7　港湾式停靠站范围不同车道公交优先换道区位置分布

如图 4-7 所示,对于港湾式停靠站范围路段来说,外侧车道无须设置公交优先换道区,只考虑进出站时满足换道安全条件即可。但考虑到不同车道可能同时存在公交车辆等待换道的情况,故将内侧车道和中间车道的换道临界点错开,并整体向路段上游移动一段距离。其中,与直线式停靠站场景中一样,外侧车道与中间车道换道临界点的距离 d_{BC} 至少大于公交车辆和社会车辆车身之和,以便于中间车道后续车辆换道至内侧车道继续行驶;同理,中间车道的换道临界点 C 距停靠站起点的距离为 d_C,其长度最小值与 d_{BC} 的最小值相同,以便外侧车道中停靠在公交车辆后面的社会车辆有足够空间换道驶入中间车道。所以,进一步可以得出港湾式停靠站范围内不同车道公交车辆的换道规则:

① 对于内侧车道和中间车道来说,当公交车辆行驶于非公交优先换道区域时,换道规则与直线式停靠站场景相同,具体如式(4-26)所示:

$$\begin{cases} d_{\_r\_b} - carlen_{bus} > [v_n(t) - v_{\_r\_b}(t)]/2 \\ rand(1) \leqslant P_{r\_bus} \end{cases} \quad (4-26)$$

② 当公交车辆行驶于公交优先换道区域时,其换道规则也与上述直线式停靠站场景相同,具体如式(4-27)所示:

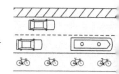

第4章 公交车辆换道进出停靠站影响分析

$$\begin{cases} d_{\text{r\_b}} - carlen_{\text{bus}} > [v_n(t) - v_{\text{r\_b}}(t)]/2 \\ \text{rand}(1) \leqslant P_{\text{r\_bus}}^{\text{L}} \end{cases} \quad (4-27)$$

③ 对于研究范围路段的外侧车道而言,公交车辆只在停靠站起点和终点处产生换道行为。与其他行驶路段不同的是,公交车进出站只要满足换道安全条件,就一定会选择换道,此时换道概率为1,即换道规则为:

$$\begin{cases} d_{\text{r\_b}} - carlen_{\text{bus}} > [v_n(t) - v_{\text{r\_b}}(t)]/2 \\ \text{rand}(1) \leqslant 1 \end{cases} \quad (4-28)$$

4.3 公交停靠站范围车辆换道影响建模

在建立混行车辆换道模型后,需要对模型的可靠性及适用性进行检验,才可应用该模型探究停靠站范围路段公交车辆与社会车辆的相互影响。本章对模型进行检验前,首先选定调查站点进行实例调查和数据收集;然后,通过整理相关停靠站路段的交通流调查数据,构建仿真环境并对具体模型参数进行标定;最后,选定交通流分析指标,以 MATLAB 软件作为工具,分别应用本文提出的改进模型和 STCA 模型原理,设计验证仿真方案进行模拟并与调查数据对比分析,检验改进模型的可靠性和适用性。

4.3.1 实例调查与数据处理

1) 实例调查

为了更好地进行模型参数标定并验证模型的有效性和准确性,需要选择合适的停靠站路段进行实例调查。其中,停靠站的位置需远离交叉口,保证交叉口对到达车辆的影响较小。由于实地调研的限制,经过初步筛选,以三车道和双车道路段的港湾式停靠站为例,分别选定苏州市的吴江青少年活动中心站(三车道)和长安路长板路北站(双车道),对停靠站范围 160 m 内的车辆运行状况进行无人机拍摄调查,分别如图 4-8 和图 4-9 所示。调查时间选择在天气状况良好的工作日,具体调查时间为 2019 年 9 月 3 日~5 日早晚高峰 7:00~9:00 和 17:00~19:00。

图 4-8 吴江青少年活动中心停靠站

图 4-9 长安路长板路北停靠站

2) 数据处理

本次调查和数据收集采取无人机摄像和人工提取视频数据结合的方法。一方面，相对于传统人工计数法来说，视频采集法不但可以节省人力物力，还可以进行长时间连续性记录，覆盖较大范围内的交通流运行状况以及单个车辆的跟驰、换道等微观行为，可以从一个较好的视角全面地了解车辆的运行特性；另一方面，视频数据可以多次进行反复利用，结合视频处理软件或利用 Python 编程，根据需要较为精确地提取交通数据。

这里需要从视频中获取的数据包括交通流量、交通密度、车辆速度、公交车流量、车辆换道次数等。其中，流量和换道次数都可以较为直观地从视频中统计得出，而车辆速度和交通密度则需要进一步的程序处理。

(1) 车辆速度提取

将无人机定点悬停在停靠站上空，分别对所选两类停靠站路段交通流运行状况进行全方位录像，保存视频数据。这里结合 Python 编程对所采集到的视频数据进行处理：首先，将获取的视频切分为分辨率 30 帧/s 的图像，即每张图像间隔时间为 1 s；然后将调查时间段的图片导入程序，通过鼠标点击车辆车头，即可自动生成每一时刻车辆车头的位置坐标，并储存在 Excel 表格中；最后将程序中生成的坐标差值与实际调查路段长度进行比例换算，对坐标数据进行处理，得到目标车辆每一时刻的速度。视频图片坐标处理程序界面如图 4-10 所示。

第4章 公交车辆换道进出停靠站影响分析

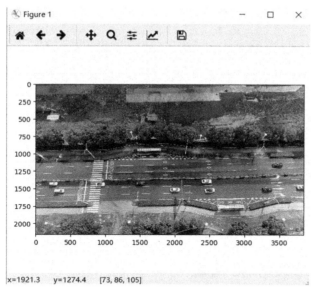

图4-10 坐标处理程序界面

使用上述方法可计算每一时刻每一位置的车辆瞬时速度,但在具体应用过程中,若对所有车辆进行速度统计,则计算工作量巨大,故这里采用随机抽样的方法,随机抽取部分视频中的部分车辆,计算其瞬时速度,大概统计调查时段该路段内的车辆行驶速度范围,用于模型的参数设置参考。

同理,在速度提取的基础上,也可进一步得出车辆的加速度或减速度值的范围。

(2) 交通密度计算

交通密度可以采用经典的出入量法进行计算,计算公式如下:

$$K(t)=\frac{E(t_0)+Q_A(t)-Q_B(t)}{L_{AB}} \tag{4-29}$$

以上公式计算的观测时间一般取至少 5 min,以降低交通流的偶然性变化和周期性变化[168]。

但是,即便选择的调查地点位于道路中段,由于城市交通流并非是严格意义上的连续流,多多少少会受到交叉口信号控制的影响,车流具有一定的周期性。另外,车辆换道行为的产生与当下时刻的交通密度紧密相关,换句话说,车辆换道次数在不同交通密度下是有差异的,而采用出入量法计算固定观测时间内的交通密度,无疑导致其"平均化",致使换道次数与交通密度无法准确对应。故本书在分析换道率与交通密度关系时,需要将实际数据进行特定处理,只统计每一波车流时间

153

段内的交通流量、交通密度和换道次数,忽略零星车辆,进而对连续性的模型进行验证。

故此处以每一波车流作为一组数据,统计该组数据中的车辆换道率和每一时刻路段内的平均车辆数目,再计算得出相应单位长度内的交通密度,具体公式如下:

$$\rho(t) = \frac{\sum_{i=1}^{n} N(t)}{n \cdot m} \quad (4-30)$$

式中:m——观测路段长度;

$N(t)$——第 t 时刻该路段该车道上存在的车辆数;

$n = T/\Delta t$——这一组交通流运行时间,即这段时间内的截图数量。

4.3.2 仿真环境设置

1) 假设条件

在现实情况中,城市停靠站范围路段交通运行状态复杂,影响因素较多,如果在建立模型仿真时把所有因素都考虑在内,那么会让模型变得异常复杂,并且无法突出研究的重点方向,结果适得其反。因此,本章在进行模型验证及仿真模拟时,需要假设一些理想化条件,在使模型尽可能贴合实际的同时,突出重点研究的内容。参照 3.3.2 节的模型基本假设,本节将进一步深入考虑,从三个方面对部分因素进行假设,以便于模型的构建。

(1) 道路条件方面

选定停靠站范围内 160 m 路段为仿真场景,不考虑交叉口信号配时对车流的影响,也不考虑路段上的非机动车和行人对公交车辆进站停靠的影响。

(2) 车辆运行特征方面

车型方面,只考虑公交车辆和普通社会车辆(小汽车)两种类型,不考虑摩托车、大货车和中大型客车等其他车辆。并且假设所有社会车辆的车身长度相等,车辆性能相同;所有公交车辆的长度也保持一致,车辆性能相同。在驾驶员特性方面,假设所有驾驶员对交通状态变化的反应保持一致,即不考虑驾驶员个人驾驶特性的差异。

(3) 模型仿真方面

模型不考虑车辆运行及换道过程中的横向位移过程及换道执行过程的差异,

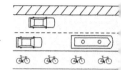

第4章 公交车辆换道进出停靠站影响分析

假设换道过程中车辆不会长时间占用两条车道;在公交车辆停靠期间,假设公交车辆以 1 cell/s(7.2 km/h)的速度在站内低速前进且不能超车,其在站内行驶的时间刚好等于停靠时间,以此保证后续公交车辆有序进站,使停靠站泊位得到充分利用;车辆慢化概率和车辆换道概率在不同交通流运行状态下具有较强的不确定性,故本文中在实际调查数据的基础上,分别指定相应固定值并在模型仿真中不断调整优化,降低模型复杂度。

2) 仿真流程

仿真流程参见 3.3.2 节的仿真算法及流程。

3) 参数标定

根据 3.3.2 节中的车辆模型构建,结合实际调查数据和便于模拟的目的,取社会车辆车身长度为 4 m,公交车辆车长为 8 m,停靠站范围路段取为 160 m 进行建模。

传统的元胞自动机模型中,一般用一个元胞代替一辆车,但这种设置方式不但不能体现出车型的差异,而且在用元胞表示速度变化时较为粗糙,造成仿真中加、减速度值过大,使模拟结果过于理想化,与实测数据不符。在敬明等[169]学者的研究中可知,元胞尺寸设置得越小,越能够反映实际交通流的细节,精细度高,但同时模型构造就更加复杂,运算效率低,仿真时间过长。故本书综合考虑模型精度和仿真复杂性,结合实际调查数据,取元胞尺寸为 2 m,即一辆社会车辆由 2 个相邻元胞组成,公交车辆由 4 个元胞组成,此时仿真路段 160 m 则共有 80 个元胞;由于实际调查中发现该路段车辆换道多发生于停靠站前,故取公交停靠站起点为该路段第 55 个元胞处,泊位数基于实际站点取为 2 个泊位(10 个元胞),具体仿真站前 110 m、停靠站 20 m 和站后 30 m 路段的交通运行状况。其中,通过调查取公交车辆平均停靠时间为 20 s,取社会车辆最大速度为 10 cell/s(72 km/h),平均加减速度为 2 cell/s^2(4 m/s^2);公交车速度最大为 6 cell/s(43.2 km/h),平均加减速度值为 1 cell/s^2(2 m/s^2)。若非外侧车道有公交车辆行驶,则按第 3 章第 4 节设定优化后的公交优先换道区,其长度为 15 个元胞(30 m),保证公交车辆优先换道,且外侧车道相邻车道中,其公交优先换道区的换道临界点距停靠站起点为 15 个元胞(30 m)。

另外,诸如车辆随机慢化概率这一参数,主要受驾驶员的驾驶习惯、心理状态以及当时路况具体条件多方面影响,具有很强的不确定性,因此在不同情况下相应慢化概率是不同的。一般来说,当车流密度较大且速度较快时,车辆慢化概率较高;当车流密度较低且稳定时,慢化概率较低。慢化概率越大,车辆减速次数越多,相应车辆换道率也随之增加。鉴于此,本章节在重点探究停靠站范围混行车辆换道影响时,需要降低这一参数的干扰,故这里根据改进后的模型进行仿真,对比实际调查和仿真得出的车辆换道现象,不断对相关参数进行调优,确定一定密度范围内符合研究场景和调查时段的车辆慢化概率等参数。最终得到的模型其他参数取值如表 4-1 所示。

表 4-1 模型参数

参数	社会车辆	公交车
大小 $carlen$/cell	2	4
最大速度 v_{max}/(cell·s^{-1})	10	6
加速度 a/(cell·s^{-2})	2	1
减速度 b/(cell·s^{-2})	2	1
向右换道概率 P_{rc}	0.5	0.7
向左换道概率 P_{lc}	0.7	0
随机慢化概率 P_s	0.15,0.3,0.7	0.15,0.3,0.7
慢启动概率 P_{slow}	0.5	0.7
反应时间 τ/s	0.5	0.5

在上表中,设置随机慢化概率在自由流状态(一般小于 25 veh/km)时为 0.15,随后进入拥堵过渡状态为 0.3,之后密度继续增大直至堵塞密度,随机慢化概率设置为 0.7。模拟时每次仿真时长为 3 600 s,仿真时间间隔 1 s,记录后 2 000 s 仿真数据并进行分析;每次仿真模拟过程采用周期边界条件。

另外,需要补充的是:这里进行模型验证时,暂时不考虑公交专用道这一影响因素,在相应的应用仿真场景中具体设置再行分析。

参数标定后,即可构建仿真界面。因前文混行车辆换道模型是基于元胞自动机模型建立的,故这里以矩阵数组来表示停靠站范围的道路环境。不同于第 3 章的双车道模型,这里构建三车道停靠站范围路段仿真模型。其中,每一个数组元素表示为一个元胞,以元胞为单位,能够表示出车辆类型、速度以及车辆位置更新等信息,即仿真中的此类参数均以每一时刻元胞数量的变化来表示,故所涉及公式不考虑量纲。通过建立两种类型车辆的跟驰规则和换道规则,然后设定周期循环结构,在一定仿真时长内实现混行车辆的有效运行。这里用一个元胞表示社会车辆,两个元胞表示公交车辆,以三车道路段为例,通过 MATLAB 中 GUI 函数构建出直线式停靠站和港湾式停靠站的模拟界面,如图 4-11 和图 4-12 所示。

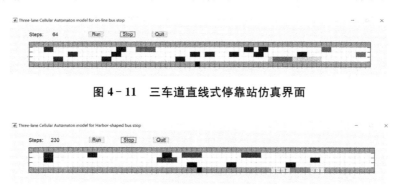

图 4-11　三车道直线式停靠站仿真界面

图 4-12　三车道港湾式停靠站仿真界面

如上图所示,将三车道停靠站范围路段划分为大小相等的方格,每个方格表示一个元胞。中间白色元胞即为三条车道,周围灰色元胞作为道路的边界;浅灰色元胞表示公交停靠站,具体泊位数以一定的元胞数量决定;黑色元胞表示行驶的社会车辆,深灰色元胞表示公交车辆,车辆速度则以单位时间内元胞数量变化表示。

其中,界面中 Run、Stop、Quit 三个按钮分别控制仿真的运行、暂停和退出,Steps 后的数字则表示仿真时间步长的变化,可以通过编写 Pause 语句来提升或降低程序的运行速度。

4.3.3　模型有效性和准确性验证

1) 分析指标选定

为了所建立的模型能够模拟公交停靠站范围交通流的稳定性和通行效率,需要选定合适的评价参数,要求这些参数不仅可以在实际道路交通中调查得出,也可以方便地在模型仿真过程中检测得到,便于将模型仿真数据与实际道路交通数据进行相互验证。根据仿真实验模拟的结果,从定性分析和定量分析的角度,选取交通流分析指标。这里选取的基本参数包括交通流量、空间平均车速、空间速度方差和换道率,通过对这些指标的定量分析,可以得到混行车辆换道行为对交通流的影响程度。在此基础上,确定交通流分析指标包括车辆时空轨迹图、密度-换道率变化图、流量-密度变化图和速度-密度变化图。其中,车辆时空轨迹图可以直观地看出交通流运行状态,分析车辆换道行为对交通流影响的性质特点和规律;结合密度-换道率变化图、流量-密度变化图和速度-密度变化图,可以更清晰地分析不同密度下换道率与车流运行状态的相互关系。

(1) 基本参数

① 交通流量

交通流量指的是单位时间内通过某一路段横截面的车辆数,也可用于反映道路的实际通行能力。根据交通流理论,交通流量与车流密度和空间平均速度相关关系如式(4-31)所示:

$$q = \rho \cdot \bar{v}_i(t) \tag{4-31}$$

式中:ρ——车流密度;

$\bar{v}_i(t)$——车辆空间平均速度。

② 交通密度

交通密度指的是某瞬时时刻单位长度的路段内存在的车辆数,可反映道路的拥挤情况。这里基于摄影观测法,在视频数据的每一时刻 Δt 界面上,记录研究路段长度 m 内存在的车辆数 $N(t)$;然后,将观测时间 T 内的 $N(t)$ 求算术平均,再除以路段长度,即可得到该时刻的交通密度,公式如式(4-32)所示:

$$\rho(t) = \frac{\sum_{i=1}^{n} N(t)}{n \cdot m} \tag{4-32}$$

式中:m——道路长度;

$N(t)$——第 t 时刻该路段该车道上存在的车辆数;

n——观测时间 T 内,在视频中记录存在车辆数时的界面数量,即 $n = T/\Delta t$。

③ 车辆换道率

这里的车辆换道率是指在一定范围的路段上,一段时间内发生的车辆换道次数与当下车辆数的比值。其计算公式如式(4-33)所示:

$$R_c = \frac{N_c(T)}{q(T)} \tag{4-33}$$

式中:$N_c(T)$——观测时间 T 内该范围路段内车辆换道总次数;

$q(T)$——观测时间 T 内该范围路段内通过的车辆总数。

④ 空间平均车速

这里为了动态关注每条车道的车流运行状态,用空间平均车速来描述车速变化。空间平均车速即为每一时刻该段道路上所有车辆瞬时速度的平均值,具体公式如式(4-34)所示：

$$\bar{v}_i(t) = \frac{1}{N_i(t)} \cdot \sum_{k=1}^{N_i(t)} v_k(t) \quad (4-34)$$

式中：$\bar{v}_i(t)$——第 i 车道上的所有车辆瞬时平均速度；

$N_i(t)$——第 t 时刻 i 车道存在的车辆数；

$v_k(t)$——在 t 时刻第 k 辆车的瞬时速度。

⑤ 空间速度方差

空间速度方差可反映车速变化的离散程度，据此可分析车速变化的波动性，探究车流运行的稳定性，计算公式如式(4-35)所示：

$$\sigma_s^2 = \frac{1}{T} \sum_{t=1}^{T} \sum_{k=1}^{N(t)} [v_k(t) - \bar{v}_i(t)]^2 \quad (4-35)$$

式中参数含义同上，空间速度方差越小，说明该路段上交通流越稳定。

(2) 分析指标

在选定交通流基本参数后，需要进一步确定具体的交通流分析指标。以下分别为本文确定的交通流分析指标，用以更加直观清晰地整合交通流仿真数据并做具体分析。

① 车辆时空轨迹图

时空轨迹图可以反映每一辆车在每一时刻所处的位置，同时也可以直观地从图中看出车流运行状态的变化情况。通过对不同仿真条件下模型生成的车辆时空轨迹图进行对比分析，可以清晰明了地得出车辆换道行为对交通流造成的影响过程。

② 换道率-密度变化图

一般来说，车辆换道率取决于车头时距的大小，而车头时距又与车辆密度密切相关。通过整理不同密度下的车辆换道率变化图，可以分析出不同道路条件下车辆换道率随密度的变化关系，再结合车流的流量-密度变化图，可进一步推测出换道率与交通流状态的联系。

③ 流量-密度变化图

流量-密度变化图体现了路段流量和密度之间的变化关系。一般来说，在自由流情况下，车辆密度越大，流量越大，但当密度超过一定临界值，车流开始进入拥堵状态，此时流量随之下降。因此，不同车辆密度下的路段流量变换情况，可直观地反映该路段交通流的拥堵情况和相应的道路通行能力。

④ 速度-密度变化图

同样的,速度-密度变化图以平均速度为指标,体现不同密度条件下的车流运行和道路拥堵的变化情况,常与流量-密度变化图搭配分析。

2) 验证思路和方法

对模型进行有效性和准确性验证,不仅是为了使模型有效地复现实际交通流状况,更是为了在不断进行参数校核的过程中,提升模型的精度,使其相较于其他模型能更好地应用于交通流分析预测。所以,这里的模型验证本质上是一个模型对比和参数取值优化的过程,将所建立的模型与经典交通流模型作对比,并不断对参数进行校核,缩小仿真结果与实际调查数据的差距,以使模型获得理想的仿真效果。

模型验证过程中,首先选定在实际调查和仿真模拟中都比较容易获得的参数,作为模型的验证变量,这里选取的验证变量为:车辆换道率、交通密度和交通流量。首先,在验证模型有效性方面,结合实际调查对象构建仿真场景,分别应用所提出的换道模型和经典 STCA 模型进行模拟仿真,此时车道数应该与 STCA 模型的适用车道数相同,即都为双车道,通过仿真得出数据并处理成相应交通流基本图;然后,对比路段范围内两种模型得到的车辆换道率和交通密度,再与实际调查数据作对比,验证模型的有效性;最后,在模型的准确性验证方面,不断调整一些无法从实际调查中确切得出的参数,提升仿真数据与调查数据的契合度,提升模型准确性。

参照 3.3.2 节的模型有效性检验,一般认为误差小于 15% 即认为模型拟合效果较好。

3) 验证结果分析

以实例调查的双车道路段作为验证对象,剔除公交车辆及停靠站影响因素,并根据 4.3.2 节的对模型参数标定的结果,分别应用改进模型与经典 STCA 模型进行仿真模拟。在此过程中,设置进入停靠站路段的流量依次递增循环运行,同一流量值下仿真 5 次并记录平均换道率和平均速度,分别绘制密度-流量基本图、密度-速度变化图和密度-换道率变化图并进行对比分析,验证模型的有效性和准确性。

图 4-13 为本文改进模型和 STCA 模型的密度-流量基本图,两种模型的初始参数均一致,但在密度-流量分布情况上有些差别。整体上来说,随着车辆密度的增加,交通流量呈现先增加后降低的趋势。在密度范围为 0~25 veh/km 时,两种模型的流量增量基本相同,这是因为在该密度范围内,大多数车辆前方有足够的车

头间距可以维持原有速度行驶,车辆没有受到阻碍,因此换道需求较低,流量增长稳定;当密度大于 25 veh/km 时,改进模型和 STCA 模型的流量增量开始出现差别,并在 35 veh/km 左右拉开差距,且改进模型能达到更高的流量上限,这是因为在 STCA 模型中,车辆之间的安全距离是以一个固定值来计量的,且视前方车辆为静止,换道条件较为严苛,故车辆受到阻碍大多只能保持跟驰状态而达不到换道条件,换道率较低,故在相同密度下道路所能通过的交通流量自然较低,而改进模型的换道条件相对于 STCA 模型更加宽松,成功换道的车辆更多,使该段道路能通过更多车辆。同样的,从图 4-14 中关于两种模型的密度-速度变化对比图来看,在 0~25 veh/km 密度范围内,车流平均速度差别不大,在 25 veh/km 之后,改进模型中得出的车流平均速度大于 STCA 模型,由此可见,应用改进模型能在一定程度上提升通行效率。

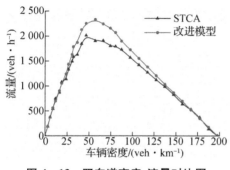

图 4-13 双车道密度-流量对比图

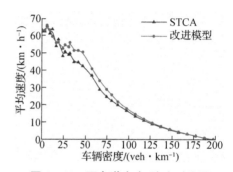

图 4-14 双车道密度-速度对比图

接着,通过仿真得出两种模型下的车辆换道率,并与实际调查数据中统计得出的换道率作对比,验证模型的有效性,如图 4-15 所示。从图中可以看出,改进模型的换道率在密度大于 25 veh/km 时远远大于 STCA 模型,并在密度 75 veh/km 左右达到峰值。此时同样可以得出改进后的模型确实比 STCA 模型有更灵活的换道条件。最后,再看实测数据中统计得出的车辆换道率与两种模型所得结果的对比情况,可以看出在 0~25 veh/km 密度范围内,两种模型的拟合结果都比较好,但在密度大于 25 veh/km 后,实测结果更接近改进模型的结果。其中,在密度 25~55 veh/km 范围内,实测结果与改进模型仿真结果的误差率小于 15%,因此可以认为拟合效果不错,但在密度 55 veh/km 后,实测换道率小于改进模型得出的换道率,这是因为计算机仿真模拟过程相较于实际交通流更加理想,仿真中换道过程为瞬时的,且一旦执行换道即成功,而实际情况中还存在少部分车辆换道失败的情况。故此,为了进一步增加模型准确性,可在该密度范围内稍微调整随机慢化概率,降低改进模型与实测数据的误差。

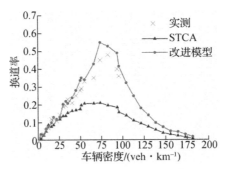

图 4-15 模型与实测换道率对比图

4.4 公交停靠站范围内混行车辆换道影响分析

在现实交通流运行过程中,车道数、停靠站形式、道路流量、公交占比和公交专用道设置策略等都对车辆换道和交通流运行状态有不同程度的影响,但由于实际环境条件的限制,在现实城市道路中试验难度较大,无法量化这些影响因素对交通流的影响。故此,本章内容将在改进模型的基础上,通过改变不同影响因素,构建相应的仿真场景,分析不同道路几何特征、交通流状态和公交专用道设置策略下公交车辆与换道率的关系,进一步量化影响因素对停靠站范围路段交通流的影响程度,为相关部门制定管制措施或设计规划提供参考依据。

4.4.1 道路几何特征作用下混行车辆换道影响分析

1) 车道数量对混行车辆换道影响分析

目前来看,城市道路中双车道和三车道路段交通拥堵问题较为突出,尤其是在公交停靠站附近,常出现因公交车辆的换道和停靠形成的交通瓶颈问题。因此,这里以拥堵情况更为严重的直线式停靠站路段为研究场景,对比分析双车道和三车道路段上公交车辆换道行为对社会车辆换道行为及交通流的影响程度。

这里固定公交占比为 0.2,设置路段输入流量递增进行循环仿真,每一流量值仿真 5 次,取仿真结果中公交车辆换道次数和社会车辆换道率的平均值,得到不同

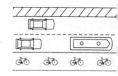

第4章 公交车辆换道进出停靠站影响分析

车道数停靠站路段车辆换道随密度的变化情况,如图 4-16 所示。图中,公交车辆的换道行为以换道次数表示,社会车辆的换道行为以换道率表示,这是因为公交车辆占比较少,以换道次数计算可对当时公交车流量有清楚的了解。图 4-16(a)为双车道直线式停靠站路段,由图中可以明显看出随着车辆密度的增加,公交车辆换道次数先增加后减少,直至密度超过 30 veh/km 后,换道次数急剧下降;社会车辆换道率随密度提升同样呈现先增加后减小的趋势,但密度达到 40 veh/km 时,换道率才开始逐渐减缓。结合第 2 章中关于公交车辆和社会车辆的换道特征分析可得,在双车道直线式停靠站路段中,公交停靠站阻碍了外侧车道交通流的正常运行,当流量增加时,公交占比不变,此时公交车数量也会随之增加,公交换道次数必然增加,进而阻碍了路段上其他车辆的正常运行,社会车辆的换道率也随之增加;直至车辆密度达到一定的值后,公交车辆的增多致使道路形成交通堵塞点,此时公交车辆减少,一部分社会车辆还能继续运行,但在拥堵状态下换道率也随之减少。

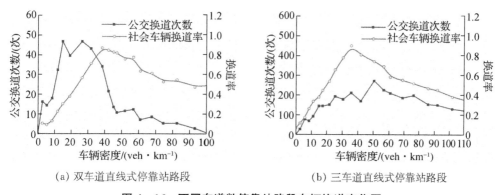

图 4-16 不同车道数停靠站路段车辆换道变化图

在上述基础上,再对比分析图 4-16(a)和图 4-16(b)中的公交车辆换道次数和社会车辆换道率变化差异。对比两图可得,三车道路段中公交车辆换道次数总体多于双车道路段,但其随密度的变化趋势更为平缓。这是因为车道数量从两车道增加为三车道,此时内侧车道的公交车需要换道一次进入中间车道,和原有中间车道上的公交车辆一起再换道至外侧车道,故相对于两车道来说,公交车辆换道次数增多;而增加的车道数给车辆提供了更大的行驶空间,公交车辆停靠对交通流的负面影响减小,所以公交换道次数增长较为平缓。同时,车道数的增加也为社会车辆换道提供了更多的换道机会,故在阻塞密度(亦称堵塞密度)前,相同密度下三车道路段社会车辆的换道率更高。

通过以上分析得出了不同车道数下公交车辆和社会车辆换道行为的变化规

律,这些车辆换道行为又会进一步对交通流产生影响。以同样的仿真流程,对这两种场景进行仿真分析,得出不同车道数下路段的密度-流量变化图和密度-速度变化图,分析车辆换道对交通流的影响,具体如图4-17所示。

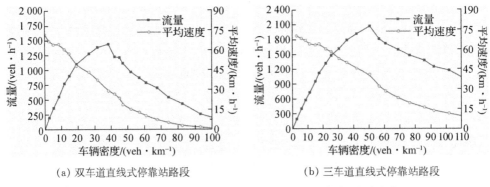

(a) 双车道直线式停靠站路段   (b) 三车道直线式停靠站路段

图4-17 不同车道数停靠站路段密度-流量和密度-速度变化图

对比图4-17(a)和图4-17(b)可以看出,三车道路段相比于双车道路段来说,不同密度下单条车道通过的流量和速度都有不同程度的提升。其中,双车道直线式停靠站路段增加一条车道后流量峰值提升40%以上,此时流量峰值所对应的阻塞密度增大25%。这表明车道增多,每条车道的利用率得到提升,通过流量随之增加。再结合图4-16中车辆换道率的变化可知,此时车道换道行为也有所提升,但并未降低该路段道路通行能力,说明换道率增加对道路通行能力的折减效果远低于车道数量提升带来的增加效果。换句话说,车道数量的增加一定程度上缓解了公交车辆换道及停靠行为对交通流的影响,车道的实际道路通行能力得到提升。

2) 停靠站形式对混行车辆换道影响分析

道路几何特征中除应考虑车道数量外,还需考虑不同站台形式对公交车辆和社会车辆换道行为的影响。本节内容遵循上节的分析流程,以三车道停靠站路段为研究场景,通过仿真模拟分析港湾式和直线式两种站台形式下的车辆换道影响规律。

同样的,其他参数保持不变,更改停靠站形式,通过在仿真环境中递增输入流量进行多次仿真模拟,并取平均值得出不同站台形式停靠站路段车辆换道变化随密度变化情况,如图4-18所示。将图4-18(a)和图4-18(b)对比来看,发现三车道港湾式停靠站范围路段中的公交车辆换道次数远远多于直线式停靠站路段,且

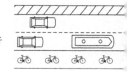

社会车辆换道率达到峰值时的密度为 55 veh/km 左右,相较直线式停靠站路段提高37.5%。这是因为对于港湾式停靠站来说,公交车辆进出站都需要换道两次,而进出直线式停靠站无需换道,故同样的公交流量下换道次数必然更多。并且,当公交车辆停靠于港湾式停靠站时,并未占用外侧车道的道路资源,所以公交车辆停靠对交通流的影响较小,此时公交车辆的换道行为成为影响社会车辆换道率和道路通行效率的主要因素,而非停靠行为。

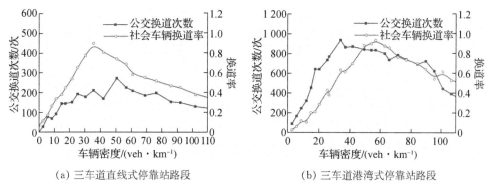

(a) 三车道直线式停靠站路段　　　　(b) 三车道港湾式停靠站路段

图 4-18　不同站台形式停靠站路段车辆换道变化图

同理,通过上述仿真结果绘制两种站台形式停靠站路段的密度-流量变化图和密度-速度变化图,具体如图 4-19 所示。由图中可以得出,在车辆密度小于 25 veh/km 时,两种场景下流量随密度增幅差别不大,但在此之后,相同车辆密度下,港湾式停靠站路段通过的车流量更多,并且流量到达峰值时的阻塞密度为 65 veh/km,相比直线式停靠站路段中的阻塞密度提升 30%。这说明在相同道路条件和车流组成下,港湾式停靠站路段通行能力要大于直线式停靠站路段。同时,再对比两种场景阻塞密度后的流量变化图和速度变化图,明显港湾式停靠站路段的流量和速度减幅较小,在中高密度时仍然有大部分车流通过,这说明港湾式停靠站路段在应对公交车辆换道及停靠行为这一影响因素时,相比直线式停靠站路段有更强的抗干扰能力。

综上,通过对两种场景下公交车辆对社会车辆换道率和交通流的影响分析,可以得出在三车道停靠站路段中,当车流密度大于 25 veh/km 时,港湾式停靠站路段的道路通行能力比直线式停靠站路段提升 30%。并且,在车流密度小于阻塞密度时,三车道港湾式停靠站范围路段存在更多的换道行为,但这些换道行为并未降低其道路通行能力,只有密度大于阻塞密度值时,换道率提升对交通流运行效率造成的负面影响才凸显出来。

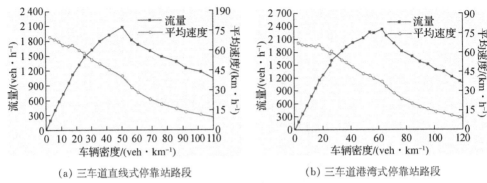

(a) 三车道直线式停靠站路段   (b) 三车道港湾式停靠站路段

图 4-19 不同站台形式停靠站路段密度-流量和密度-速度变化图

4.4.2 交通流特征作用下混行车辆换道影响分析

同样的,不同交通流特征作用下车辆换道行为及其对交通流的影响有所差异。本节内容主要考虑道路流量和公交占比两个因素,研究交通流特征作用下公交停靠站范围内的车辆换道影响。

1) 道路流量对混行车辆换道影响分析

这里以三车道港湾式公交停靠站路段为研究场景,固定公交占比为 0.2,其他模型参数保持不变,分别选定代表性的道路流量范围 2 000~5 500 veh/h 内,以 500 veh/h 的增量递增,每一流量值场景进行 5 次仿真并取分析指标的平均值,得出不同流量下车辆换道率及平均速度变化图,如图 4-20 所示。

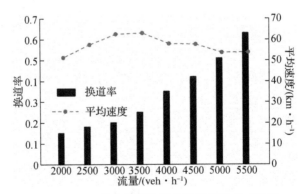

图 4-20 不同流量下换道率及平均速度对比图

由图 4-20 可以看出,随着道路流量的不断增加,车辆换道率也随之增加,尤其在流量超过 3 500 veh/h 后,换道率的增速加快。从平均速度来看,随着道路流量的增加,平均速度呈现先增后减的趋势,这是因为在道路流量较低时,车辆之间的相互干扰较少,而当流量增加到一定程度,车辆换道次数增加,道路进入拥堵状态,其平均速度必然有所下降。

从图 4-20 可以粗略得出流量对车辆换道率和平均速度的大致影响效果,但考虑到流量-密度图的曲线变化关系,同一流量值可能对应着两个密度大小,而密度大小体现着道路拥挤程度,所以只考虑道路流量并不能判定此时路段处于非拥挤状态还是拥挤状态。故此,接下来将以车辆密度为指标,增加道路流量的取值范围进一步进行仿真模拟,得出密度-换道率变化图和密度-流量变化图,如图 4-21 和图 4-22 所示。

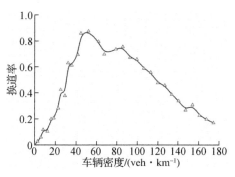 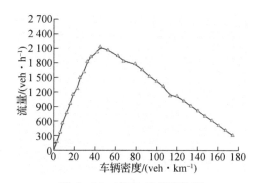

图 4-21　密度-换道率变化图　　　　图 4-22　密度-流量变化图

由图 4-21 可以看出,随着车辆密度的提升,换道率呈现先增加后降低的变化趋势,且在密度达到 54 veh/km 时达到峰值。同样的,图 4-22 中流量随密度的增加呈现先增后降的变化关系,且在密度为 50 veh/km 时达到最大值,此后路段开始进入拥堵状态,流量降低。对比两图可得,当交通流为非拥挤状态时,随着道路流量的增加,车辆换道率随之提升;当交通流进入拥堵状态后,车辆换道率的提升反而降低了道路流量,并随着道路流量的降低进一步下降,此时车辆换道行为对交通运行效率造成负面影响。进一步可以得出,"阻塞密度"不仅可以作为非拥挤状态和拥堵状态的临界点,也可看作车辆换道率对交通运行效率负面效果的临界点。

2) 公交占比对混行车辆换道影响分析

上一节内容中固定公交比例分析了道路流量对车辆换道的影响,接下来在上述分析的基础上,通过改变公交占比这一变量,进一步分析三车道港湾式停靠站范围路段场景下公交占比对社会车辆换道率和交通流的影响。

这里的公交占比为公交车辆流量占总流量的比例,选定的比例为 0~0.5,即假定公交车流量不会超过其他社会车辆流量总和,其他参数保持不变,通过改变车流的输入,得到不同公交占比下的社会车辆的换道率变化图和密度-流量变化图,分别如图 4-23 和图 4-24 所示。

如图 4-23 所示,0~0.5 分别表示公交车辆占总流量的比例,由图中可以看出,在堵塞密度前相同密度下,公交比例越大,社会车辆的换道率越高,并且更早地达到换道率峰值;随着密度的持续增大,车流进入拥堵状态后,社会车辆换道率逐渐减少。此时,对照图 4-24 关于不同公交比例下密度-流量变化图,在车辆密度 25 veh/km 以下,不同公交比例下的总流量变化趋势基本吻合,但随着密度持续增大,公交占比越大,道路能通过的流量上限越低,且更快地到达流量峰值,即更早地进入拥堵状态。这是因为在低密度时,虽然公交比例的增加会使社会车辆换道率增加,但由于此时车辆数量整体较少,车头间距较大,故不会对流量造成负面影响;但是,当密度达到中高密度时,公交车辆对社会车辆换道率的影响逐渐干扰到交通流的正常运行,此时产生的影响为负面影响,并且这种影响随着公交占比的增加持续放大,造成该路段整体通过流量降低。

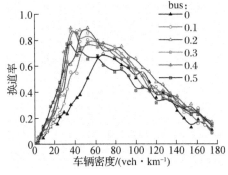
图 4-23 不同公交比例车辆换道率变化

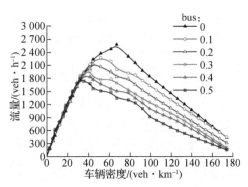
图 4-24 不同公交比例密度-流量变化

综上分析可以得出,在密度低于 25 veh/km 时,随着公交占比的提升,社会车辆的换道率增加,但此时提升的车辆换道率不会降低路段通过的交通流量;当密度大于 34 veh/km 时,公交占比对社会车辆换道率及交通流量的影响差异才显现出来。

4.4.3 不同公交专用道设置策略下混行车辆换道影响分析

众所周知,公交专用道是应用范围最广的公交优先策略之一,不仅为公交车辆优先行驶提供了一条畅通和快捷的绿色通道,更是保障城市公共交通平稳运行的重要举措之一。然而,实际情况中,公交专用道多为完全式公交专用道(Dedicated Bus Lane,DBL),即在使用时完全禁止非公交车辆行驶,以保证公交车辆优先畅通通行。所以,城市路段中难免出现一些新的情况:在应用策略 DBL 时,若公交车流量达不到饱和,公交专用道的利用率下降,此时相邻车道即使达到拥堵状态仍然不允许驶入,造成公交专用道道路资源的浪费。近几年来,间歇式公交专用道(Intermittent Bus Lane,IBL)应用越来越广。一些学者认为,IBL 是一种应用可变信息标志(VMS)、路侧嵌入感应装置和无线通信技术,通过动态控制部分社会车辆进出公交专用道的公交专用道设置策略,或许可以解决目前公交专用道利用率低的问题[170]。本节内容以三车道港湾式停靠站路段为研究对象,应用提出的混行车辆换道模型进行模拟仿真,分析不同公交专用道应用策略下车辆换道及交通流的运行情况,对比上述策略的应用效果。

1) 无公交专用道策略下混行车辆换道影响分析

由前文车辆运行特征影响因素和有关公交车辆换道规则的分析可以初步得出,当未设置公交专用道时,公交分布情况会对车辆换道和交通流产生不同程度的影响。所以,这里应用改进模型对此现象进行仿真,量化无公交专用道策略下因公交分布产生的公交换道行为对交通流的影响。

这里以三车道直线式停靠站范围路段为例,取道路总流量为 4 000 veh/h,公交车到达频率为 300 veh/h,各车道上的公交优先换道区长度为 30 m,且不同车道换道临界点相距 30 m,其他参数保持不变,调整公交车辆的分布情况,通过仿真分别得到不同车道的车辆时空分布图,如图 4-25 和图 4-26 所示。

图 4-25 中,公交车辆只能行驶于外侧车道,故非外侧车道中不存在公交换道行为;又因为此时停靠站形式为直线式停靠站,公交车辆进出站无需进行换道,此时所有车道上社会车辆的换道率为 0.369。从时空轨迹图中可以看出,内侧车道和中间车道时空分布图稳定,没有明显的"阻塞点",但外侧车道在路段后半段出现较为拥挤的"堵塞点",这是因为此时公交车辆进站停靠,速度降低,同时阻碍了该

车道上后续社会车辆的行驶,造成车辆减速换道,从而发生拥堵。

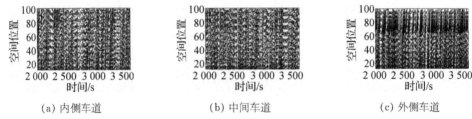

图 4-25　非外侧车道无公交车辆时三条车道时空轨迹分布图

图 4-26 为将 300 veh/h 的公交流量平均分配到三条车道上而生成的时空轨迹分布图。此时,公交车辆没有固定的行驶车道,故非外侧车道的公交车辆都需要向右换道,其中内侧车道中公交车辆换道 116 次,中间车道公交车辆换道 232 次,路段上所有车道社会车辆换道率为 0.644,相较于上一场景 0.369 的换道率提升 74.5%。由图中可以明显看出,内侧车道和中间车道出现了明显的"阻塞点",其位置基本集中于该车道上的公交换道临界点。这是因为公交车辆在公交临界点处,因暂时达不到换道条件而等待换道时,对后续社会车辆造成阻碍。并且,对比内侧车道和中间车道的时空图,发现内侧车道的"阻塞点"更加明显,这是因为内侧车道上一旦存在等待换道的公交车辆,后续车辆要么跟停,要么向右换道;而中间车道的车辆若被公交车阻挡,可以找机会向左和向右换道,相对来说对交通流影响较小。对比图 4-26 来看,外侧车道中停靠站服务的公交车流量是不变的,该车道前半段车辆时空图变化不大,但停靠站附近的拥堵范围更大了些,这是因为公交车辆从中间车道换道驶入外侧车道时,同样会对外侧车道上的社会车辆造成一定程度的影响,从而增加了拥堵范围。

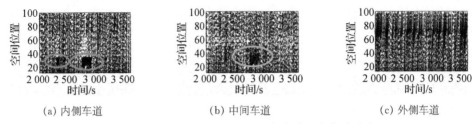

图 4-26　公交车辆平均分布时三条车道时空轨迹分布图

为了进一步量化公交车辆换道行为对交通流的影响,继续通过多次仿真并得出上述两种场景下的瞬时平均速度对比图,如图 4-27 所示。首先,从图中可以直观地看出,当非外侧车道上无公交车辆行驶时,其内侧车道和外侧车道瞬时平均速度波动较小;当非外侧车道上有公交车辆行驶时,车道上车辆的瞬时平均速度波动变大。

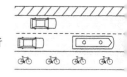

第4章 公交车辆换道进出停靠站影响分析

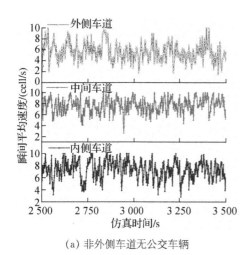

(a) 非外侧车道无公交车辆

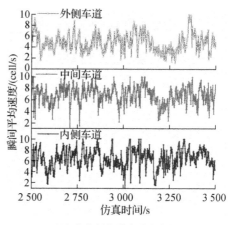

(b) 非外侧车道有公交车辆

图4-27 非外侧车道有无公交车辆时速度对比图

接着,通过直接的数据计算,以空间平均速度和空间平均速度方差两个指标,具体得出不同公交分布情况下车辆空间平均速度及空间平均速度方差大小,如表4-2所示。根据表中数值变化,当非外侧有公交车行驶后,由内到外三条车道的平均空间速度分别下降12.4%、11.2%、13.4%,速度波动性增长39%、45%、70%。所以,由上述分析可以得出,当未设置公交专用道时,公交车辆行驶于非外侧车道,此时因进站需要产生公交换道行为,会对道路所有车道上的交通流运行速度造成负面影响,尤其对于内侧车道和中间车道来说,车辆速度波动性显著增加。

表4-2 不同公交分布情况下车辆空间平均速度及空间平均速度方差对比

公交分布情况	车道	空间平均速度/(cell·s^{-1})	空间平均速度方差/(cell·s^{-2})
非外侧车道无公交车辆	内侧车道	7.31	2.07
	中间车道	7.69	1.55
	外侧车道	5.61	1.55
非外侧车道有公交车辆	内侧车道	6.40	2.88
	中间车道	6.83	2.24
	外侧车道	4.86	2.64

综合以上分析可以得出,在无公交专用道策略下,公交车辆可行驶于非外侧车道时,此时因进站需求产生公交车辆换道行为,并进一步降低车道上车辆平均速度,并造成明显的速度波动,造成交通拥堵。因此,可以通过设置公交专用道规范公交车辆的运行,以减少进站前公交换道行为对交通流的影响。

2) IBL 策略和 DBL 策略下混行车辆换道影响对比分析

(1) IBL 和 DBL 策略下车辆换道率及流量对比分析

结合上述分析中公交车辆对交通流的影响,以三车道港湾式路段为例,取公交车辆的到达频率为 120 veh/km,分别对不同专用道设置策略下的交通流进行仿真。其中,无公交专用道条件下混行车辆可以自由行驶,非外侧车道存在少量比例的公交车辆;IBL 策略下允许符合换道条件的社会车辆以 0.6 的概率进入公交车专用道;DBL 策略则只允许公交车辆行驶,禁止其他车辆进入。最后得到相应的换道率变化图和密度-流量图,分别如图 4-28 和图 4-29 所示。

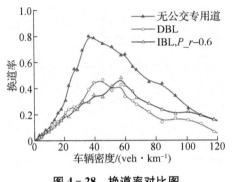
图 4-28 换道率对比图

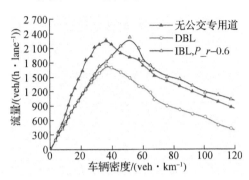
图 4-29 密度-流量变化图

由图 4-28 中可以看出,随着车辆密度的增加,三种场景下车辆换道率呈先增加后下降的趋势。其中,无公交专用道场景的车辆换道率增速更快,其值远大于两种公交专用道策略,并且在密度 40 veh/km 左右时达到峰值。这是因为在没有设置公交专用道的情况下,车道上混行车辆可以自由行驶,尤其当公交车辆行驶于内侧车道和中间车道时,其换道行为使社会车辆的换道率大大提升。而对于设置公交专用道的两种策略来说,公交专用道为公交车辆提供了专用车道,使其只能行驶于外侧车道,所以两种策略下车辆换道率都会减少。然后,继续对比 DBL 和 IBL 策略下的车辆换道率的变化,可以发现在密度低于 30 veh/km 时,换道率变化趋势相差不大;在密度 30~50 veh/km 之间,DBL 策略下的车辆换道率比 IBL 策略高一些;在密度 50 veh/km 以后,IBL 策略下的车辆换道率反超 DBL 策略。这是因为在低密度时,对于非外侧车道社会车辆来说,车头间距足够保持车辆自由行驶,换道需求低;在密度 30~50 veh/km 的中密度范围内,由于 DBL 策略禁止社会车辆进入公交专用道,内侧车道和中间车道的实际密度要远大于此时三条车道的平均密度,因此此时非外侧车道上的车辆更快到达拥堵状态,换道率必然提升得更

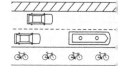

第 4 章 公交车辆换道进出停靠站影响分析

快;由于 IBL 策略下允许一部分社会车辆进入公交专用道,所以在密度小于 60 veh/km 之前,非外侧车道车流还未进入拥堵状态,故换道率一直在增加,并且在此之后,换道率一直大于 DBL 策略。

此外,从图 4-29 中进一步分析三种场景下车辆换道率的差异对交通流的影响。由图中可明显地看出,在密度小于 40 veh/km 时,不设置公交专用道时路段上的流量增速高于设置公交专用道的场景。这是因为不设置公交专用道时,外侧车道与其他车道的车流量接近,在设置专用道后,相当于少了一条车道供社会车辆行驶,车道平均流量必然骤减。对于设置公交专用道的两种策略来说,在密度大于 40 veh/km 之后,IBL 策略下的车道平均流量增速开始大于 DBL 策略,并且这种增长趋势一直持续到 50 veh/km 左右,然后到达流量峰值,其密度大于 DBL 策略的流量峰值时的密度,并且此时 IBL 策略下的流量相较于 DBL 策略下流量增长 50%。造成此现象的原因同样是 DBL 策略下非外侧车道的实际密度更大,这两条车道更快地到达拥堵状态。并且从图中看出,在密度约 45 veh/km 之后,IBL 策略下的车道平均流量是大于 DBL 策略和不设置公交专用道场景的。因此,据此可以一定程度上得出,当车道平均密度大于 45 veh/km 时,IBL 策略下该路段能通过更多的车流量。再对比图 4-23 和图 4-24 中相同密度范围下的换道率与流量变化趋势,可以得出相同场景下,换道率达到峰值时的密度都稍大于流量到达峰值时的密度(即堵塞密度),说明当密度小于堵塞密度时,换道率的提升对流量提升有一定的正面影响,当密度大于堵塞密度后,车辆换道率的提升对交通流的影响就是负面的,此后车流密度继续增加,换道率也随车头间距的减少而降低。

通过上述对无公交专用道和不同公交专用道设置策略下车辆换道率和密度-流量图的对比,可以得出一些结论:设置公交专用道后,路段的车辆换道率会明显降低,但同时通过车流量也随之下降;在车辆密度小于 45 veh/km 时,公交专用道的应用效果不突出,且致使路段通过流量大幅降低;在密度大于 45 veh/km 时,从对路段通过流量的层面上看,IBL 策略优于 DBL 策略,甚至优于无公交专用道的路段。所以,不同的公交专用道设置策略对车辆换道率和通过流量的影响不同,且换道率与通过流量之间存在一定关系,但这种关系不是简单的正面或负面的关系,需要结合密度及实际场景具体分析。

(2) IBL 和 DBL 策略下时空图及速度变化对比分析

上述内容对比分析了 IBL 策略和 DBL 策略应用下密度-换道率和密度-流量变化关系,以下将进一步从车流时空图、瞬时平均速度和平均速度方差对两种策略的车流运行状态进行量化分析。

首先,取 $P\_r=0.6$ 时的 IBL 策略与 DBL 策略作对比分析,密度取 DBL 策略和 IBL 策略流量差值最大时的密度 50 veh/km,其他参数不变,对两种场景分别进行仿真,统计数据。

如图 4-30 和图 4-31 分别为 DBL 策略和 IBL 策略下的交通流时空轨迹分布图。从图 4-30 中可以看出,相同密度下 DBL 策略的内侧车道出现更多的"阻塞点"(如下图画圈所示),表示形成更多的交通瓶颈,中间车道车流相对稳定,外侧车道即公交专用车道由于只允许公交车辆行驶,车流密度较低,存在一定道路资源的浪费。再对比图 4-31,IBL 策略下直观地看出内侧车道车流的交通瓶颈明显减少,中间车道虽然变化不大,但也更加平稳了一些。公交专用道在允许一部分社会车辆进入后,增加了该车道通过流量,并且社会车辆的进出对公交车流的正常运行并没有造成显著影响。

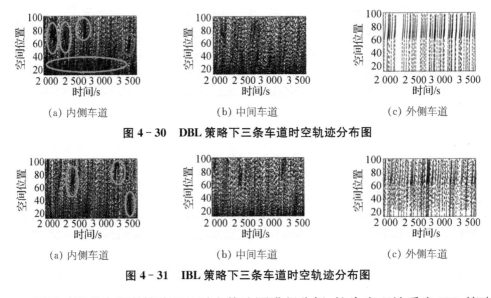

(a) 内侧车道　　　　　(b) 中间车道　　　　　(c) 外侧车道

图 4-30　DBL 策略下三条车道时空轨迹分布图

(a) 内侧车道　　　　　(b) 中间车道　　　　　(c) 外侧车道

图 4-31　IBL 策略下三条车道时空轨迹分布图

通过对两种专用道策略下的时空轨迹图进行分析,较为直观地看出 IBL 策略在允许部分车辆进入公交专用道后,能缓解非公交专用道出现的"堵塞点",并且对公交车的正常运行没有显著的负面影响。但是,单从时空图这个层面上的定性分析还不够,接下来以瞬时平均速度和平均速度方差为指标,对 IBL 策略和 DBL 策略下的车辆运行状态进行定量分析。

图 4-32(a)、图 4-32(b)分别为两种策略下不同车道车辆运行瞬时速度变化图。在图 4-32(a)中,内侧、中间和公交专用道的车辆瞬时平均速度分别为 4.56 cell/s、5.46 cell/s、4.72 cell/s,空间速度方差数值分别为 2.30、1.17、1.80,此时内侧车道

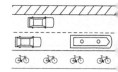

第 4 章　公交车辆换道进出停靠站影响分析

和中间车道交通流量已达到饱和,接近拥堵状态;由于中间车道车辆换道进入内侧车道概率大于内侧车道车辆换道驶出概率,所以内侧车道较中间车道更为拥堵,故平均速度低于中间车道。公交专用道内车辆瞬时速度范围在 1~6 cell/s 之间,车辆分布较为稀疏,道路资源利用率低。因为该车道只存在流量为 120 veh/h 的公交车辆,且公交车辆需要进站停靠,所以速度极差较大。

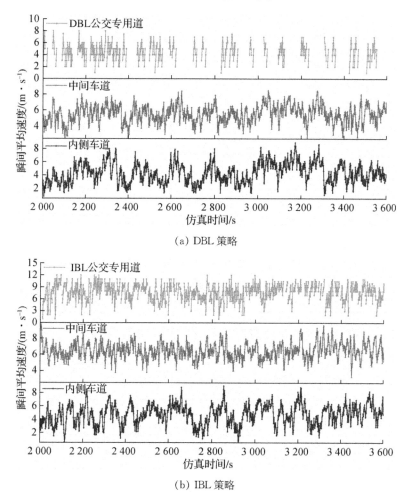

图 4-32　DBL 策略和 IBL 策略下速度分布图

在 IBL 策略下,允许中间车道符合换道条件的社会车辆以 0.6 的概率进入公交专用道,得到不同车道车辆瞬时速度分布图如图 4-32(b)所示。此时进入专用道的社会车辆的流量为 345 veh/h,内侧车道、中间车道和公交专用道车道的平均速度为 5.25 cell/s、6.49 cell/s、7.65 cell/s,相较于 DBL 策略下的车辆平均瞬时速度均有不同程度的提高,三条车道内车辆总的平均速度增幅为 31.6%。空间速度方差数值分别为 1.95、0.94、3.73,相较于 DBL 策略内侧车道和中间车道空间速度方差分别下降 15.2%和 19.7%,车道速度稳定性得到提升。这是因为此时允许部分车辆进入公交专用道,帮忙分担了内侧车道和中间车道的交通压力,降低了非公交专用道的实际密度,拥堵状态减轻,速度稳定性增强。间歇式公交专用道由于接纳了部分驶入的社会车辆,平均速度有所提升,空间速度方差增幅明显,这是因为此时专用道上公交车辆和社会车辆混行,由于两种车型速度差异和公交车辆需要停靠的特征,造成这一数值的增加。所以此时以公交车辆的运行速度为主要指标,进一步分析社会车辆对公交运行效率的干扰。在 IBL 策略下得出的公交车辆平均速度为 4.36 cell/s,相较于 DBL 策略的公交平均速度降幅不超过 10%,并且相同仿真时间内通过的公交流量并未减少,所以基本可以得出少部分社会车辆进入公交专用道对公交车辆运行影响不大,反而可以减轻非公交专用道交通压力,提升该路段车辆通行效率。

综合以上分析,在车辆密度大于 35 veh/km 时,IBL 策略允许部分社会车辆进入公交专用道,不但可以提升该路段通过流量,而且能减轻非公交专用道交通压力,提升整体交通流运行效率和稳定性。

(3) 车辆换道概率对 IBL 策略应用效果影响分析

以上内容对比分析了无公交专用道和不同专用道设置策略下的车流换道率变化和流量差异,可以得出:在中高密度时,设置间歇式公交专用道应用效果最好。但是,上述分析中允许中间车道内车辆在达到换道条件后进入专用道的概率固定为 0.6,接下来将进一步通过更改不同换道概率,分析公交专用道对部分社会车辆的开放程度对车辆换道率和通过流量的影响差异。

图 4-33 为不同向右换道概率进入公交专用道时,车流中社会车辆换道率的变化示意图。其中,$P\_r=0$ 即表示符合换道条件的车辆进入公交专用道的概率为 0,即此时为 DBL 策略。从图中可以看出,在密度低于 30 veh/km 时,换道率的变化趋势差别不大,因为此时车流密度低,换道需求也低。其后,发现一个很有意思的现象:随着密度不断增大,换道概率越低,即允许进入公交专用道的车流越少时,反而社会车辆换道率进一步提升。这是因为当内侧车道和中间车道的实际车辆密度达到换道率峰值时,会开始进入拥堵状态进而换道率降低,但此时允许中间车道少部分车辆进入公交专用道后,非公交专用道的实际密度又继续维持在车辆换道最频繁的密度范围内,故整体换道率继续增加;若此时允许进入公交专用道的概率增大,则非公交专用道上的实际密度减小到一个换道率较低的水平,所以路段

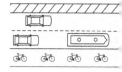

中整体换道率降低。侧面反映出允许进入公交专用道的车流量越多,非公交专用道上的车流运行更加平稳。

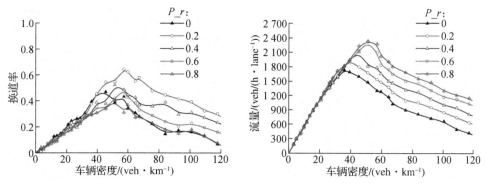

图4-33 不同向右换道概率下换道率变化   图4-34 不同向右换道概率下密度-流量变化

图4-34表示IBL策略下中间车道不同向右换道概率下的密度-流量变化图。从图中可以看出,在密度小于35 veh/km时,该路段通过的流量基本相同。在密度大于35 veh/km后,进入公交专用道的换道概率越低,车流越快达到流量峰值,且流量增长与换道概率成正比。所以,从流量的角度来看,IBL策略下通过该路段的流量高于DBL策略,且通过流量与进入公交专用道的换道概率成正相关。同样的,对比图4-33和图4-34,可以发现相同换道概率时,换道率达到峰值的车辆密度要大于达到流量峰值时的密度(堵塞密度),说明在堵塞密度前,换道率对流量的影响是正面的,在密度大于堵塞密度之后是负面的,契合前文对换道率与流量之间关系的论述。

第 5 章　停靠站影响下交叉口公交优先信号控制

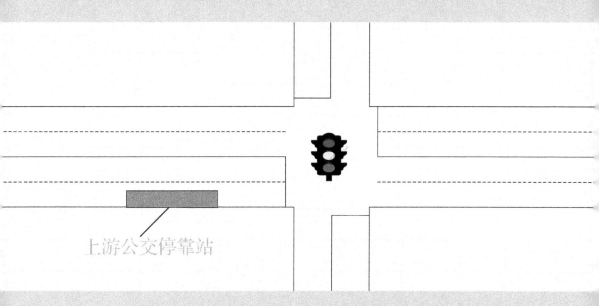

5.1 控制区域划分及影响分析

对于城市道路网,如图 5-1 所示,将其按照交叉口范围划分控制区域。若交叉口上下游都没有公交停靠站,则单独的交叉口就是一个控制区域(控制单元);若交叉口上下游有公交车停靠站,则根据停靠站的位置分别划分控制区域,分别为"交叉口+上游停靠站""交叉口+下游停靠站"。单个交叉口的控制区域目前已有较多研究成果,在此重点研究"交叉口+上游停靠站""交叉口+下游停靠站"这两种公交通行路网中的特殊控制区域。

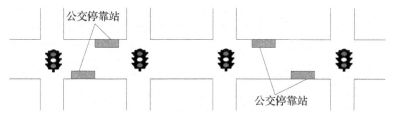

图 5-1 城市公交路网布局示意图

图 5-2 所示为交叉口与下游停靠站组合示意图,即为公交站位于交叉口出口道,该停靠站通行能力过低既会导致公交停靠站所在车道排队的机动车辆过多,降低路段的通行能力,又容易因车辆排队堵塞至交叉口,影响其他进口道车辆的通行,降低交叉口的通行能力,增加交叉口处公交车辆和社会车辆延误。

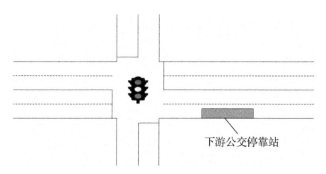

图 5-2 交叉口与下游停靠站控制区域示意图

图 5-3 所示为交叉口与上游停靠站组合示意图,即为停靠站位于交叉口上游进口道,该种控制区域内公交车辆的进出站行为会受到下游交叉口的信号控制方

式、进口道机动车排队长度以及行人过街等影响。同时,公交停靠站也会反过来影响交叉口车流的正常运行情况。

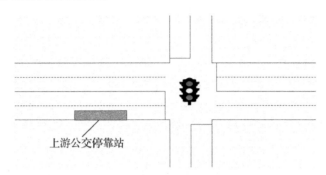

图 5-3　交叉口与上游停靠站控制区域示意图

5.1.1　交叉口与下游停靠站相互影响分析

下游停靠站对交叉口的影响主要分公交站停靠车辆有溢出和停靠车辆无溢出两种。其影响情况分别如图 5-4、图 5-5 所示。

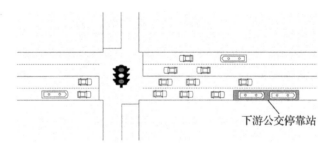

图 5-4　下游停靠站机动车辆无溢出示意图

如图 5-4 所示,当停靠站公交车辆进行乘客上下客服务时,排在公交车辆后面的社会车辆没有溢出至交叉口,不影响该车道所在相位的机动车辆通行。

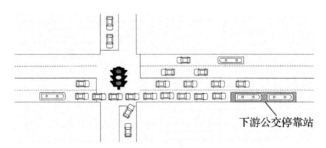

图 5-5　下游停靠站机动车辆溢出示意图

当公交车辆进行乘客上下客服务时,排在公交车辆后的社会车辆较多并且无法通过相邻车道完成超车换道行为时,将会溢出至交叉口,影响该车道所在相位的机动车辆通行;此时,交叉口各进口机动车辆将会滞留在交叉口。若改变交叉口信号配时,可大大改善社会车辆溢出至交叉口的情况并降低出现溢出现象的概率。

5.1.2 交叉口与上游停靠站相互影响分析

根据交叉口与上游停靠站的相互影响,将其分为公交停靠站处社会车辆可超车、不可超车以及交叉口处社会车辆溢出至公交停靠站三种情况来进行阐述。

如图5-6所示,在上游停靠站处,当公交车辆所在相位为绿灯时,公交车辆必须占用绿灯时间在停靠站完成乘客上下客服务,对公交车辆所在车道的通行能力有一定的折减,排在公交车辆后面的社会车辆必须借助相邻车道进行超车才能够在绿灯时间内通过交叉口,增加社会车辆的延误。

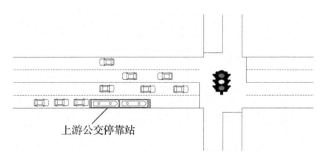

图5-6　上游停靠站排队机动车辆超车示意图

如图5-7所示,当交叉口公交车辆所在相位为红灯时,公交车辆可以利用红灯时间在公交停靠站完成乘客上下客。当完成乘客上下客服务后并且公交车辆所在相位为交叉口相位绿灯时,可以顺利通过交叉口。排在公交车辆后面的社会车辆无法借用相邻车道完成超车行为。此时,公交停靠对车道通行能力影响较小。

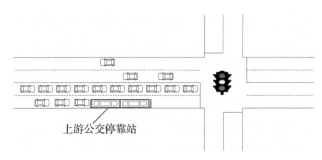

图5-7　上游停靠站排队机动车辆不可超车示意图

如图 5-8 所示,当交叉口社会车辆较多时,公交车停靠所在车道的社会车辆溢出至公交站台处,进而容易因社会车辆排队过长公交车无法进入公交停靠站完成乘客上下客服务,既导致公交停靠所在车道的通行能力降低,又增加公交停靠站处的乘客出行延误。

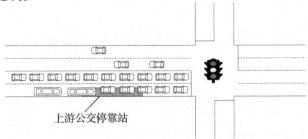

图 5-8　交叉口机动车辆溢出至上游停靠站示意图

5.2　交叉口＋下游停靠站控制单元乘客延误模型

通过分析下游停靠站与交叉口组合形式的控制区域,确定控制区域内的影响因素,并建立下游停靠站与交叉口的延误模型,为交叉口公交优先信号控制优化方法做出准备。

5.2.1　交叉口乘客延误分析

当下游停靠站的公交车辆未完成乘客上下客服务前,排在公交车辆后面的社会车辆将会溢出至交叉口,影响交叉口各进口的机动车辆通行,对交叉口造成较大的延误。

结合交叉口各进口社会车辆和公交车辆流量及载客数,计算交叉口乘客出行延误,如公式(5-1)所示:

$$d_{di} = \sum_{j=1}^{J} \overline{d}_i^j (q_t^j o_t + q_b^j o_b) \tag{5-1}$$

式中:J——交叉口信号相位总数;

$\overline{d}_i^j$——交叉口相位 j 的车均延误,s/pcu;

q_t^j——交叉口相位 j 的社会车辆流量,pcu/h;

q_b^j——交叉口相位 j 的公交车辆流量,pcu/h;

o_t——交叉口范围内社会车辆平均载客数,人/辆;

o_b——交叉口范围内公交车辆平均载客数,人/辆。

当交叉口交通流量较小时,采用 Webster 公式计算交叉口各进口道车均延误;当交叉口交通流量较大造成交叉口阻塞时,采用 HCM 计算车均延误的公式。

交叉口饱和度较低时采用 Webster 公式计算交叉口车辆延误,如式(5-2)所示:

$$\bar{d}_i^j = \frac{c(1-\lambda^j)^2}{2\left(1-\dfrac{q}{S}\right)} + \frac{(x^j)^2}{2q(1-x^j)} - 0.65\left(\frac{c}{q^2}\right)^{\frac{1}{3}}(x^j)^{2+5\lambda^j} \qquad (5-2)$$

式中:$\bar{d}_i^j$——交叉口相位 j 的车均延误,s/pcu;

c——交叉口信号周期,s;

q——交叉口小时交通量,pcu/h;

S——交叉口饱和流率,puc/h;

λ^j——交叉口相位 j 的绿信比;

x^j——交叉口相位 j 的饱和度。

当交叉口饱和度较大接近饱和状态时,采用公式(5-3)计算信号控制交叉口各相位车均延误。

$$\begin{cases} \bar{d}_i^j = d_1 + d_2 \\ d_1 = 0.5c\,\dfrac{(1-\lambda^j)^2}{1-\min[1,x^j]\lambda^j} \\ d_2 = 900T\left[(x^j-1) + \sqrt{(x^j-1)^2 + \dfrac{8ex^j}{CAP_j \cdot T}}\,\right] \end{cases} \qquad (5-3)$$

需要注意的是,当 $x^j < 1$ 时

$$d_1 = 0.5c\,\frac{(1-\lambda^j)^2}{1-x^j\lambda^j} = \frac{c(1-\lambda^j)^2}{2\left(1-\dfrac{q}{S}\right)} \qquad (5-4)$$

式中:$\bar{d}_i^j$——交叉口相位 j 的车均延误,s/pcu;

d_1——均匀延误,即车辆均匀到达交叉口所产生的延误,s/pcu;

d_2——随机附加延误,即车辆随机到达并引起超饱和周期所产生的附加延误,s/pcu;

CAP_j——交叉口各车道通行能力,pcu/h;

T——分析时段持续时长,s;

e——交叉口信号控制校正系数,定时式信号控制取 $e=0.5$。感应信号校正系数建议值如表 5-1 所示。

表 5-1 交叉口信号控制建议校正系数值

饱和度	校正系数	平均值
≤0.5	0.04~0.23	0.13
0.6	0.13~0.28	0.20
0.7	0.22~0.34	0.28
0.8	0.32~0.39	0.35
0.9	0.41~0.45	0.43
>1.0	0.5	0.5

5.2.2 停靠站乘客延误分析

研究选取乘客出行延误作为优化目标,分析乘客在交叉口和停靠站处的出行延误。在公交停靠站产生的乘客出行延误主要包括在公交停靠站候车产生的延误和公交车到站后车内乘客等待候车乘客上车过程产生的延误。

1) 停靠站乘客延误分析

公交车辆未到达公交站之前,乘客到达公交站需要等候一段时间。乘客在公交停靠站等待公交车到达过程以及公交车到站后乘客上车过程如图 5-9 所示。图中 O 点为前一辆公交车离开公交停靠站的时刻, $h(t)$ 为公交停靠站候车乘客到站时间人数分布函数,即从 O 点时刻开始,乘客陆续到达公交站候车, A 点为公交车辆到达公交停靠站的时刻, $f(t)$ 为公交车辆到站后停靠站乘客上客人数时间分布函数, t_d 为公交车辆到达停靠站后,停靠站候车乘客上车时间, B 点为公交车辆在停靠站完成乘客上下客服务离开的时刻,图中的 t_f 为同一条公交路线前后两班公交车离开公交停靠站时间间隔。

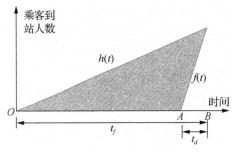

图 5-9 停靠站乘客到站候车过程示意图

图中阴影部分表示乘客在公交停靠站等待公交车辆到达停靠站的过程,候车乘客在公交停靠站产生的延误即为图 5-9 阴影部分,其计算公式如式(5-5)所示:

$$d_{ds}^{op} = \int_0^{t_f^{mn}} (t_f^{mn} - t) h^{mn}(t) \mathrm{d}t - \int_0^{t_d^{mn}} (t_d^{mn} - t) f^{mn}(t) \mathrm{d}t \quad (5-5)$$

式中:d_{ds}^{op}——乘客在下游公交停靠站等待第 m 条公交线路第 n 班公交车候车延误,s;

t_f^{mn}——第 m 条公交线路第 n 班公交车辆与该线路上一班公交车离站时间间隔,s;

t_d^{mn}——第 m 条公交线路第 n 班公交车辆乘客上车时间,s。

假设单位时间内乘客到达公交停靠站候车且公交车到达停靠站后的乘客上车过程均服从均匀分布,单位时间公交停靠站处等待公交车辆到达的乘客等待延误(包括所有乘客等待所有公交线路的延误)如公式(5-6)所示:

$$d_{ds}^p = \sum_{m=1}^{M} \sum_{n=1}^{N} d_{ds}^{op} \quad (5-6)$$

式中:d_{ds}^p——在下游公交停靠站处等待公交车辆到达的乘客候车延误,s;

M——公交停靠站服务的公交车辆线路总数;

N——公交停靠站服务的某条公交车辆线路的班次。

2) 车内乘客延误分析

单位时间内公交车辆停站后乘客完成上下车服务过程中车内乘客的等待延误如公式(5-7)所示:

$$d_{ds}^b = \sum_{m=1}^{M} \sum_{n=1}^{N} t_d^{mn} o_b^{mn} \quad (5-7)$$

式中:d_{ds}^b——公交车辆停站后乘客上下车过程中车内乘客的等待延误,s;

o_b^{mn}——第 m 条公交线路的第 n 班公交车平均载客人数,人/车。

停靠站的平均停靠时间模型,如公式(5-8)所示:

$$t_d = \max(p_a t_a, p_b t_b) + t_\alpha \quad (5-8)$$

式中:t_d——公交车辆在停靠站平均停靠时间,s;

p_a——每车最拥挤车门的平均下车乘客数,人/车;

t_a——人均下车时间,s/人;

p_b——每车最拥挤车门的上车乘客数,人/车;

t_b——人均上车时间,s/人;

t_{oc}——公交车辆开关门时间,s。

5.2.3 停靠站对乘客延误离散分析

通过比较公交车辆按照时刻表的延误和公交车辆实际运行延误,可以得到公交车辆按照时刻表行驶产生的延误离散程度,如式(5-9)所示。

$$\Delta d_{ds} = \sum_{m=1}^{M}\sum_{n=1}^{N}(|d_{ds}^{mn} - d_{ds}^{\prime mn}|) \quad (5-9)$$

式中:Δd_{ds}——按照时刻表运行的第 m 条公交线路的第 n 班公交车的乘客与第 m 条公交线路的第 $n-1$ 班公交车的乘客在下游停靠站处出行延误,s;

d_{ds}^{mn}——道路中实际运行的第 m 条公交线路的第 n 班公交车的乘客在下游停靠站处出行延误,s;

$d_{ds}^{\prime mn}$——按照时刻表运行的第 m 条公交线路的第 n 班公交车的乘客在下游停靠站处出行延误,s。

根据公交车辆运行特点,公交车辆在高峰期间按照固定时间间隔发车,乘客在公交停靠站的候车过程示意图如图 5-10 所示。按照时刻表运行的公交车乘客出行延误($d_{ds}^{\prime mn}$)表示在不考虑道路交通条件及交通设施的情况下,乘客在公交停靠站等待公交车辆到达所产生的延误,即为图 5-10 中阴影部分。发车时间间隔即为按照运行时刻表行驶的公交车辆无偏差到达停靠站的时间间隔。

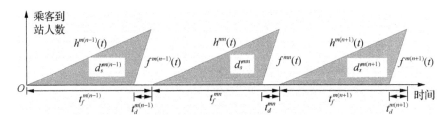

图 5-10 按照运行时刻运行的乘客候车过程示意图

5.3 交叉口＋上游停靠站控制单元乘客延误模型

对于设置在机动车道外侧的直线式公交停靠站,公交车辆停靠时会对公交车

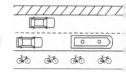

辆所在车道及其相邻车道的机动车辆产生影响,导致车辆的通行速度降低,行车缓慢,尤其是道路通行能力折减等影响,在高峰期还会造成阻塞。本章在分析公交停靠站对车道影响的前提下采用乘客出行延误进行交叉口信号控制优化建模。

5.3.1 交叉口乘客延误分析

公交车辆在上游停靠站进行停靠时,公交车辆进出站受到公交车自身性能、停靠站附近交通情况以及交叉口信号控制方式的影响,受上游公交站与下游交叉口距离约束,在高峰期,公交车所在车道容易因交叉口车辆溢出而无法离站,进而对其后的机动车辆无法进行变道行驶,降低道路的通行能力。在此将首先研究交叉口进口道常规条件下乘客延误,然后再进一步分析公交车辆在交叉口换道进站过程中对交叉口进口道交通特征的影响。

1) 常规条件下交叉口进口道乘客延误分析

结合交叉口各进口道社会车辆和公交车辆流量及载客数,计算交叉口乘客出行延误,如公式(5-10)所示:

$$d_{ui} = \sum_{j=1}^{J} \bar{d}_i^j (q_t^j o_t + q_b^j o_b) \tag{5-10}$$

当交叉口交通流量较小、饱和度较低时,采用 Webster 公式计算交叉口各进口道车均延误;当交叉口交通流量较大、近饱和状态时,采用 HCM 计算车均延误的公式。上游停靠站对路段通行能力造成的影响较大,交叉口处的车均延误发生变化。

交叉口饱和度较低时的各车道车均延误如公式(5-11)所示:

$$\bar{d}_i^j = \frac{c(1-\lambda^j)^2}{2\left(1-\dfrac{q}{S}\right)} + \frac{(x^j)^2}{2q(1-x^j)} - 0.65\left(\frac{c}{q^2}\right)^{\frac{1}{3}} (x^j)^{2+5\lambda^j} \tag{5-11}$$

公交车辆所在车道的车均延误如公式(5-12)所示:

$$\begin{cases} \bar{d}_i^j = \dfrac{c(1-\lambda^j)^2}{2\left(1-\dfrac{q}{S}\right)} + \dfrac{(x^b)^2}{2q(1-x^b)} - 0.65\left(\dfrac{c}{q^2}\right)^{\frac{1}{3}} (x^b)^{2+5\lambda^j} \\ x^b = \dfrac{q}{CAP_b} \end{cases} \tag{5-12}$$

式中: CAP_b——公交车辆所在车道因公交车辆停靠折减后的通行能力,pcu/h;
x^b——交叉口公交车辆通行相位的饱和度。

相邻车道的车均延误如公式(5-13)所示：

$$\begin{cases} \bar{d}_i^j = \dfrac{c(1-\lambda^j)^2}{2\left(1-\dfrac{q}{S}\right)} + \dfrac{(x^p)^2}{2q(1-x^p)} - 0.65\left(\dfrac{c}{q^2}\right)^{\frac{1}{3}}(x^p)^{2+5\lambda^j} \\ x^p = \dfrac{q}{CAP_p} \end{cases} \quad (5-13)$$

式中：CAP_p——相邻车道因公交车辆停靠折减后的通行能力，pcu/h；

x^p——交叉口公交车辆相邻车道车辆通行相位的饱和度。

当交叉口饱和度较大接近饱和状态时，采用公式(5-14)计算信号控制交叉口各相位车均延误，如公式(5-14)所示：

$$\begin{cases} \bar{d}_i^j = d_1 + d_2 \\ d_1 = 0.5c\dfrac{(1-\lambda^j)^2}{1-\min[1,x^j]\lambda^j} \\ d_2 = 900T\left[(x^j-1) + \sqrt{(x^j-1)^2 + \dfrac{8ex^j}{CAP_j \cdot T}}\right] \end{cases} \quad (5-14)$$

需要注意的是，当 $x^j < 1$ 时

$$d_1 = 0.5c\dfrac{(1-\lambda^j)^2}{1-x^j\lambda^j} = \dfrac{c(1-\lambda^j)^2}{2\left(1-\dfrac{q}{S}\right)} \quad (5-15)$$

公交车辆停靠所在车道的车均延误如公式(5-16)所示：

$$\begin{cases} \bar{d}_i^j = d_1 + d_2 \\ d_1 = 0.5c\dfrac{(1-\lambda^j)^2}{1-\min[1,x^b]\lambda^j} \\ d_2 = 900T\left[(x^b-1) + \sqrt{(x^b-1)^2 + \dfrac{8ex^b}{CAP_b \cdot T}}\right] \end{cases} \quad (5-16)$$

其对相邻车道影响的车道延误如公式(5-17)所示：

$$\begin{cases} \bar{d}_i^j = d_1 + d_2 \\ d_1 = 0.5c\dfrac{(1-\lambda^j)^2}{1-\min[1,x^p]\lambda^j} \\ d_2 = 900T\left[(x^p-1) + \sqrt{(x^p-1)^2 + \dfrac{8ex^p}{CAP_p \cdot T}}\right] \end{cases} \quad (5-17)$$

2) 公交车辆换道进站过程影响分析

对于公交车辆换道进站过程对进口道交通流造成的影响方面，将通过公交车辆换道过程中对后续车辆通行受阻(产生额外通行时间)的情况进行分析，对该过

程中受到影响(产生额外通行时间)的车辆数进行甄别,在此基础上研究该过程影响作用下道路通行等效交通流量。

(1) 换道过程额外通行时间分析

公交车辆在换道进站、出站过程中,均会对原车道与目标车道后续车辆的正常运行产生影响,需要综合考虑交叉口进口道公交车辆进站/出站过程,对原车道/目标车道后续车辆运行延误的影响。在此,对公交车辆换道出站过程(图5-11)进行分析,换道出站公交车将会对目前车道和目标车道上(公交车后方)运行的车流运行特征产生影响,并使其产生额外的通行时间。

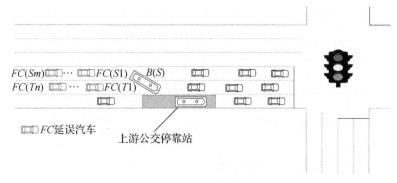

图5-11 公交车辆换道进站过程

以换道公交车原车道后方运行社会车辆为例,通过分析其运行轨迹,进一步研究额外延误。图5-12反映了换道公交车原车道后方运行社会车辆的运行轨迹,其中实线为换道行为引发的实际运行轨迹,点线表示的是没有换道行为发生时车辆正常运行的轨迹。考虑到换道行为发生在交叉口上游,以交叉口进口道停车线作为各车辆在换道过程中额外通行时间增加的判别终点,即以车辆实际到达进口

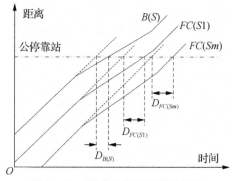

图5-12 换道进站产生额外延误

道停车线的时间与理想状态(未发生换道)的时间差作为各车辆的额外通行时间。由该轨迹分析图可知,图中的 $\Delta t_{B(S)}$、$\Delta t_{FC(S1)}$、$\Delta t_{FC(Sm)}$ 即为整个换道过程公交车、原车道后方社会车辆由于换道所产生的额外通行时间。

$$\begin{cases} \Delta t_{B(S)} = T^D_{B(S)} - \hat{T}^D_{B(S)} \\ \Delta t_{FC(S1)} = T^D_{FC(S1)} - \hat{T}^D_{FC(S1)} \\ \Delta t_{FC(Sm)} = T^D_{FC(Sm)} - \hat{T}^D_{FC(Sm)} \end{cases} \quad (5-18)$$

式中：$T^D_{B(S)}$、$T^D_{FC(S1)}$、$T^D_{FC(Sm)}$分别为公交车、原车道后方社会车辆由于换道实际到达进口道停车线的时刻；$\hat{T}^D_{B(S)}$、$\hat{T}^D_{FC(S1)}$、$\hat{T}^D_{FC(Sm)}$分别表示理想状态（未发生换道）公交车、原车道后方社会车辆到达进口道停车线的时刻。

对于换道公交车目标车道后方运行的社会车辆，后续社会车辆由于换道产生的额外通行时间（$\Delta t_{FC(T1)}$、$\Delta t_{FC(Tn)}$）为：

$$\begin{cases} \Delta t_{FC(T1)} = T^D_{FC(T1)} - \hat{T}^D_{FC(T1)} \\ \Delta t_{FC(Tn)} = T^D_{FC(Tn)} - \hat{T}^D_{FC(Tn)} \end{cases} \quad (5-19)$$

式中：$T^D_{FC(T1)}$、$T^D_{FC(Tn)}$分别为目标车道后方社会车辆由于换道实际到达进口道停车线的时刻；$\hat{T}^D_{FC(T1)}$、$\hat{T}^D_{FC(Tn)}$分别表示理想状态（未发生换道）原车道后方社会车辆到达进口道停车线的时刻。

（2）产生显著额外延误车辆数分析

通过分析航拍得到的车辆的运行视频，研究车辆在换道影响区域内交通运行状态的变化情况，进而确定受换道行为影响的车辆数。换道影响区域是从各车辆换道起点到交叉口进口道停车线之间的区域。其中，各车的换道开始点是公交车辆开始减速/转向时间点时，后续各车辆的位置点。由于每辆车在公交车开始换道时所处位置不同，因此，每辆车的换道影响区域并不完全相同。将选取换道影响区域内车辆平均车速变化值作为判断车辆是否受到换道车辆影响的指标。当换道影响区域内车辆平均车速变化值大于零时，表明该车辆受到了公交车辆换道的影响。

$$\Delta \bar{v}_{B(S)} = \frac{S_{B(S)}}{(T^D_{B(S)} - T^O_{B(S)}) - (\hat{T}^D_{B(S)} - T^O_{B(S)})} = \frac{S_{B(S)}}{(T^D_{B(S)} - \hat{T}^D_{B(S)})} = \frac{S_{B(S)}}{\Delta t_{B(S)}} \quad (5-20)$$

$$\begin{cases} \Delta \bar{v}_{FC(S1)} = \dfrac{S_{FC(S1)}}{\Delta t_{FC(S1)}} \\ \Delta \bar{v}_{FC(Sm)} = \dfrac{S_{FC(Sm)}}{\Delta t_{FC(Sm)}} \end{cases} \quad (5-21)$$

式中：$\Delta \bar{v}_{B(S)}$、$\Delta \bar{v}_{FC(S1)}$、$\Delta \bar{v}_{FC(Sm)}$分别为换道影响区域内公交车、原车道后方社会车辆的平均车速变化值；$S_{B(S)}$、$S_{FC(S1)}$、$S_{FC(Sm)}$分别为换道影响区域内公交车、原车道后方社会车辆的换道影响距离；$T^O_{B(S)}$为公交车辆在换道起点的时刻。

为说明换道过程对后续车辆在换道影响区域内的车速影响情况，结合南京市道路分别选取6种场景，每个场景选取5次公交换道过程，将换道过程中公交车辆和后续车辆在换道区域内的平均车速降低情况绘制在图5-13中。

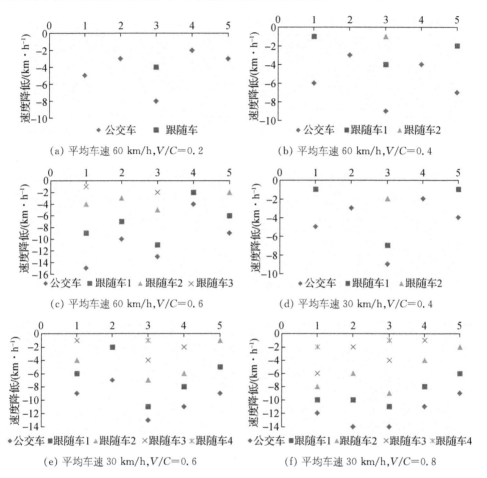

图5-13　换道过程中公交车辆和后续车辆在换道区域内的平均车速降低情况分析

根据上图可知，车辆数和路段车辆运行平均车速、道路饱和度、换道公交车换道过程顺利程度(换道距离长短、换道减速度大小)等因素均相关；对于高饱和度条件下，换道行为对后续车辆的影响程度逐渐趋同；低饱和度条件下，影响程度离散性较大；减速度越大，对后续影响越大。在研究后续车辆受前车换道影响程度的过程中，需借助视频数据，对后续车辆运行轨迹、车速等信息进行监测与分析，从而确定公交车辆换道过程对后续车辆造成显著影响的情况。

对于公交车辆换道进站过程中目标车道后方运行社会车辆，其在换道影响区

域内车辆平均车速变化值分别为

$$\begin{cases} \Delta \bar{v}_{FC(T1)} = \dfrac{S_{FC(T1)}}{\Delta t_{FC(T1)}} \\ \Delta \bar{v}_{FC(Tn)} = \dfrac{S_{FC(Tn)}}{\Delta t_{FC(Tn)}} \end{cases} \qquad (5-22)$$

式中：$\Delta \bar{v}_{FC(T1)}$、$\Delta \bar{v}_{FC(Tn)}$ 分别为换道影响区域内原车道后方社会车辆的平均车速变化值；$S_{FC(T1)}$、$S_{FC(Tn)}$ 分别为换道影响区域内原车道后方社会车辆的换道影响距离。

目标车道显著受到公交车辆换道影响的社会车辆情况也将借助视频数据分析判定。

(3) 车队等效流量确定

在此，借助换道过程中相关车辆(换道公交车、后续车辆)的平均额外通行时间，研究换道过程中相关车辆的等效流量。等效流量包括基础流量和额外流量，其中基础流量就是换道过程相关车辆的实际流量，额外流量是相关车辆组成的车队(按照车队通行规律通行，即平均车头时距保持一致)在额外通行时间内能够通过的车辆数。

$$q = q^b + q^e \qquad (5-23)$$

式中：q、q^b、q^e 分别为等效流率、基础流率、额外流率。

则原车道和目标车道的额外流量分别为：

$$\begin{cases} q_S^e = \dfrac{\Delta t_{FC(S1)} + \Delta t_{FC(S2)} + \cdots + \Delta t_{FC(Sm)}}{m \bar{h}_S} \\ q_T^e = \dfrac{\Delta t_{FC(T1)} + \Delta t_{FC(T2)} + \cdots + \Delta t_{FC(Tn)}}{n \cdot \bar{h}_T} \end{cases} \qquad (5-24)$$

式中：q_S^e、q_T^e 分别为原车道和目标车道的额外流率；$\bar{h}_S$、$\bar{h}_T$ 分别为原车道和目标车道车队平均车头时距。

5.3.2 停靠站乘客延误分析

乘客在上游公交停靠站影响范围内的出行延误包括在停靠站处等待公交车到达的乘客候车等待延误和公交车辆停站后乘客上下车过程中车内乘客的等待延误。公交车辆到达公交停靠站后乘客在公交停靠站候车过程与之前类似，这里不再赘述。

1) 停靠站乘客延误分析

乘客在公交停靠站的延误包括公交停靠站乘客候车延误和公交车到站后乘客

上车延误，交叉口机动车辆有溢出和无溢出会对乘客延误产生影响，下面从这两个方面进行分析。

(1) 交叉口机动车辆无溢出

当公交停靠站没有机动车辆排队时，公交车辆可以正常进入停靠站完成乘客上下车服务。公交车辆未到达公交站之前，乘客到达公交站需要等候一段时间，在公交站候车时间与乘客在下游停靠站候车过程相同，即为公式(5-25)所示：

$$d_{us}^{p} = \sum_{m=1}^{M}\sum_{n=1}^{N}\left[\int_{0}^{t_{f}^{mn}}(t_{f}^{mn}-t)h^{mn}(t)\mathrm{d}t - \int_{0}^{t_{d}^{mn}}(t_{d}^{mn}-t)f^{mn}(t)\mathrm{d}t\right] \quad (5-25)$$

式中：d_{us}^{p}——上游停靠站处的乘客候车等待延误，s。

(2) 交叉口机动车辆有溢出

当交叉口机动车辆蔓延至停靠站时，公交车辆无法进入公交停靠站完成乘客上下车服务。仅当机动车辆逐渐消散时，公交车辆方可进入停靠站完成乘客上下车服务。此时，排队的公交车辆以及乘客较交叉口无机动车辆溢出时需要多等时间 Δt_d。

$$\Delta t_d = c - r \quad (5-26)$$

式中：c——信号周期时长，s；

r——有效红灯时长，s。

此时公交停靠站乘客候车延误如公式(5-27)所示：

$$d_{us}^{p} = \sum_{m=1}^{M}\sum_{n=1}^{N}\left[\int_{0}^{t_{f}^{mn}}(t_{f}^{mn}-t+\Delta t_{d}^{mn})h^{mn}(t)\mathrm{d}t - \int_{0}^{t_{d}^{mn}}(t_{d}^{mn}-t+\Delta t_{d}^{mn})f^{mn}(t)\mathrm{d}t\right]$$

$$(5-27)$$

2) 车内乘客延误分析

公交车辆到达停靠站后，乘客需要进行上下车，在这个过程中，车内乘客产生的延误与交叉口处机动车辆是否溢出有关，下面将从这两个方面进行分析。

(1) 交叉口机动车辆无溢出

此时，在停靠站乘客上下车过程中，公交车辆内的乘客需要等待停靠站候车乘客完成上车过程，这个等待时间和候车乘客上车时间相同，即为车内乘客等待延误。下游停靠站公交车辆的停靠时间公式相同，这里不再进行赘述。

在此，单位时间内公交车辆停站后乘客上下车过程中车内乘客的等待延误如公式(5-28)所示：

$$d_{us}^{b} = \sum_{m=1}^{M}\sum_{n=1}^{N}t_{d}^{mn}o_{d}^{mn} \quad (5-28)$$

(2) 交叉口机动车辆有溢出

当交叉口公交车辆溢出至公交停靠站时,公交车辆的停靠时间发生了变化。

$$d_{us}^b = \sum_{m=1}^{M} \sum_{n=1}^{N} (t_d^{mn} + \Delta t_d^{mn}) o_b^{mn} \qquad (5-29)$$

5.3.3 停靠站对乘客延误离散分析

通过比较公交车辆按照时刻表的延误和公交车辆实际运行延误,可以得到在停靠站影响下的公交车辆按照时刻表行驶产生的延误离散程度,如式(5-30)所示:

$$\Delta d_{us} = \sum_{m=1}^{M} \sum_{n=1}^{N} | d_{us}^{mn} - d_{us}'^{mn} | \qquad (5-30)$$

式中:Δd_{us}——按照运行时刻表的第 m 条公交线路的第 n 班公交车的乘客与第 m 条公交线路的第 $n-1$ 班公交车的乘客在上游停靠站处出行延误,s;

d_{us}^{mn}——实际运行的第 m 条公交线路的第 n 班公交车的乘客在上游停靠站处出行延误,s;

$d_{us}'^{mn}$——按照时刻表运行的第 m 条公交线路的第 n 班公交车的乘客在上游停靠站处出行延误,s。

5.4 交叉口信号配时优化

5.4.1 优化目标

结合在协调控制路网公交优先通行交叉口乘客延误方面的研究成果,在对交叉口进行信号配时优化过程中,更多从公交优先、协调等方面出发,分别重点考虑交叉口乘客总延误(突出公交优先)和公交车辆运行偏离时刻表延误离散程度(突出公交优先和协调),并以此进行双目标优化。在对公交优先信号相位进行优化过程中,将通过改变相位绿灯延长时间的方式进行优化。

1) 下游停靠站影响的交叉口公交优先信号配时优化

根据交叉口的饱和状态以及与下游停靠站的相互作用关系,结合本研究对于交叉口范围内乘客延误相关模型,研究不同饱和状态下的公交优先信号配时优化。

(1) 低饱和状态下交叉口公交优先信号配时模型

当交叉口饱和度较低时,下游停靠站影响的交叉口公交优先信号配时模型如公式(5-31)所示:

$$\begin{cases} \min(d_{di} + d_{ds}) \\ \min \Delta d_{ds} \\ d_{di} = \sum_{j=1}^{J} \overline{d}_i^j \cdot (q_t^j o_t + q_b^j o_b) \\ \overline{d}_i^j = \dfrac{c(1-\lambda^j)^2}{2\left(1-\dfrac{q}{S}\right)} + \dfrac{(x^j)^2}{2q(1-x^j)} - 0.65\left(\dfrac{c}{q^2}\right)^{\frac{1}{3}}(x^j)^{2+5\lambda^j} \\ d_{ds} = d_{ds}^p + d_{ds}^b \\ d_{ds}^p = \sum_{m=1}^{M}\sum_{n=1}^{N} d_{ds}^{op} \\ d_{ds}^{op} = \int_0^{t_f^{mn}} (t_f^{mn} - t) h^{mn}(t)\mathrm{d}t - \int_0^{t_d^{mn}} (t_d^{mn} - t) f^{mn}(t)\mathrm{d}t \\ d_{ds}^b = \sum_{m=1}^{M}\sum_{n=1}^{N} t_d^{mn} o_b^{mn} \\ \Delta d_{ds} = \sum_{m=1}^{M}\sum_{n=1}^{N} (\mid d_{ds}^{mn} - d_{ds}^{\prime mn}\mid) \\ g^p = g_0^p + t_{ge} \\ g^j = g_0^j - t_{ge} x^j \Big/ \left(\sum x^j - x^p\right) \end{cases} \quad (5-31)$$

式中:g^p——优化后的交叉口公交优先相位 p 的绿灯时间,s;

g^j——优化后的交叉口相位 j 的绿灯时间,s;

g_0^p——优化前交叉口公交优先相位 p 的绿灯时间,s;

g_0^j——优化前交叉口相位 j 的绿灯时间,s;

t_{ge}——优化后的交叉口公交优先相位绿灯延长时间,s;

x^p——交叉口公交优先相位 p 的饱和度。

在下游停靠站影响的低饱和状态下交叉口公交优先信号配时模型用到 $x^j \leqslant$

0.9 的约束条件。

(2) 高饱和状态下交叉口公交优先信号配时模型

当交叉口饱和度较高时,下游停靠站影响的交叉口公交优先信号配时模型如公式(5-32)所示:

$$\begin{cases} \min(d_{di}+d_{ds}) \\ \min \Delta d_{ds} \\ d_{di} = \sum_{j=1}^{J} \bar{d}_i^j \cdot (q_t^j o_t + q_b^j o_b) \\ \bar{d}_i^j = 0.5c \dfrac{(1-\lambda^j)^2}{1-\min[1,x^j]\lambda^j} + 900T\left[(x^j-1)+\sqrt{(x^j-1)^2+\dfrac{8ex^j}{CAP_j \cdot T}}\right] \\ d_{ds} = d_{ds}^p + d_{ds}^b \\ d_{ds}^p = \sum_{m=1}^{M}\sum_{n=1}^{N} d_{ds}^{op} \\ d_{ds}^{op} = \int_0^{t_f^{mn}} (t_f^{mn}-t)h^{mn}(t)\mathrm{d}t - \int_0^{t_d^{mn}} (t_d^{mn}-t)f^{mn}(t)\mathrm{d}t \\ d_{ds}^b = \sum_{m=1}^{M}\sum_{n=1}^{N} t_d^{mn} o_b^{mn} \\ \Delta d_{ds} = \sum_{m=1}^{M}\sum_{n=1}^{N}(|d_{ds}^{mn}-d_{ds}'^{mn}|) \\ g^p = g_0^p + t_{ge} \\ g^j = g_0^j - t_{ge}x^j \Big/ \left(\sum x^j - x^p\right) \end{cases}$$

(5-32)

在下游停靠站影响的高饱和状态下交叉口公交优先信号配时模型的约束条件为 $x^j \leqslant 0.9$。

2) 上游停靠站影响的交叉口公交优先信号配时优化

根据交叉口的饱和状态以及与上游停靠站的相互作用关系,结合本研究对于交叉口范围内乘客延误相关模型,建立不同饱和状态下的公交优先信号配时模型。

(1) 低饱和状态下交叉口公交优先信号配时模型

当交叉口饱和度较低时,下游停靠站影响的交叉口公交优先信号配时模型如公式(5-33)所示:

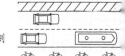

第 5 章 停靠站影响下交叉口公交优先信号控制

$$\begin{cases} \min(d_{ui} + d_{us}) \\ \min\Delta d_{us} \\ d_{ui} = \sum_{j=1}^{J} \bar{d}_i^j \cdot (q_t^j o_t + q_b^j o_b) \\ \bar{d}_i^j = \dfrac{c(1-\lambda^j)^2}{2\left(1-\dfrac{q}{S}\right)} + \dfrac{(x^j)^2}{2q(1-x^j)} - 0.65\left(\dfrac{c}{q^2}\right)^{\frac{1}{3}}(x^j)^{2+5\lambda^j} \\ d_{us} = d_{us}^p + d_{us}^b \\ d_{us}^p = \sum_m^M \sum_n^N \left[\int_0^{t_f^{mn}} (t_f^{mn} - t)h^{mn}(t)\mathrm{d}t - \int_0^{t_d^{mn}} (t_d^{mn} - t)f^{mn}(t)\mathrm{d}t\right] \\ d_{us}^b = \sum_{m=1}^{M} \sum_{n=1}^{N} t_d^{mn} o_b^{mn} \\ \Delta d_{ds} = \sum_{m=1}^{M} \sum_{n=1}^{N} (|d_{ds}^{mn} - d_{ds}'^{mn}|) \\ g^p = g_0^p + t_{ge} \\ g^j = g_0^j - t_{ge} x^j / \left(\sum x^j - x^p\right) \end{cases} \quad (5-33)$$

在上游停靠站影响的低饱和状态下交叉口公交优先信号配时模型的约束条件为 $x^j \leqslant 0.9$。

(2) 高饱和状态下交叉口公交优先信号配时模型

当交叉口饱和度较高时,下游停靠站影响的交叉口公交优先信号配时模型如公式(5-34)所示:

$$\begin{cases} \min(d_{ui} + d_{us}) \\ \min\Delta d_{us} \\ d_{ui} = \sum_{j=1}^{J} \bar{d}_i^j \cdot (q_t^j o_t + q_b^j o_b) \\ \bar{d}_i^j = 0.5c\dfrac{(1-\lambda^j)^2}{1-\min[1,x^j]\lambda^j} + 900T\left[(x^j-1) + \sqrt{(x^j-1)^2 + \dfrac{8ex^j}{CAP_j \cdot T}}\right] \\ d_{us} = d_{us}^p + d_{us}^b \\ d_{us}^p = \sum_{m=1}^{M} \sum_{n=1}^{N} \left[\int_0^{t_f^{mn}} (t_f^{mn} - t + \Delta t_d^{mn})h^{mn}(t)\mathrm{d}t - \int_0^{t_d^{mn}} (t_d^{mn} - t + \Delta t_d^{mn})f^{mn}(t)\mathrm{d}t\right] \\ \Delta t_d = c - r \\ d_{us}^b = \sum_{m=1}^{M} \sum_{n=1}^{N} (t_d^{mn} + \Delta t_d^{mn})o_b^{mn} \\ \Delta d_{us} = \sum_{m=1}^{M} \sum_{n=1}^{N} (|d_{ds}^{mn} - d_{ds}'^{mn}|) \\ g^p = g_0^p + t_{ge} \\ g^j = g_0^j - t_{ge} x^j / \left(\sum x^j - x^p\right) \end{cases} \quad (5-34)$$

在上游停靠站影响的高饱和状态下交叉口公交优先信号配时模型的约束条件为 $x^j \leqslant 0.9$。

5.4.2 信号配时优化

在对协调控制路网公交优先信号配时进行优化时,先对单个交叉口进行优化,在初步从点到线、到面。对交叉口公交优先信号协调配时优化的具体流程如图 5-14 所示。

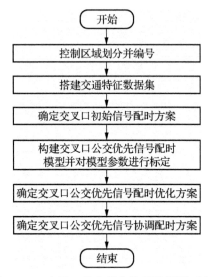

图 5-14　交叉口公交优先信号协调配时方法

① 按照之前研究成果对路网控制单元进行划分并分别编号。

② 按需要构建各控制单元的交通特征数据集,数据集包括路段层数据集和控制单元层数据集。路段层数据集包括相邻交叉口之间的间距、交叉口与停靠站之间的间距、快速路主流向车流在相邻交叉口之间运行的平均速度,快速路主流向车流在交叉口与停靠站之间运行的平均速度等;控制单元数据集包括交叉口交通特征数据集 $I=\{q_{lg},q_{lt},O_{lg},O_{lt}\}$ 和停靠站交通特征数据集 $S=\{T_{Sa},T_{Sd},P_{Sb},P_{Sa},O_{St},f(t),h(t)\}$。其中,$q_{lg}$、$q_{lt}$ 分别表示交叉口处单位时间内的非优先通行车辆流量与优先通行公交车辆流量,O_{lg}、O_{lt} 分别表示调查时间与车流量调查时段保持一致情况下的交叉口范围内的非优先通行车辆车均载客人数和优先通行公交车辆车均载客人数,T_{Sa}、T_{Sd} 分别表示单位时间在停靠站停靠的公交车辆的到站时间和离站时间,P_{Sb}、P_{Sa} 分别表示公交车辆进站时的乘客上车数量和乘客下车数量,O_{St} 表

示交叉口下游停靠站处公交车辆的载客人数，$f(t)$、$h(t)$分别表示候车乘客到站分布函数和候车乘客离站登车分布函数。

③ 确定交叉口初始信号相位。如果是已建交叉口,用目前的信号配时方案作为初始信号相位即可;若是新建交叉口,则需按照下面的步骤确定交叉口初始信号配时相位方案。

设定各交叉口的初始信号相位结构为:主路方向直行,主路方向左转、右转;支路方向直行,支路方向左转、右转,其中,支路方向垂直于主路方向。若主路方向右转与主路方向直行共用外侧车道、或支路方向右转与支路方向直行共用外侧车道、或主路方向直行车流饱和度大于主路方向左转车流饱和度、或支路方向直行车流饱和度大于支路方向左转车流饱和度时,则改变所设定的各交叉口的初始信号相位结构,将主路方向左转和支路方向左转的信号分别单独成为一个相位,主路方向直行和主路方向右转的信号合成一个相位,支路方向直行和支路方向右转的信号合成一个相位,得到各交叉口改变后的初始信号相位结构为:主路方向直行、右转,主路方向左转,支路方向直行、右转,支路方向左转。用Webster法确定各交叉口的初始信号控制周期C,计算公式为:

$$\begin{cases} C = \dfrac{1.5L+5}{1-X} \\ X = \sum_{k \in K} x_I^{k(0)} \end{cases} \quad (5-35)$$

其中,k为交叉口的第k个相位,K为交叉口的相位总数量,k和K均为自然数; $x_I^{k(0)}$为第k相位的初始关键车流饱和度,关键车流饱和度是指该相位多股车流中饱和度最大的那股车流的饱和度;X为各相位初始关键车流饱和度之和;L表示信号周期的损失时间,一般取3～4 s。

确定交叉口的各相位初始绿灯时间,计算公式为:

$$g^{k(0)} = \dfrac{x_I^{k(0)} C}{X} - Y^k \quad (5-36)$$

其中,Y^k为周期内第k相位的黄灯时间。

④ 根据之前确定的优化目标,利用"试值法"对交叉口公交优先信号相位进行优化(具体过程如图5-15所示),在具体优化的过程中,先将所确定的各交叉口的各相位初始绿灯时间$g^{k(0)}$作为信号配时方案第k相位绿灯时间的初始值g^k,即$g^k = g^{k(0)}$;

再计算此时控制区域内交叉口所有乘客出行总延误$D(U)$,令$\hat{g}^b = g^b + 1$,其中,$\hat{g}^b$为试值过程中公交优先相位绿灯时间,g^b为初始阶段公交优先相位绿灯时

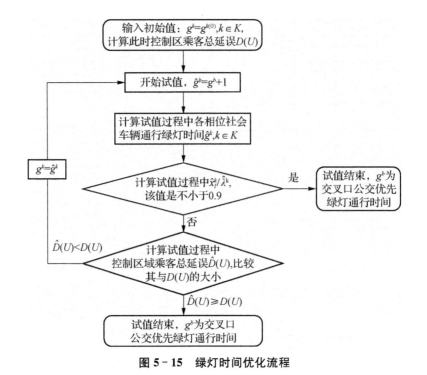

图 5-15 绿灯时间优化流程

间,并计算试值过程中各相位社会车辆通行绿灯时间 $\hat{g}^k$,$\hat{g}^k = g^k - \dfrac{g^k}{C-Y-\hat{g}^b}$,其中,$C$ 为各交叉口的初始信号控制周期,Y 为信号周期内所有黄灯时间之和;

然后,计算此时控制区域内交叉口各进口道车流饱和度情况 $\hat{X}_1^k/\hat{\lambda}^k$,其中,$\hat{X}_1^k$ 表示试值过程中交叉口处单位时间内的信号周期的第 k 相位的车辆饱和度;$\hat{\lambda}^k$ 表示试值过程中交叉口处单位时间内的信号周期的第 k 相位的信号配时绿信比;

如果 $\hat{X}_1^k/\hat{\lambda}^k \geqslant 0.9$ 就终止试值,此时的 g^b 即为优化的交叉口公交优先绿灯通行时间、g^k 即为优化的交叉口第 k 相位的绿灯通行时间;否则继续计算新信号配时方案条件下控制区域内交叉口所有乘客出行总延误果 $\hat{D}(U)$;如果 $\hat{D}(U) \geqslant D(U)$ 就终止试值,此时的 g^b 即为优化的交叉口公交优先绿灯通行时间;否则,令 $\hat{g}^b = g^b$、$\hat{g}^k = g^k$,并继续进行试值,直至确定最终优化结果。

⑤ 确定交叉口公交优先信号协调配时方案。根据交叉口初始信号配时方案中各交叉口的初始信号控制周期,选取最大信号控制周期作为交叉口统一信号控制周期 $C^{(C)}$。

第 5 章 停靠站影响下交叉口公交优先信号控制

$$C^{(C)} = \max\{C_A^1, \cdots, C_A^i, C_B^1, \cdots, C_B^i\} \tag{5-37}$$

再确定各交叉口统一信号下公交优先相位绿灯通行时间 $g^{b(C)}$、各交叉口统一信号下各相位绿灯通行时间 $g^{k(C)}$

$$\begin{cases} g^{b(C)} = \dfrac{C^{(C)}}{C} g^b \\ g^{k(C)} = \dfrac{C^{(C)}}{C} g^k \end{cases} \tag{5-38}$$

其中，C 为各交叉口的初始信号控制周期，g^b 为所确定的交叉口的公交优先绿灯通行时间，g^k 为所确定的交叉口的各相位绿灯通行时间。采用"改进图解法"确定各交叉口之间的相位差，保证连续交叉口中公交优先绿灯通行时间最小的交叉口的绿灯时间成为该城市快速路协调的公交优先绿灯时间。

确定了交叉口信号配时优化方案之后，对各交叉口信号配时方案进行调整后（均按照信号周期最大的交叉口信号周期进行调整），结合各交叉口之间路段车流运行速度情况（对于没有停靠站影响的交叉口路段，其速度可以是一个相对平均的速度；但是对于有停靠站的交叉口路段，应该根据停靠站的类型和公交停靠车流的情况，确定出交叉口路段的车速变化情况及受影响车流情况），利用改进图解方法确定相邻交叉口相位差。

改进图解法有以下一些特征：

① 与传统协调控制主要考虑绿波带宽度最宽（通过车辆的数目最大）不同，以乘客数量最大作为绿波设置的条件。

② 对于有公交停靠站的交叉口路段，考虑停靠站处公交车辆的停靠时间以及对停靠站下游公交车辆到达的影响。对此，应在图解的过程中，尽可能把公交线路包含进去，必要时可以考虑适当占用社会车辆时空资源。

③ 由于公交车辆和社会车辆车流特征不一样，如果是在有公交专用道的情况，则需要考虑不同车辆类型具有不同运行车速的特征情况；如果没有专用车道，则可以考虑将这些车辆混合起来考虑，并考虑公交停靠站对社会车流速度及运行状态的影响。

5.5 仿真验证及效果评价

5.5.1 交叉口＋下游停靠站控制单元

在此,以"草场门大街-行健路"交叉口为例,系统介绍交叉口＋下游停靠站控制单元单个交叉口公交优先信号配时优化过程。本研究过程中还对"水西门大街-北圩路""汉中门大街-北圩路"等交叉口进行了优化与仿真验证评价,由于篇幅有限,不在此赘述,具体可参见相关论文。

1) 现状资料

在2017年3月7日、3月8日、3月9日连续工作日的早高峰时段(7:30～8:30)对两个控制区域内部的交叉口各进口道高峰时段流量进行调查。为了证明模型具有普遍适用性,研究选取2017年3月7日和3月9日两天调查的交通数据的平均值来进行模型标定,确定考虑停靠站影响的交叉口公交优先信号配时优化方案;同时,将2017年3月8日调查的交通数据用来进行模型校验,具体操作过程如下。

研究草场门大街-行健路交叉口与龙江小区公交停靠站控制区域的由西至东方向,即研究下游停靠站影响的交叉口公交优先信号配时模型在实际问题中的应用,并且根据实际调查的草场门大街-行健路交叉口交通数据计算交叉口属于低饱和状态,并且在公交车辆后排队的社会车辆未溢出至交叉口,选择交叉口低饱和状态下的车均延误计算公式。

龙江小区公交站通往市区的公交车辆较多,主要有♯11路、♯15路、♯42路、♯45路、♯56路、♯65路、♯66路、♯75路、♯D15路公交车,在高峰期容易出现阻塞现象,这些延误大都发生在交叉口,因此到达龙江小区公交站的公交车辆容易出现串车现象。为了避免这种现象,对草场门大街-行健路交叉口以及公交车辆到达龙江小区公交停靠站的过程进行优化。

控制区域内草场门大街-行健路交叉口与龙江小区停靠站的区位如图5-16所示。

第 5 章 停靠站影响下交叉口公交优先信号控制

图 5-16 草场门大街控制区域区位图

控制区域内草场门大街几何布局如图 5-17 所示。

图中交叉口即为草场门大街-行健路交叉口(东西向为草场门大街,南北向为行健路),下游即为龙江小区公交停靠站,应注意的是,北进口为单行线(由南向北单行)。研究的方向即为东西走向。东西向草场门大街为公交优先通行主路,交叉口公交信号优先保证相位 1 中直行公交车辆(♯11 路、♯15 路、♯42 路、♯45 路、♯56 路、♯65 路、♯66 路、♯75 路、♯D15 路)优先通过交叉口到达下游停靠站。

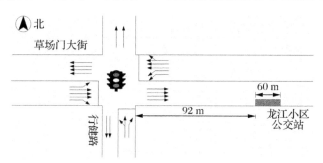

图 5-17 草场门大街控制区域几何布局图

草场门大街-行健路交叉口现状信号配时如图 5-18 所示。

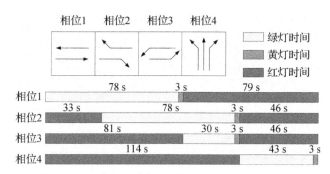

图 5-18 草场门大街-行健路交叉口现状配时图

为了保证数据的准确性和模型的普遍适用性,研究选取 2017 年 3 月 7 日和 3 月 9 日早高峰(7:30~8:30)调查的交叉口交通量进行模型标定,将 2017 年 3 月 8 日调查的早高峰交通量用于模型校验,2017 年 3 月 7 日和 3 月 9 交叉口交通量如表 5-2、表 5-3 所示。

表 5-2 草场门大街-行健路交叉口现状交通流量(2017.3.7)

进口道	社会车辆/辆			公交车辆/辆		
	左转	直行	右转	左转	直行	右转
西进口	124	1357	128	0	94	11
东进口	173	946	138	0	94	0
南进口	144	30	199	0	0	0
北进口	—	—	—	—	—	—

注:表 5-2 中"—"表示无交通流量,由于北进口由南向北单行。

表 5-3 草场门大街-行健路交叉口现状交通流量(2017.3.9)

进口道	社会车辆/辆			公交车辆/辆		
	左转	直行	右转	左转	直行	右转
西进口	97	1184	122	0	83	7
东进口	134	688	76	0	84	0
南进口	129	27	146	0	0	0
北进口	—	—	—	—	—	—

注:表 5-3 中"—"表示无交通流量,由于北进口由南向北单行。

取 2017 年 3 月 7 日和 3 月 9 日交叉口的平均交通流量,列于下表 5-4 中。

表 5-4 草场门大街-行健路交叉口现状平均交通流量

进口道	社会车辆/辆			公交车辆/辆		
	左转	直行	右转	左转	直行	右转
西进口	110	1270	125	0	88	9
东进口	153	817	107	0	89	0
南进口	136	28	172	0	0	0
北进口	—	—	—	—	—	—

注:表 5-4 中"—"表示无交通流量,由于北进口由南向北单行。

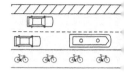

第5章 停靠站影响下交叉口公交优先信号控制

从表5-4中我们可以看出,草场门大街-行健路交叉口东西进口直行交通量较大,其中西进口道交通量略大于东进口交通量。北进口因为连着龙江花园城(住宅区),因此交通量较小;南进口的右转车辆和左转车辆也较多。

同时,选取2017年3月7日早高峰时段调查的公交车辆到达交叉口时刻以及公交停靠站公交车辆到站相关数据(如下表所示)进行研究,用于分析停靠站处乘客出行延误。通过实地观测,早高峰期间控制区域内社会车辆平均载客人数约为1.8人/辆,公交线路♯11路、♯15路、♯42路、♯45路、♯56路、♯65路、♯66路、♯75路、♯D15路平均载客人数分别约为6人/辆、15人/辆、9人/辆、7人/辆、20人/辆、6人/辆、6人/辆、13人/辆、28人/辆。

表5-5 草场门大街-行健路交叉口控制区域内公交运行特征数据(2017.3.7)

公交线路	到达交叉口时间	离开交叉口时间	到站时间	离站时间	上客数/人	下客数/人
♯11	7:33:52	/	7:33:57	7:34:20	8	0
♯11	7:44:22	/	7:44:38	7:44:56	1	0
♯11	7:57:48	/	7:58:00	7:58:32	13	0
♯11	7:58:46	/	7:58:52	7:59:02	2	0
♯11	8:01:36	8:03:09	8:03:20	8:03:51	8	0
♯11	8:06:37	/	8:06:45	8:07:00	4	0
♯11	8:09:19	/	8:09:30	8:09:41	2	0
♯11	8:14:41	/	8:15:06	8:15:24	8	0
♯11	8:21:46	/	8:21:58	8:22:10	6	0
♯11	8:27:00	/	8:27:20	8:27:35	6	0
♯15	7:29:55	7:31:06	7:31:19	7:31:48	6	0
♯15	7:41:45	/	7:42:00	7:42:23	9	0
♯15	7:43:23	7:44:18	7:44:31	7:44:51	3	0
♯15	7:53:35	7:54:53	7:55:04	7:55:29	9	2
♯15	7:59:12	8:00:23	8:00:33	8:00:50	3	0
♯15	8:04:40	8:05:42	8:05:52	8:06:09	7	0
♯15	8:09:50	8:10:59	8:11:11	8:11:28	8	2
♯15	8:19:18	/	8:19:30	8:19:53	10	2

续表 5-5

公交线路	到达交叉口时间	离开交叉口时间	到站时间	离站时间	上客数/人	下客数/人
♯15	8:28:40	8:29:48	8:30:01	8:30:22	0	3
♯42	7:32:25	7:33:38	7:33:50	7:34:14	9	4
♯42	7:44:43	/	7:45:07	7:45:23	3	0
♯42	7:48:09	/	7:48:19	7:48:40	6	0
♯42	7:53:19	/	7:53:26	7:53:35	3	0
♯42	7:56:07	/	7:56:20	7:56:37	8	2
♯42	8:01:22	/	8:01:30	8:02:02	4	0
♯42	8:09:24	/	8:09:33	8:09:57	6	6
♯42	8:14:36	/	8:15:05	8:15:19	6	0
♯42	8:15:02	8:16:16	8:16:30	8:16:42	4	0
♯42	8:22:42	/	8:22:51	8:23:15	5	2
♯42	8:27:23	/	8:27:34	8:27:44	6	0
♯42	8:28:18	8:29:27	8:29:48	8:30:14	7	0
♯45	7:29:38	7:30:56	7:31:06	7:31:35	11	3
♯45	7:31:52	/	7:32:02	7:32:15	0	0
♯45	7:40:19	7:41:36	7:41:40	7:42:20	14	0
♯45	7:45:14	/	7:45:38	7:45:50	3	0
♯45	7:51:03	7:52:22	7:52:31	7:52:56	6	0
♯45	8:01:18	/	8:01:29	8:01:58	13	0
♯45	8:06:41	/	8:06:50	8:07:09	5	0
♯45	8:20:01	/	8:20:23	8:21:04	12	0
♯45	8:30:04	/	8:30:19	8:30:43	13	0
♯56	7:36:45	/	7:37:00	7:37:21	4	3
♯56	7:44:52	/	7:45:08	7:45:25	4	4
♯56	7:48:18	7:49:31	7:49:45	7:49:50	4	5
♯56	7:52:57	/	7:53:15	7:53:27	3	0
♯56	8:00:50	/	8:01:00	8:01:21	5	5

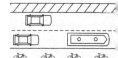

第 5 章　停靠站影响下交叉口公交优先信号控制

续表 5-5

公交线路	到达交叉口时间	离开交叉口时间	到站时间	离站时间	上客数/人	下客数/人
#56	8:03:28	/	8:03:38	8:03:46	3	5
#56	8:08:44	/	8:08:58	8:09:13	6	3
#56	8:14:05	/	8:14:18	8:14:38	6	3
#56	8:16:44	/	8:16:52	8:17:05	1	2
#56	8:19:29	/	8:19:34	8:19:54	3	3
#65	7:29:26	/	7:29:36	7:29:55	9	1
#65	7:31:27	/	7:31:50	7:32:00	1	0
#65	7:37:34	7:38:54	7:39:09	7:39:37	12	0
#65	7:40:03	/	7:40:34	7:40:48	1	0
#65	7:43:06	7:44:14	7:44:27	7:44:50	8	0
#65	7:50:04	/	7:50:10	7:50:29	5	1
#65	7:50:58	7:52:17	7:52:30	7:52:50	4	0
#65	7:53:39	7:55:02	7:55:11	7:55:36	2	0
#65	8:01:33	8:02:53	8:03:08	8:03:37	12	0
#65	8:03:56	/	8:04:02	8:04:28	1	0
#65	8:17:24	/	8:17:35	8:17:53	9	2
#65	8:28:06	/	8:28:17	8:28:38	8	0
#66	7:32:07	/	7:32:24	7:32:37	3	0
#66	7:34:57	7:36:19	7:36:36	7:37:02	6	0
#66	7:39:59	/	7:40:05	7:40:17	1	0
#66	7:42:46	/	7:42:56	7:43:08	4	0
#66	7:47:03	/	7:47:12	7:47:24	4	0
#66	7:50:40	/	7:50:49	7:51:11	0	0
#66	7:55:08	/	7:55:48	7:56:00	5	0
#66	7:58:36	/	7:58:48	7:59:00	2	0
#66	8:01:16	/	8:01:28	8:01:31	3	0
#66	8:05:52	/	8:06:00	8:06:19	4	0

续表 5-5

公交线路	到达交叉口时间	离开交叉口时间	到站时间	离站时间	上客数/人	下客数/人
#66	8:11:14	/	8:11:24	8:11:40	5	0
#66	8:13:53	/	8:14:05	8:14:28	4	6
#66	8:19:14	/	8:19:27	8:19:52	1	0
#66	8:24:32	/	8:24:43	8:25:07	7	0
#66	8:28:31	8:29:44	8:29:59	8:30:15	3	0
#75	7:34:53	7:36:14	7:36:27	7:37:01	12	0
#75	7:40:01	/	7:40:06	7:40:25	0	0
#75	7:48:21	7:49:36	7:49:48	7:50:15	11	0
#75	7:53:37	7:54:58	7:55:07	7:55:31	8	0
#75	8:03:46	/	8:03:58	8:04:20	4	0
#75	8:12:23	8:13:39	8:13:53	8:14:05	5	0
#75	8:25:18	/	8:25:28	8:25:48	9	0
#D15	7:29:32	7:30:52	7:31:03	7:31:14	1	3
#D15	7:39:39	/	7:39:47	7:40:13	8	14
#D15	7:50:32	/	7:50:41	7:51:05	6	15
#D15	7:55:47	/	7:56:11	7:56:32	0	12
#D15	8:06:19	/	8:06:30	8:06:48	0	15
#D15	8:14:21	/	8:14:30	8:14:56	1	0
#D15	8:19:38	/	8:19:45	8:20:10	0	10

注：表 5-5 中"/"表示公交车辆在交叉口处未停车，直接通过交叉口。

2) 方案优化

以交叉口车道饱和度、相位最大绿灯时间等为约束条件，通过对草场门大街-行健路交叉口信号配时进行优化来实现公交优先控制，优化后的信号配时方案如图 5-19 所示。相位 1 公交优先绿灯延长时间为 7 s。

采用下游停靠站影响下的交叉口延误模型计算出信号配时后的草场门大街-行健路交叉口乘客总延误和龙江小区公交站乘客总延误，并列于表 5-6 中。

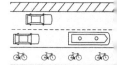

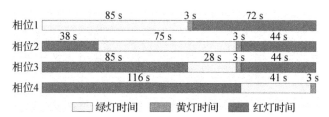

图 5-19　草场门大街-行健路交叉口公交优先信号配时优化方案

表 5-6　草场门大街-行健路交叉口控制区域内乘客延误降低程度对比分析

	交叉口乘客延误/s			下游停靠站乘客延误/s		
	社会车辆乘客延误	公交车辆乘客延误	乘客总延误	社会车辆乘客延误	公交车辆乘客延误	乘客总延误
现状方案	321 107	129 504	450 611	103 382	17 866	121 248
优化方案	299 932	116 209	416 141	100 043	17 557	117 600
降低比例	7.06%	11.44%	8.28%	3.24%	1.76%	3.10%

对比优化前控制区域范围内的乘客出行延误,优化后交叉口范围内社会车辆乘客出行延误和公交车辆乘客出行延误减少 21 175 s、13 295 s,交叉口范围内乘客总延误减少 34 470 s;对于整个优化控制区域(交叉口与下游停靠站),乘客总出行延误减少 38 118 s。

公交车辆在控制区域内实际运行延误与公交车辆按照运行时刻表延误的离散程度反映了控制区域的交通阻塞程度。假设公交车辆在高峰期按照固定时间发车,那么公交车辆的离散程度的差值如表 5-7 所示。

表 5-7　公交车辆运行延误离散程度表(2017.3.7)

	乘客候车延误/s	车内乘客等待延误/s	乘客总延误/s	延误离散程度/s
时刻表运行方案	71 400	17 866	89 266	—
现状方案	103 383	17 987	121 370	32 104
优化方案	101 315	17 912	119 227	29 961

注:表 5-7 中"—"表示无延误离散程度。

3) 模型校验

表 5-8 为实地调查所得 2017 年 3 月 8 日草场门大街-行健路交叉口现状交通

流量。

2017年3月8日公交车辆在草场门大街-行健路交叉口与停靠站的运行特征数据如下表所示。2017年3月8日草场门大街-行健路交叉口的现状信号配时同图5-19相同,这里不再赘述。

表5-8 草场门大街-行健路交叉口现状交通流量(2017.3.8)

进口道	社会车辆/辆			公交车辆/辆		
	左转	直行	右转	左转	直行	右转
西进口	108	1189	119	0	89	8
东进口	185	777	103	0	88	0
南进口	104	23	151	0	0	0
北进口	—	—	—	—	—	—

注:表5-8中"—"表示无交通流量,由于北进口由南向北单行。

表5-9 草场门大街-行健路交叉口控制区域内公交运行特征数据(2017.3.8)

公交线路	到达交叉口时间	离开交叉口时间	到站时间	离站时间	上客数/人	下客数/人
#11	7:32:07	/	7:32:26	7:33:31	2	0
#11	7:36:21	/	7:36:30	7:36:50	9	0
#11	7:40:03	/	7:40:20	7:40:37	2	0
#11	7:44:22	/	7:44:33	7:44:50	10	0
#11	7:47:56	/	7:48:10	7:48:20	4	0
#11	7:53:24	/	7:53:53	7:54:10	11	0
#11	7:57:46	/	7:57:55	7:58:25	10	0
#11	8:03:58	/	8:04:05	8:04:28	7	0
#11	8:14:41	/	8:14:50	8:15:23	8	0
#11	8:21:51	/	8:22:36	8:23:00	4	0
#11	8:27:07	/	8:27:17	8:27:57	16	0
#15	7:37:24	/	7:37:35	7:37:48	2	0
#15	7:46:10	7:46:55	7:47:08	7:47:19	1	1
#15	8:00:34	/	8:00:45	8:00:57	6	0

第5章 停靠站影响下交叉口公交优先信号控制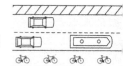

续表 5-9

公交线路	到达交叉口时间	离开交叉口时间	到站时间	离站时间	上客数/人	下客数/人
#15	8:04:36	8:05:44	8:05:58	8:06:15	4	4
#15	8:10:05	8:10:57	8:11:14	8:11:39	7	1
#15	8:20:35	8:21:40	8:21:52	8:22:30	8	2
#15	8:28:33	8:29:31	8:29:44	8:30:03	5	2
#42	7:31:23	/	7:32:50	7:32:57	1	0
#42	7:37:36	7:38:57	7:39:11	7:39:25	1	6
#42	7:45:20	/	7:45:42	7:45:57	3	0
#42	7:48:20	7:49:38	7:49:50	7:50:11	10	3
#42	7:58:44	/	7:58:55	7:59:28	10	4
#42	8:14:07	/	8:14:18	8:15:00	17	2
#42	8:20:13	8:21:32	8:21:43	8:22:12	10	2
#42	8:27:56	/	8:28:14	8:28:32	6	2
#45	7:37:27	/	7:37:36	7:38:00	10	0
#45	7:37:37	7:39:00	7:39:13	7:39:26	5	0
#45	7:42:54	7:44:14	7:44:30	7:44:49	8	0
#45	7:50:03	/	7:50:12	7:50:50	10	1
#45	7:53:16	/	7:53:52	7:54:05	5	0
#45	7:56:03	/	7:56:33	7:56:50	4	0
#45	8:01:13	/	8:01:30	8:01:58	8	0
#45	8:01:27	/	8:01:32	8:02:24	1	2
#45	8:11:56	/	8:12:07	8:12:38	9	0
#45	8:20:18	8:21:36	8:21:50	8:22:16	9	2
#45	8:25:38	8:26:54	8:27:08	8:27:29	2	1
#56	7:34:07	/	7:34:16	7:34:44	1	4
#56	7:39:36	/	7:39:45	7:40:34	4	2
#56	7:42:07	/	7:42:19	7:42:49	5	2
#56	7:44:57	/	7:45:40	7:45:55	1	1

续表 5-9

公交线路	到达交叉口时间	离开交叉口时间	到站时间	离站时间	上客数/人	下客数/人
#56	7:55:38	/	7:55:50	7:56:18	9	9
#56	8:00:47	/	8:00:50	8:01:20	4	6
#56	8:03:28	/	8:03:39	8:04:00	7	1
#56	8:06:11	/	8:06:24	8:06:36	2	4
#56	8:06:15	/	8:06:26	8:06:38	1	7
#56	8:17:06	/	8:17:20	8:17:42	8	1
#56	8:18:27	/	8:19:34	8:19:50	3	3
#56	8:27:33	/	8:27:40	8:28:03	4	3
#65	7:32:12	7:33:33	7:33:47	7:34:05	5	0
#65	7:39:30	/	7:39:40	7:40:08	7	3
#65	7:40:19	7:41:34	7:41:50	7:42:10	6	0
#65	7:52:44	/	7:52:58	7:53:36	14	2
#65	7:55:26	/	7:55:38	7:55:58	4	0
#65	7:58:39	/	7:58:48	7:59:05	4	0
#65	8:01:16	/	8:01:31	8:01:35	1	0
#65	8:06:53	8:08:14	8:08:31	8:08:54	8	0
#65	8:09:29	/	8:09:39	8:09:57	2	0
#65	8:17:43	8:18:56	8:19:12	8:19:43	7	0
#65	8:22:47	/	8:22:58	8:23:15	6	0
#65	8:25:23	/	8:25:32	8:26:00	9	0
#65	8:28:08	/	8:28:18	8:28:34	0	0
#66	7:33:46	/	7:34:00	7:34:15	6	0
#66	7:38:02	7:39:05	7:39:14	7:39:57	1	0
#66	7:42:37	/	7:42:45	7:42:55	2	0
#66	7:47:15	/	7:47:26	7:47:42	4	0
#66	7:50:58	7:52:11	7:52:30	7:52:45	9	3
#66	7:53:49	7:54:52	7:55:07	7:55:18	3	0

第5章 停靠站影响下交叉口公交优先信号控制

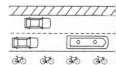

续表 5-9

公交线路	到达交叉口时间	离开交叉口时间	到站时间	离站时间	上客数/人	下客数/人
#66	7:59:03	8:00:15	8:00:31	8:00:45	6	0
#66	8:03:02	/	8:03:14	8:03:27	7	0
#66	8:06:45	/	8:06:55	8:07:15	4	0
#66	8:10:11	/	8:11:22	8:11:41	6	0
#66	8:13:45	/	8:13:56	8:14:09	2	0
#66	8:20:16	8:21:33	8:21:45	8:22:08	7	0
#66	8:24:21	/	8:24:30	8:24:44	0	0
#66	8:29:43	/	8:29:53	8:30:05	4	0
#75	7:44:44	/	7:44:55	7:45:29	11	0
#75	7:52:48	/	7:53:00	7:53:37	12	0
#75	7:56:20	7:57:32	7:57:47	7:58:13	10	0
#75	8:06:58	8:08:20	8:08:33	8:08:54	7	0
#75	8:17:39	8:18:57	8:19:10	8:19:42	14	0
#75	8:23:02	8:23:12	8:23:18	8:23:40	3	1
#75	8:23:05	8:24:14	8:24:29	8:24:42	4	1
#D15	7:34:40	/	7:34:50	7:35:02	2	6
#D15	7:47:40	/	7:47:51	7:48:15	3	11
#D15	7:50:31	/	7:50:38	7:50:45	2	4
#D15	8:01:02	/	8:01:29	8:01:57	4	15
#D15	8:04:00	/	8:04:07	8:04:35	1	6
#D15	8:10:26	/	8:11:33	8:11:51	1	6
#D15	8:17:10	/	8:17:23	8:17:42	2	9
#D15	8:25:04	/	8:25:14	8:25:30	1	5
#D15	8:30:23	/	8:31:20	8:31:41	1	12

注：表5-9中"/"表示公交车辆在交叉口处未停车,直接通过交叉口。

将上述下游停靠站影响范围内的交通特征数据代入下游停靠站影响的延误机制模型中,利用2017年3月8日的交通量进行校验,得到表5-10优化后的交叉

215

口延误和停靠站延误。

通过表5-10可以发现交叉口范围内乘客出行延误有明显降低,较模型优化前改善明显,交叉口范围内社会车辆乘客出行延误和公交车辆乘客延误减少19 385 s、13 194 s,交叉口范围内乘客出行总延误降低32 579 s;对于整个优化控制区域(交叉口与下游停靠站),乘客总出行延误减少36 602 s。

表5-10 草场门大街-行健路交叉口控制区域内乘客延误降低程度对比分析(2017.3.8)

	交叉口乘客延误/s			下游停靠站乘客延误/s		
	社会车辆乘客延误	公交车辆乘客延误	乘客总延误	社会车辆乘客延误	公交车辆乘客延误	乘客总延误
现状方案	300 735	126 249	426 984	107 159	22 094	129 253
优化方案	281 350	113 055	394 405	103 505	21 725	125 230
降低比例	6.89%	11.67%	8.26%	3.53%	1.70%	3.21%

公交车辆在控制区域内实际运行延误与公交车辆按照运行时刻表延误的离散程度反映了控制区域的交通阻塞程度。公交车辆在高峰期按照固定时间间隔发车,那么公交车辆的离散程度的差值如表5-11所示。

表5-11 公交车辆运行延误离散程度表(2017.3.8)

	乘客候车延误/s	车内乘客等待延误/s	乘客总延误/s	延误离散程度/s
时刻表运行方案	71 400	17 866	89 266	—
现状方案	107 159	22 094	129 253	39 987
优化方案	103 944	21 873	125 817	36 551

注:表5-11中"—"表示无延误离散程度。

4) 仿真验证

结合高峰期调查的草场门大街-行健路交叉口和龙江小区公交停靠站的交通特征参数,搭建仿真环境,分别对平均交通量(2017年3月7日、3月9日)、2017年3月8日交通特征数据进行VISSIM仿真。

通过仿真得到交叉口公交优先信号配时方案优化前后交叉口范围内车辆延误情况,并结合社会车辆和公交车辆车均载客人数,分别计算出基于VISSIM仿真环境的优化前后整个优化控制区域平均交通量(2017年3月7日、3月9日)、2017年

3月8日交通量乘客出行总延误,如表5-12、表5-13所示。

图 5-20 基于 VISSIM 的草场门大街仿真界面

表 5-12 草场门大街-行健路交叉口乘客延误对比分析(2017.3.7、2017.3.9)

	社会车辆乘客延误/s	公交车辆乘客延误/s	乘客总延误/s
现状仿真方案	272 964	109 341	382 304
优化仿真方案	256 786	100 129	356 915

为了方便观察优化前后乘客总延误变化趋势,将草场门大街-行健路交叉口现状乘客总延误、公交优先乘客总延误、VISSIM 仿真乘客总延误绘制在图5-21中。

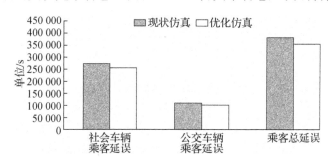

图 5-21 草场门大街-行健路交叉口乘客延误对比分析(2017.3.7、2017.3.9)

结合表5-12及图5-21可知,利用 VISSIM 软件对2017年3月7日和3月9日两天平均交通量分别进行现状方案和优化方案的仿真分析可得,草场门大街-行健路交叉口社会车辆乘客延误和公交车辆乘客延误较优化后降低6.3%、9.2%,交叉口乘客总延误较优化后降低7.1%,与模型计算结果类似,表明下游停靠站影响的交叉口公交优先信号配时模型具有适用性。

模型校验之后的交叉口乘客出行延误优化前后仿真数据如表5-13所示。

表 5-13　草场门大街-行健路交叉口乘客延误对比分析(2017.3.8)

	社会车辆乘客延误/s	公交车辆乘客延误/s	乘客总延误/s
现状仿真方案	247 858	101 462	349 320
优化仿真方案	235 831	92 071	327 902

为了方便观察优化前后乘客总延误变化趋势,将草场门大街-行健路交叉口现状乘客总延误、公交优先乘客总延误、VISSIM 仿真乘客总延误绘制在图 5-22 中。

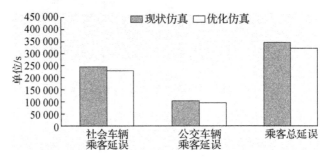

图 5-22　草场门大街-行健路交叉口乘客延误对比分析(2017.3.8)

结合表 5-13 及图 5-22 可知,利用 VISSIM 软件对 2017 年 3 月 8 日交通量进行现状方案和优化方案仿真分析可得,草场门大街-行健路交叉口社会车辆乘客延误和公交车辆乘客延误较优化后降低 5.1%、10.2%,交叉口乘客总延误较优化后乘客出行延误降低 6.5%,与模型计算结果类似,表明下游停靠站影响的交叉口公交优先信号配时模型具有适用性。

5.5.2　交叉口+上游停靠站控制单元

在此,以"清凉门大街-嫩江路"交叉口为例,系统介绍交叉口+上游停靠站控制单元单个交叉口公交优先信号配时优化过程。本研究过程中还对"龙蟠路-珠江路""珠江路-丹凤街"等交叉口进行了优化与仿真验证评价,由于篇幅有限,不在此赘述。

1) 现状资料

在 2017 年 3 月 7 日、3 月 8 日、3 月 9 日连续工作日的早高峰时段(7:30~8:30)对两个控制区域内部的交叉口各进口道高峰时段流量进行调查。为了证明模型具有普遍适用性,研究选取 2017 年 3 月 7 日和 3 月 9 日两天调查的平均交通数据来进行模型标定,确定考虑停靠站影响的交叉口公交优先信号配时优化方案;同时,将2017年3月8日调查的交通数据用来进行模型校验,具体操作过程如下。

研究清凉门大街-嫩江路交叉口与湛江路公交停靠站控制区域的由西至东方向,即研究上游停靠站影响的交叉口公交优先信号配时模型在实际问题中的应用,并且根据实际调查的交通数据计算交叉口属于低饱和状态,并且机动车辆未溢出至交叉口,选择交叉口低饱和状态下的车均延误计算公式。清凉门大街主干路通往市区的公交车辆较多,主要有♯15路、♯23路、♯60路、♯91路、♯133路、♯303路、♯317路公交车,在高峰期容易在公交站出现串车现象,为了避免这种现象,对清凉门大街-嫩江路交叉口以及公交车辆到达湛江路公交站的过程进行优化。调查范围内的清凉门大街-嫩江路交叉口与湛江路公交停靠站区位如图5-23所示。

图5-23 清凉门大街控制区域区位图

图5-24为清凉门大街控制区域几何布局情况。

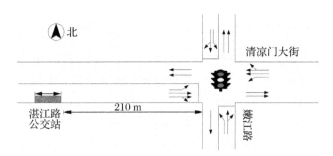

图5-24 清凉门大街控制区域几何布局图

图中交叉口即为清凉门大街-嫩江路交叉口(东西向为清凉门大街,南北向为嫩江路),上游即为湛江路公交停靠站。在该控制区域内的研究方向为东西方向,该方向是清凉门大街,为公交优先通行主路,交叉口公交信号优先保证相位1(图5-25)中直行公交车辆(♯15路、♯23路、♯60路、♯91路、♯133路、♯303路、♯317路)通过停靠站后顺利到达下游交叉口。

清凉门大街-嫩江路交叉口现状信号配时图,如图5-25所示。

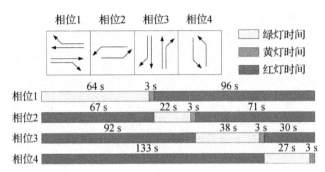

图5-25 清凉门大街-嫩江路交叉口现状配时图

为了进行模型的标定,取2017年3月7日和3月9日工作日调查的早高峰交叉口交通量,如表5-14、表5-15所示。

表5-14 清凉门大街-嫩江路交叉口现状交通流量(2017.3.7)

进口道	社会车辆/辆			公交车辆/辆		
	左转	直行	右转	左转	直行	右转
西进口	52	883	58	0	51	0
东进口	90	432	134	4	60	13
南进口	60	58	113	0	0	3
北进口	140	96	66	6	0	0

表5-15 清凉门大街-嫩江路交叉口现状交通流量(2017.3.9)

进口道	社会车辆/辆			公交车辆/辆		
	左转	直行	右转	左转	直行	右转
西进口	36	895	63	0	64	0
东进口	99	508	119	4	67	13
南进口	74	56	121	0	0	6
北进口	185	90	75	6	0	0

取其平均流量作为交叉口的流量,列于表5-16中。

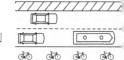

第5章 停靠站影响下交叉口公交优先信号控制

表 5-16 清凉门大街-嫩江路交叉口现状平均交通流量

进口道	社会车辆/辆			公交车辆/辆		
	左转	直行	右转	左转	直行	右转
西进口	44	889	60	0	57	0
东进口	94	470	126	4	63	13
南进口	67	57	117	0	0	4
北进口	162	93	70	6	0	0

从表 5-16 中我们可以看出,清凉门大街-嫩江路交叉口东西进口交通流量较大,早高峰期间西进口道交通流量略大于东进口道交通流量。

同时,选取 2017 年 3 月 7 日早高峰时段调查上游停靠站影响范围内的公交车辆相关交通特征数据进行研究,用于分析停靠站处乘客出行总延误。

通过实地观测,早高峰期间控制区域内社会车辆平均载客人数约为 1.8 人/辆,公交线路 ♯15 路、♯23 路、♯60 路、♯91 路、♯133 路、♯303 路、♯317 路平均载客人数分别约为 4 人/辆、5 人/辆、30 人/辆、10 人/辆、14 人/辆、16 人/辆、7 人/辆。

清凉门大街控制区域内的公交车辆运行特征数据如表 5-17 所示。由实际调查数据统计可以发现,早高峰期间,公交车辆到达停靠站的数量较多,并且上客数也较多。

表 5-17 清凉门大街-嫩江路交叉口控制区域内公交运行特征数据(2017.3.7)

公交线路	到站时间	离站时间	上客数/人	下客数/人
♯15	7:38:07	7:38:16	1	3
♯15	7:46:27	7:46:32	0	0
♯15	7:51:50	7:52:03	3	1
♯15	8:11:05	8:11:07	0	0
♯23	7:39:19	7:39:23	0	0
♯23	7:43:54	7:44:16	8	0
♯23	7:46:37	7:46:40	0	0
♯23	7:52:26	7:52:34	4	0
♯23	8:00:36	8:00:54	7	0
♯23	8:01:54	8:01:57	0	0

续表 5-17

公交线路	到站时间	离站时间	上客数/人	下客数/人
#23	8:02:10	8:03:24	0	0
#23	8:19:12	8:19:29	8	2
#60	7:31:43	7:31:50	1	1
#60	7:41:34	7:41:45	1	0
#60	7:49:22	7:49:31	2	0
#60	8:02:57	8:03:23	8	1
#60	8:06:09	8:06:18	2	1
#60	8:11:36	8:11:41	1	0
#60	8:14:12	8:14:21	2	2
#60	8:19:55	8:20:06	5	1
#60	8:22:26	8:22:39	2	0
#60	8:28:13	8:28:25	2	0
#91	7:38:29	7:38:41	8	0
#91	7:41:15	7:41:24	4	0
#91	7:46:47	7:46:56	3	4
#91	7:49:31	7:49:47	4	0
#91	7:51:59	7:52:07	0	0
#91	8:03:30	8:03:42	5	0
#91	8:05:40	8:05:44	1	0
#91	8:11:23	8:11:30	1	0
#91	8:13:46	8:13:58	7	0
#91	8:27:35	8:27:52	4	2
#91	8:30:13	8:30:22	2	0
#133	7:30:20	7:31:00	0	3
#133	7:43:53	7:44:05	3	1
#133	8:05:49	8:05:55	0	1
#133	8:13:52	8:14:02	1	0
#133	8:19:39	8:19:45	0	0

续表 5-17

公交线路	到站时间	离站时间	上客数/人	下客数/人
♯133	8:30:05	8:30:18	2	0
♯303	7:38:31	7:38:48	8	0
♯303	7:52:48	7:52:59	8	0
♯303	7:55:48	7:56:01	2	0
♯303	7:58:26	7:58:34	1	0
♯303	8:06:17	8:06:27	3	0
♯303	8:14:28	8:14:40	2	0
♯303	8:22:40	8:22:50	2	0
♯303	8:28:08	8:28:18	0	1
♯303	8:30:49	8:31:00	1	1
♯317	7:30:10	7:30:18	0	1
♯317	7:51:38	7:51:43	0	0
♯317	8:10:50	8:10:54	0	0
♯317	8:19:06	8:19:18	5	0
♯317	8:29:51	8:29:56	1	0

2) 方案优化

以交叉口车道饱和度、最大绿灯时间等为约束条件，通过对草场门大街-行健路交叉口信号配时进行优化来实现公交优先控制，优化后的信号配时方案如图 5-26 所示。公交优先绿灯延长时间为 9 s。

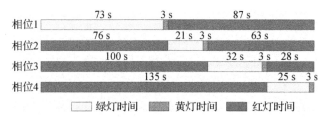

图 5-26　清凉门大街-嫩江路交叉口公交优先信号配时优化方案

采用上游停靠站影响下的交叉口延误模型计算出优化交叉口信号配时后的清凉门大街-嫩江路交叉口乘客总延误和湛江路公交站乘客总延误，并列于表 5-18 中。

表 5-18　清凉门大街-嫩江路交叉口控制区域内乘客延误降低程度对比分析

	交叉口乘客延误/s			下游停靠站乘客延误/s		
	社会车辆乘客延误	公交车辆乘客延误	乘客总延误	社会车辆乘客延误	公交车辆乘客延误	乘客总延误
现状方案	199 269	84 487	283 756	34 626	8 467	43 093
优化方案	182 174	72 447	254 621	34 626	8 467	43 093
降低比例	9.38%	16.62%	11.44%	—	—	—

注：表 5-18 中"—"表示乘客延误未发生变化。

对比优化前后控制区域范围内的乘客出行延误，优化后交叉口范围内社会车辆乘客出行延误和公交车辆乘客出行延误较现状减少 17 095 s、12 040 s；对于整个优化控制区域（交叉口与下游停靠站），较优化前乘客总出行延误减少 29 135 s。

3) 模型校验

表 5-19 为实地调查所得 2017 年 3 月 8 日清凉门大街-嫩江路交叉口现状交通流量。

表 5-19　清凉门大街-嫩江路交叉口现状交通流量(2017.3.8)

进口道	社会车辆/辆			公交车辆/辆		
	左转	直行	右转	左转	直行	右转
西进口	45	826	70	0	63	0
东进口	89	511	106	5	65	10
南进口	83	58	120	0	0	3
北进口	194	98	77	9	0	0

公交车辆在控制区域内的运行特征数据如表 5-20 所示。2017 年 3 月 8 日清凉门大街-嫩江路交叉口的信号配时同图 5-26 所示，这里不再赘述。

表 5-20　清凉门大街-嫩江路交叉口控制区域内公交运行特征数据(2017.3.8)

公交线路	到站时间	离站时间	上客数/人	下客数/人
♯15	7:35:28	7:35:36	0	3
♯15	7:38:17	7:38:26	0	2
♯15	7:51:53	7:52:04	0	0

第 5 章　停靠站影响下交叉口公交优先信号控制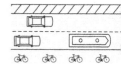

续表 5−20

公交线路	到站时间	离站时间	上客数/人	下客数/人
♯15	7:54:26	7:54:34	0	1
♯15	8:08:20	8:08:28	1	0
♯15	8:19:03	8:19:12	0	1
♯15	8:27:02	8:27:05	0	0
♯23	7:30:27	7:30:49	7	0
♯23	7:33:04	7:33:13	3	0
♯23	7:41:15	7:41:31	5	0
♯23	7:50:14	7:50:32	9	0
♯23	7:55:42	7:55:56	2	1
♯23	8:00:20	8:00:32	4	0
♯23	8:00:35	8:00:38	0	0
♯23	8:08:26	8:08:42	3	0
♯23	8:19:41	8:19:55	4	0
♯23	8:24:39	8:24:58	1	0
♯60	7:36:20	7:36:40	8	0
♯60	7:44:04	7:44:15	4	0
♯60	7:44:31	7:44:39	0	0
♯60	7:58:26	7:58:45	4	1
♯60	8:01:12	8:01:18	1	0
♯60	8:06:15	8:06:21	3	0
♯60	8:11:34	8:11:42	1	1
♯60	8:19:55	8:20:30	6	0
♯60	8:22:59	8:23:08	2	0
♯60	8:28:20	8:28:35	4	0
♯91	7:30:21	7:30:34	2	2
♯91	7:41:39	7:41:51	2	1
♯91	7:43:53	7:44:03	2	0
♯91	7:49:35	7:49:57	8	0

续表 5-20

公交线路	到站时间	离站时间	上客数/人	下客数/人
#91	7:52:08	7:52:15	1	0
#91	7:57:55	7:58:04	2	1
#91	8:08:40	8:08:49	7	1
#91	8:11:08	8:11:25	3	0
#91	8:19:44	8:20:06	5	0
#91	8:25:26	8:26:17	9	0
#133	7:33:31	7:33:43	1	0
#133	7:41:41	7:41:53	2	0
#133	7:55:04	7:55:09	0	0
#133	8:05:57	8:06:04	1	1
#133	8:16:35	8:16:43	2	1
#133	8:25:09	8:25:15	0	0
#303	7:31:02	7:31:17	6	3
#303	7:39:06	7:39:22	5	1
#303	7:44:45	7:44:52	2	0
#303	7:47:22	7:47:30	1	1
#303	7:55:37	7:55:52	6	0
#303	8:00:19	8:00:31	5	1
#303	8:06:31	8:06:37	3	0
#303	8:14:50	8:15:03	2	2
#303	8:19:50	8:20:26	2	0
#303	8:28:16	8:28:28	3	2
#317	7:33:00	7:33:12	1	2
#317	7:43:51	7:43:59	3	0
#317	7:46:35	7:46:45	2	0
#317	8:02:42	8:02:48	0	0
#317	8:13:30	8:13:37	1	0
#317	8:21:40	8:21:57	4	0
#317	8:29:54	8:30:07	2	0

将上述上游停靠站影响范围内的交通特征数据代入上游停靠站影响的延误机制模型中,利用 2017 年 3 月 8 号的交通量进行校验,得到表 5-21 优化后的交叉口延误和停靠站延误。

通过表 5-21 可以发现交叉口范围内乘客出行延误有明显降低,较模型优化前改善明显,交叉口范围内社会车辆乘客出行延误、公交车辆乘客出行延误较现状减少 15 411 s、12 273 s;整个控制区域内乘客出行总延误,较优化前乘客出行总延误减少 27 684 s。

表 5-21 清凉门大街-嫩江路交叉口控制区域内乘客延误降低程度对比分析(2017.3.8)

	交叉口乘客延误/s			下游停靠站乘客延误/s		
	社会车辆乘客延误	公交车辆乘客延误	乘客总延误	社会车辆乘客延误	公交车辆乘客延误	乘客总延误
现状方案	195 525	83 301	278 826	39 144	10 896	50 040
优化方案	180 114	71 028	251 142	39 144	10 896	50 040
降低比例	8.56%	17.28%	11.02%	—	—	—

注:表 5-21 中"—"表示乘客延误未发生变化。

4) 仿真验证

结合高峰期调查的清凉门大街-嫩江路交叉口和湛江路公交停靠站的交通特征参数,搭建仿真环境,分别对平均交通量(2017 年 3 月 7 日、3 月 9 日)、2017 年 3 月 8 日交通特征数据进行 VISSIM 仿真。

图 5-27 基于 VISSIM 的清凉门大街仿真界面

通过仿真得到交叉口公交优先信号配时方案优化前后交叉口范围内车辆延误情况,并结合社会车辆和公交车辆车均载客人数,计算出基于 VISSIM 仿真环境的优化前后整个优化控制区域(交叉口与上游停靠站)乘客出行总延误,如表 5-22、表 5-23 所示。

为了方便观察优化前后乘客总延误变化趋势,将清凉门大街-嫩江路交叉口现状乘客总延误、公交优先乘客总延误、VISSIM 仿真乘客总延误绘制在图 5-28 中。

表 5-22 清凉门大街-嫩江路交叉口乘客延误对比分析(2017.3.7、2017.3.9)

	社会车辆乘客延误/s	公交车辆乘客延误/s	乘客总延误/s
现状仿真方案	182 666	78 274	260 940
优化仿真方案	170 398	70 644	241 042

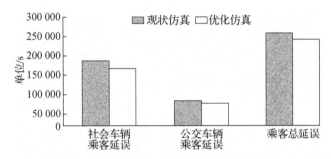

图 5-28 清凉门大街-嫩江路交叉口乘客延误对比分析(2017.3.7、2017.3.9)

由表 5-22 和图 5-28 可知,利用 VISSIM 软件对 2017 年 3 月 7 日、3 月 9 日平均交通量分别进行现状方案和优化方案仿真分析可得,清凉门大街-嫩江路交叉口社会车辆乘客延误和公交车辆乘客延误较优化后降低 7.2%、10.8%,交叉口乘客总延误较清凉门大街-嫩江路交叉口信号配时优化后降低 8.3%,与模型计算结果类似,表明上游停靠站影响的交叉口公交优先信号配时模型具有适用性。

表 5-23 清凉门大街-嫩江路交叉口乘客延误对比分析(2017.3.8)

	社会车辆乘客延误/s	公交车辆乘客延误/s	乘客总延误/s
现状仿真方案	181 712	77 358	259 070
优化仿真方案	170 302	69 132	239 434

为了方便观察优化前后乘客总延误变化趋势,将清凉门大街-嫩江路交叉口现状乘客总延误、公交优先乘客总延误、VISSIM 仿真乘客总延误绘制在图 5-29 中。

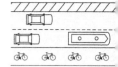

第 5 章　停靠站影响下交叉口公交优先信号控制

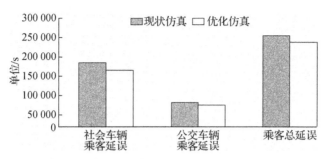

图 5-29　清凉门大街-嫩江路交叉口乘客延误对比分析(2017.3.8)

结合表 5-23 及图 5-29 可知,利用 VISSIM 软件对 2017 年 3 月 8 日交通量进行现状方案和优化方案仿真分析可得,清凉门大街-嫩江路交叉口社会车辆乘客延误和公交车辆乘客延误较优化后降低 6.70%、11.9%,交叉口乘客总延误较优化后降低 8.2%,与模型计算结果类似,表明上游停靠站影响的交叉口公交优先信号配时模型具有适用性。

参考文献

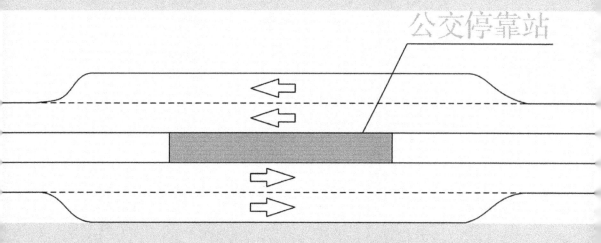

参考文献

[1] Weng J, Meng Q. Estimating capacity and traffic delay in work zones: An overview[J]. Transportation Research Part C: Emerging Technologies, 2013, 35: 34 – 45.

[2] Weng J, Meng Q, Fwa T F. Vehicle headway distribution in work zones[J]. Transportmetrica A: Transport Science, 2014, 10(4): 285 – 303.

[3] Wang H, Liu L Dong S, Qian Z, et al. A novel work zone short-term vehicle-type specific traffic speed prediction model through the hybrid EMD-ARIMA framework[J]. Transportmetrica B: Transport Dynamics, 2015, 4(3): 159 – 186.

[4] Karim A, Adeli H. Radial basis function neural network for work zone capacity and queue estimation[J]. Journal of Transportation Engineering, 2003, 129(5): 494 – 503.

[5] Ghosh-Dastidar S, Adeli H. Neural network-wavelet microsimulation model for delay and queue length estimation at freeway work zones[J]. Journal of Transportation Engineering, 2006, 132(4): 331 – 341.

[6] Meng Q, Weng J. An improved cellular automata model for heterogeneous work zone traffic [J]. Transportation Research Part C: Emerging Technologies, 2011, 19(6): 1263 – 1275.

[7] Wong C K, Wong S C, Hong K L. A spatial queuing approach to optimize coordinated signal settings to obviate gridlock in adjacent work zones[J]. Journal of Advanced Transportation, 2010, 44(4): 231 – 244.

[8] 杨晓光,赵靖,马万经,白玉. 信号控制交叉口通行能力计算方法研究综述[J]. 中国公路学报, 2014, 27(5): 148 – 157.

[9] 马万经,陆艳,安琨,赵靖. 短车道信号控制交叉口通行能力概率模型[J]. 同济大学学报(自然科学版), 2012, 40(11): 1641 – 1646.

[10] 王殿海,景春光,曲昭伟. 交通波理论在交叉口交通流分析中的应用[J]. 中国公路学报, 2002, 15(1): 93 – 96.

[11] 祁宏生,王殿海. 信号控制交叉路口车辆排队长度[J]. 吉林大学学报(工学版), 2009, 39

(6):1457-1462.

[12] Srivastava A, Jin W, Lebacque J P. A modified Cell Transmission Model with realistic queue discharge features at signalized intersections[J]. Transportation Research Part B: Methodological, 2015, 81:302-315.

[13] Liu H, Wu X, Ma W, et al. Real-time queue length estimation for congested signalized intersections[J]. Transportation Research Part C: Emerging Technologies, 2009, 17(4):412-427.

[14] Hao P, Ban X. Long queue estimation for signalized intersections using mobile data[J]. Transportation Research Part B: Methodological, 2015, 82:54-73.

[15] Zheng Z. Recent developments and research needs in modeling lane changing[J]. Transportation Research Part B: Methodological, 2014, 60:16-32.

[16] 魏丽英, 王志龙, 吴荣华. 交叉口进口道换道行为研究及建模[J]. 物理学报, 2014, 63(4):192-196.

[17] 江欣国, 夏亮. 基于元胞自动机的高速公路临时瓶颈交通流仿真[J]. 西南交通大学学报, 2016, 51(1):128-137.

[18] Pan T, Lam W H K, Sumalee A, et al. Modeling the impacts of mandatory and discretionary lane-changing maneuvers[J]. Transportation Research Part C: Emerging Technologies, 2016, 68:403-424.

[19] Chen D, Ahn S. Capacity-drop at extended bottlenecks: Merge, diverge, and weave[J]. Transportation Research Part B: Methodological, 2018, 108:1-20.

[20] Moridpour S, Rose G, Sarvi, M. Effect of surrounding traffic characteristics on lane changing behavior[J]. Journal of Transportation Engineering, 2010, 136(11):973-985.

[21] Zheng Z, Ahn S, Chen D, et al. The effects of lane-changing on the immediate follower: Anticipation, relaxation, and change in driver characteristics[J]. Transportation Research Part C: Emerging Technologies, 2013, 26:367-379.

[22] Hall R W. Incident dispatching, clearance and delay[J]. Transportation Research Part A: Policy and Practice, 2002, 36(1):1-16.

[23] Yu R, Lao Y, Ma X, et al. Short-term traffic flow forecasting for freeway incident-induced delay estimation[J]. Journal of Intelligent Transportation Systems, 2014, 18(3):254-263.

[24] Hou L, Lao Y, Wang Y, et al. Modeling freeway incident response time: A mechanism-based approach[J]. Transportation Research Part C: Emerging Technologies, 2013, 28:87-100.

[25] Hojati A T, Ferreira L, Washington S, et al. Modelling the impact of traffic incidents on travel time reliability[J]. Transportation Research Part C: Emerging Technologies, 2016, 70:86-97.

[26] Park S, Rakha H, Guo F. Calibration issues for multistate model of travel time reliability[J]. Transportation Research Record: Journal of the Transportation Research Board, 2011, 2188:

74-84.

[27] Transportation Research Board 2010 Executive Committee. Highway Capacity Manual[M]. Transportation Research Board, National Research Council. Washington DC, 2010.

[28] Transit Capacity and Quality of Service Manual[R]. Transit Cooperative Research Program (TCRP) Report 165. Washington DC, 2013.

[29] Gu W, Li Y, Cassidy M J, et al. On the capacity of isolated, curbside bus stops[J]. Transportation Research Part B: Methodological, 2011, 45(4): 714-723.

[30] Zhao X M, Gao Z Y, Jia B. The capacity drop caused by the combined effect of the intersection and the bus stop in a CA model[J]. Physica A: Statistical Mechanics and its Applications, 2007, 385(2): 645-658.

[31] Yang X B, Gao Z Y, Zhao X M, et al. Road capacity at bus stops with mixed traffic flow in China[J]. Transportation Research Record: Journal of the Transportation Research Board, 2009, 2111: 18-23.

[32] 杨孝宽, 曹静, 宫建. 公交停靠站对基本路段通行能力影响[J]. 北京工业大学学报, 2008, 34(1): 65-71.

[33] Feng W. Analyses of bus travel time reliability and transit signal priority at the stop-to-stop segment level[D]. Portland: Portland State University, 2014.

[34] Li R, Jin P J, Ran B. Bi-objective optimization and evaluation for transit signal priority strategies at bus stop-to-stop segment[J]. Mathematical Problems in Engineering, 2016, 1-12.

[35] Nagatani T. Interaction between buses and passengers on a bus route[J]. Physica A: Statistical Mechanics and its Applications, 2001, 296(1): 320-330.

[36] Furth P G, Sanclemente J L. Near-side, far-side, uphill, downhill: Impact of bus stop location on bus delay[J]. Transportation Research Record: Journal of the Transportation Research Board. 2006, 1971: 66-73.

[37] Gu W, Gayah V V, Cassidy M J, et al. On the impacts of bus stops near signalized intersections: Models of car and bus delays[J]. Transportation Research Part B: Methodological, 2014, 68: 123-140.

[38] Gu W, Cassidy M J, Gayah V V, et al. Mitigating negative impacts of near-side bus stops on cars[J]. Transportation Research Part B: Methodological, 2013, 47: 42-56.

[39] Gu W. Models of bus queueing at curbside stops[D]. Berkeley: University of California, Berkeley, 2012.

[40] Meng Q, Qu X. Bus dwell time estimation at bus bays: A probabilistic approach[J]. Transportation Research Part C: Emerging Technologies, 2013, 36: 61-71.

[41] Bian B, Zhu N, Ling S, et al. Bus service time estimation model for a curbside bus stop[J].

Transportation Research Part C:Emerging Technologies,2015,57:103 – 121.

[42] Yu B,Lam W H K,Mei L T. Bus arrival time prediction at bus stop with multiple routes [J]. Transportation Research Part C:Emerging Technologies,2011,19(6):1157 – 1170.

[43] Wang C,Ye Z,Chen E,et al. Diffusion approximation for exploring the correlation between failure rate and bus stop operation[J]. Transportmetrica A:Transport Science,2019,15: 1306 – 1320.

[44] Fernández R. Modeling public transport stops by microscopic simulation[J]. Transportation Research Part C:Emerging Technologies,2010,18:856 – 868.

[45] Sunkari S R,Beasley P S, Urbanik T, et al. Model to evaluate the impacts of bus priority on signalized intersections[J]. Transportation Research Record:Journal of Transportation Research Board,1995,1494:117 – 123.

[46] Skabardonis A. Control strategies for transit priority[C]. TRB,National Research Council, Washington DC,2000.

[47] 马万经,杨晓光. 基于时空优化的单点交叉口公交被动优先控制方法[J]. 中国公路学报, 2007,20(3):86 – 90.

[48] 李凤,王殿海,杨希锐. 单点公交被动优先下信号配时方法研究[J]. 交通信息与安全,2009, 27(3):48 – 52.

[49] Ludwick J S. Bus priority system:Simulation and analysis[R]. The MITRE Corporation Prepared for the U. S. Department of Transportation,1976.

[50] Richardson A J,Ogden K W. An evaluation of active bus-priority signals[J]. Transportation Research Record:Journal of Transportation Research Board,1979,718:5 – 12.

[51] Currie G,Shalaby A. Active transit signal priority:Experience in Melbourne,Australia,and Toronto,Canada[J]. Transportation Research Record:Journal of Transportation Research Board,2008,2042:41 – 49.

[52] Yagar S,Han B. A procedure for real-time signal control that considers[J]. Transportation Research Part B:Methodological,1994,28(4),913 – 928.

[53] Chang G,Vasudevan M,Su C. Bus-preemption under adaptive signal control environments [C]. TRB,National Research Council,Washington DC,1995.

[54] Lin G,Liang P,Schonfeld, P,et al. Adaptive control of transit operations[R]. Maryland: Transportation Studies Center University of Maryland. 1995.

[55] Wu J,Hounsell N. Bus priority using pre-signals[J]. Transportation Research Part A:Policy and Practice,1998,32:563 – 583.

[56] Furth P G, Muller T J. Conditional bus priority at signalized intersections:Better service quality with less traffic disruption[J]. Transportation Research Record:Journal of Transportation Research Board,2000,1731:23 – 30.

[57] Dion F, Hellinga B. A methodology for obtaining signal coordination within a distributed real-time network signal control system with transit priority[C]. TRB 80th Annual Meeting, National Research Council, Washington DC, 2001.

[58] Liu H, Skabardonis A, Zhang W. A dynamic model for adaptive bus signal priority[C]. TRB, National Research Council, Washington DC, 2003.

[59] Vasudevan M. Robust optimization model for bus priority under arterial progression[D]. College Park MD: University of Maryland, 2005.

[60] Head L, Gettman D, Wei Z. Decision model for priority control of traffic signals[J]. Transportation Research Record: Journal of Transportation Research Board, 2006, 1978: 169-177.

[61] 马万经. 公交专用道信号优先控制理论研究[D]. 上海:同济大学,2007.

[62] 马万经,杨晓光. 公交信号优先控制策略研究综述[J]. 城市交通,2010,8(6):70-78.

[63] 王殿海,朱慧,别一鸣,魏强. 干线公交优先信号协调控制方法[J]. 东南大学学报(自然科学版),2011,41(4):859-865.

[64] 马东方. 交叉口信号设置基本依据研究[D]. 长春:吉林大学,2009.

[65] Ma W, Liu Y, Yang X. A dynamic programming approach for optimal signal priority control upon multiple high-frequency bus requests[J]. Journal of Intelligent Transportation Systems: Technology, Planning, and Operations, 2013, 17(4): 282-293.

[66] Ghanim M S, Abu-Lebdeh G. Real-time dynamic transit signal priority optimization for coordinated traffic networks using genetic algorithms and artificial neural networks[J]. Journal of Intelligent Transportation Systems: Technology, Planning, and Operations, 2015, 19(4): 327-338.

[67] Li M, Yin Y, Zhang W. Modeling and implementation of adaptive transit signal priority on actuated control systems[J]. Computer-Aided Civil and Infrastructure Engineering, 2011, 26(4): 270-284.

[68] Lv B. Modeling of signal plans for transit signal priority at isolated intersections under stochastic condition[J]. Mathematical Problems in Engineering, 2012, Article ID 650242: 1-10.

[69] 王正武,夏利民,罗大庸. 单交叉口自适应公交优先控制[J]. 中国公路学报,2010,23(4):84-90.

[70] 林杨,赵胜川,赵建武. 公交优先信号控制交叉口延误分析与控制方法改进[J]. 交通标准化,2010,213(2):78-83.

[71] 李凤. 公交信号优先协调控制理论与方法研究[D]. 长春:吉林大学,2009.

[72] Christofa E, Papamichail I, Skabardonis A. Person-based traffic responsive signal control optimization[J]. IEEE Transactions on Intelligent Transportation Systems, 2013, 14(3): 1278-

1289.

[73] Christofa E,Skabardonis A. Traffic signal optimization with application of transit signal priority to an isolated intersection[J]. Transportation Research Record:Journal of Transportation Research Board,2011,2259:192-201.

[74] Mesbah M,Sarvi M,Currie G. New methodology for optimizing transit priority at the network level[J]. Transportation Research Record:Journal of Transportation Research Board,2008,2089:93-100.

[75] Mesbah M,Sarvi M,Currie G. Optimization of transit priority in the transportation network using a genetic algorithm[J]. IEEE Transactions on Intelligent Transportation Systems,2011,12(3):908-919.

[76] 马万经,杨晓光. 基于车道的单点交叉口公交被动优先控制模型[J]. 中国公路学报,2010,23(5):96-101.

[77] 张娟子. 基于人均延误最小的信号交叉口公交优先配时优化方法研究[D]. 西安:长安大学,2013.

[78] 张春. 基于公交优先的单点交叉口信号控制改进方法研究[D]. 北京:北京交通大学,2011.

[79] Koshy R Z,Arasan V T. Influence of bus stops on flow characteristics of mixed traffic[J]. Journal of Transportation Engineering,2005,131(8):640-643.

[80] Kim W. An improved bus signal priority system for networks with nearside bus stops[C]. TRB,National Research Council,Washington DC,2005.

[81] 葛宏伟,王炜,陈学武. 公交站点车辆停靠对信号交叉口进口道交通延误模型[J]. 东南大学学报(自然科学版),2006,36(6):1018-1023.

[82] 王茜,杨晓光. 信号控制交叉口进口道公共汽车停靠影响分析[J]. 土木工程学报,2003,36(1):58-63.

[83] 许秀华. 公交车在多线路公交停靠站的停靠时间研究[D]. 北京:北京交通大学,2014.

[84] 杨晓光,徐辉,龙科军,谭振霞. 公交停靠站对相邻车道通行能力的影响[J]. 系统工程,2008,27(8):74-79.

[85] 徐志,杨孝宽. 公交停靠站延误分析及估算方法[J]. 武汉理工大学学报(交通科学与工程版),2010,34(5):877-881.

[86] 赵靖,杨晓光,白玉. 公交专用进口道对信号控制交叉口通行能力的影响[J]. 城市交通,2008,6(5):74-79.

[87] 马万经,谢涵州,杨晓光. 考虑远端停靠站的交叉口公交优先控制方法[J]. 同济大学学报,2011,39(4):524-528.

[88] 高洁. 城市环形交通走廊公交运行延误分析[D]. 成都:西南交通大学,2009.

[89] 杜少娜. 城市公交站点自行车对公交车的干扰行为研究[D]. 北京:北京交通大学,2009.

[90] 袁静. 公交停靠站对道路通行能力的影响分析[D]. 成都:西南交通大学,2013.

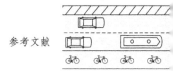

[91] 周智勇,黄艳君,陈峻,等.公交专用道设置前后无港湾公交停靠站特性研究[J].公路交通科技,2004,21(7):103-107.

[92] 冯太群.公交停靠对路段通行能力的影响分析[D].成都:西南交通大学,2012.

[93] 葛宏伟.城市公交停靠站点交通影响分析及优化技术研究[D].南京:东南大学,2006.

[94] 刘惠丽.多线路公交中间停靠站优化设置研究[D].成都:西南交通大学,2012.

[95] 牛学勤,陈茜,王炜.城市公交线路调度发车频率优化模型[J].交通运输工程学报,2003(04):68-72.

[96] 孙锋,金茂菁,王殿海,郭伟伟.公交站点对路段通行能力的影响研究[J].北京理工大学学报,2013,33(12):1284-1288.

[97] St Jacques K R, Levinson H S. TRCP Report 26: Operational Analysis of Bus Lanes on Arterials[R]. Transportation Research Board of the National Academics, Washington, D. C.,1997.

[98] 杨熙宇,暨育雄,王同根.基于遗传算法的多服务模式公交优化设计[J].同济大学学报(自然科学版),2016,44(07):1052-1057.

[99] 罗钿.常规公交停靠站运行效率分析与公交组合调度模型研究[D].西安:长安大学,2017.

[100] 蒋阳升,陈巍,陈粤飞.多线港湾式公交站点高峰期通行能力模型修正[J].西华大学学报(自然科学版),2014,33(6):53-56.

[101] 中国公路学会《交通工程手册》编委会.交通工程手册[M].北京:人民交通出版社,1998.

[102] 蒋成铁.城市公交线路沿线停靠站点布局与优化[J].价值工程,2015,34(5):102-103.

[103] 罗艺,钱大琳.基于权重调整的公交网络效率研究[J].北京交通大学学报,2018,42(01):81-86.

[104] 汤震,郑岐.港湾式公交站合理停靠组织方法研究[J].中国市政工程,2008,4(2):86-89.

[105] 柏伟,李宗平,王文宪.公交站点车辆停靠问题的最优控制模型与实现技术[J].交通运输工程与信息学报,2012(3):68-70.

[106] 汪新凯,杨晓光.路段式公交停靠站通行能力研究[J].交通信息与安全,2013,31(6):60-65.

[107] 王俊,陈学武.影响城市公交车辆运行时间的因素分析及改进措施[J].城市公共交通,2004(1):6-7.

[108] 张曼.快速公交车头时距可靠性研究[D].南京:东南大学,2015.

[109] 魏华.城市公交服务质量与可靠性评价研究[D].西安:长安大学,2005.

[110] 陈维亚.基于智能技术的城市公交服务可靠性研究[D].长沙:中南大学,2009.

[111] Washington S, Karlaftis M G, Mannering F L. Statistical and econometric methods for transportationdata analysis[M]. Boca Raton,FL:Chapman & Hall/CRC,2003.

[112] Abkowitz M D, Lepofsky M. Implementing headway-based reliability control on transit routes[J]. Journal of Transportation Engineering,1990,116(1):49-63.

[113] Polus A. Measurement of Transportation System Reliability: Concepts and Applications [D]. ProQuest, UMI Dissertations Publishing, 1975.

[114] Turnquist M A, Bowman L A. The effects of network structure on reliability of transit service[J]. Transportation Research Part B: Methodological, 1980, 14(1): 79-86.

[115] Ap. Sorratini J, Liu R, Sinha S. Assessing bus transport reliability using micro-simulation [J]. Transportation Planning and Technology, 2008, 31(3): 303-324.

[116] Chen X, Yu L, Zhang Y, et al. Analyzing urban bus service reliability at the stop, route, and network levels[J]. Transportation Research Part A: Policy and Practice, 2009, 43(8): 722-734.

[117] Oort N, Nes R. Regularity analysis for optimizing urban transit network design[J]. Public Transport, 2009, 1(2): 155-168.

[118] Lin J, Wang P, Barnum D T. A quality control framework for bus schedule reliability[J]. Transportation Research Part E: Logistics and Transportation Review, 2008, 44(6): 1086-1098.

[119] Nakanishi Y J. Bus performance indicators: on-time performance and service regularity[J]. Transportation Research Record: Journal of the Transportation Research Board, 1997, 1571: 3-13.

[120] Lin J, Ruan M. Probability-based bus headway regularity measure[J]. IET Intelligent Transport Systems, 2009, 3(4): 400.

[121] Saberi M, Zockaie A, Feng W, et al. Definition and properties of alternative bus service reliability measures at the stop level[J]. Journal of Public Transportation, 2013, 16(1): 97-122.

[122] 徐茹. 公共交通运力配置最优化问题研究[D]. 北京: 北京工业大学, 2013.

[123] 高源. 公交串车现象的机理解释与预测方法研究[D]. 成都: 西南交通大学, 2018.

[124] 肖蕾, 罗旭. 城市公交串车现象发生原因及优化对策[J]. 中国科技投资, 2019(31): 197-200.

[125] 李梦甜. 公共交通车辆串车形成原因及预测研究[D]. 南京: 东南大学, 2016.

[126] Wang C, Ye Z, Chen E, et al. Diffusion approximation for exploring the correlation between failure rate and bus stop operation. Transportmetrica A: Transport Science, 2019, 15, 1306-1320.

[127] 王璨, 林航飞, 龚凤刚, 冯炜. 基于元胞自动机的直线式公交停靠站与信号交叉口相互影响研究[J]. 交通与运输(学术版), 2014(2): 56-59.

[128] 赵胜. 港湾式公交站位置对交叉口通行能力影响模拟分析[J]. 公路与汽运, 2017(05): 17-19.

[129] 张永涛. 信号交叉口公交优先通行技术研究口[D]. 西安: 长安大学, 2008.

[130] 李涵, 余清星, 连齐才. 公交专用道停靠站车辆停靠特征分析[J]. 城市公共交通, 2012(5): 25-31.

[131] Gibson J, Baeza I, Willumsen L. Bus-stops, congestion and congested bus stops[J]. Traffic Engineering & Control, 1989, 30(6): 291-296.

[132] 李珣, 曲仕茹, 夏余. 车路协同环境下多车道车辆的协同换道规则[J]. 中国公路学报, 2014, 27(8): 97-104.

[133] Yagar S, Jacques M. Representing the effects of transit stops at signalized intersection[C]. Proceedings of the International Symposium on Highway Capacity, Highway Capacity and Level of Service, 1991.

[134] Fernandez R. A new approach to bus stop modelling[J]. Traffic Engineering & Control. 2001, 42(7): 240-246.

[135] 宁智彬. 考虑道路通行能力的公交停靠站设置形式研究[D]. 长春: 吉林大学, 2017.

[136] 刘伟, 陈科全, 谢忠金. 大型公交站的动态排队论分析与优化[J]. 重庆交通大学学报(自然科学版), 2018, 37(8): 75-80.

[137] 刘建荣. 基于贝叶斯网络的公交停靠站服务质量改善策略研究[J]. 武汉理工大学学报(交通科学与工程版), 2018, 42(4): 559-563.

[138] 常玉林, 邱得玲, 张鹏, 孙超. 双向四车道路段公交站台延误影响分析[J]. 科学技术与工程, 2018, 18(29): 114-119.

[139] Anthony S, Matthew G K. A multivariate state space approach for urban traffic flow modeling and prediction[J]. Transportation Research Part C: Emerging Technologies, 2003, 11(2): 121-135.

[140] 丛新宇, 虞慧群, 范贵生. 基于组合模型的交通流量预测方法[J]. 华东理工大学学报(自然科学版), 2011, 37(3): 340-345.

[141] Wang J, Shi Q. Short-term traffic speed forecasting hybrid model based on Chaos-Wavelet Analysis-Support Vector Machine theory[J]. Transportation Research Part C: Emerging Technologies, 2013, 27: 219-232.

[142] 张婉琳. 遗传算法优化支持向量机的交通流量预测[J]. 激光杂志, 2014, 35(12): 116-119.

[143] 谢凯兵. 基于马尔可夫链组合模型的交通流量长时预测[D]. 北京: 北京交通大学, 2017.

[144] 韦凌翔, 陈红, 王永岗, 等. 基于RVM和ARIMA的短时交通流量预测方法研究[J]. 武汉理工大学学报(交通科学与工程版), 2017, 41(2): 349-354.

[145] 于滨, 杨忠振, 程春田, 等. 公交线路发车频率优化的双层规划模型及其解法[J]. 吉林大学学报(工学版). 2006(5): 664-668.

[146] 黄正锋, 任刚. 不确定需求下的公交线路发车频率优化[J]. 哈尔滨工业大学学报, 2012, 44(12): 135-139.

[147] 吕双, 袁振洲, 曹志超. 基于公交车到达率的港湾式车站对路段通行能力的影响分析[J]. 公路与汽运, 2015(4): 46-50.

[148] 代存杰,李引珍,马昌喜,等.时间依赖需求下多车型快速公交发车频率优化[J].交通运输工程学报,2017,17(1):129-139.

[149] 王佳冬,袁振洲.考虑乘客出行习惯的公交线网优化方法[J].交通信息与安全,2018,36(4):97-105.

[150] 陈巍,黄丹芮,吴奇.公交线网及发车频率同步优化研究[J].交通运输工程与信息学报,2018,16(2):112-116.

[151] 周健,凌泽权,高建平,等.不同路段作业区驾驶员反应特性对比研究[J].公路交通技术,2017,33(6):117-121.

[152] 艾倩楠.基于驾驶员指标的驾驶员风险感知水平评价[J].中国安全科学学报,2018(12):144-149.

[153] 吴斌,朱西产,沈剑平.基于自然驾驶数据的驾驶员紧急制动行为特征[J].同济大学学报(自然科学版),2018,46(11):1514-1519.

[154] 朱兴林,王娟.驾驶经验对稳定跟车行为的影响[J].交通科技与经济,2018,20(6):11-16.

[155] 李雪玮,李振龙,赵晓华.重复驾驶条件下驾驶员记忆增长模型研究[J].交通信息与安全,2018,36(1):21-27.

[156] Barlovic R, Santen L, Schadschneider A, et al. Metastable states in cellular automata for traffic flow[J]. European Physical Journal B, 1998, 5(3):793-800.

[157] Li X B, Wu Q S, Jiang R. Cellular automaton model considering the velocity effect of a car on the successive car[J]. Physical Review E, 2001, 64(6):066128.

[158] Jin C J, Wang W, Gao K, et al. Effect of acceleration threshold on the phase transition in a cellular automaton traffic flow model[J]. Chinese Physics B, 2011, 20(6):064501.

[159] 刘应东.基于减速效应的城市道路交通流元胞自动机模拟[D].兰州:兰州交通大学,2016.

[160] Jia B, Jiang R, Wu Q S, et al. Honk effect in the two-lane cellular automaton model for traffic flow[J]. Physica A: Statistical Mechanics and its Applications, 2005, 348:544-552.

[161] Li X G, Jia B, Gao Z Y, et al. A realistic two-lane cellular automata traffic model considering aggressive lane-changing behavior of fast vehicle[J]. Physica A: Statistical Mechanics and its Applications, 2006, 367:479-486.

[162] Toor Y, Muhlethaler P, Laouiti A, et al. Vehicle ad hoc networks: applications and related technical issues[J]. IEEE Communications Surveys & Tutorials, 2008, 10(3):74-88.

[163] Zamith M, Leal-Toledo R C, Clua E, et al. A new stochastic cellular automata model for traffic flow simulation with drivers' behavior prediction[J]. Journal of Computational Science, 2015, 9:51-56.

[164] 王永明,周磊山,吕永波.基于元胞自动机交通流模型的车辆换道规则[J].中国公路学报,2008(1):93-97.

[165] 华雪东,王炜,王昊. 考虑驾驶心理的城市双车道交通流元胞自动机模型[J]. 物理学报,2011,60(8):398-405.

[166] Zhu H B,Zhang N X,Wu W J. A modified two-lane traffic model considering drivers' personality[J]. Physica A:Statistical Mechanics and its Applications,2015,428:359-367.

[167] 贾斌,高自友. 基于元胞自动机的交通系统建模与模拟[M]. 北京:科学出版社,2007.

[168] 王炜,过秀成. 交通工程学[M]. 南京:东南大学出版社,2000.

[169] 敬明,邓卫,季彦婕,等. 更新步长和元胞尺寸对元胞自动机模型的影响[J]. 吉林大学学报(工学版),2013,43(2):310-316.

[170] Eichler M,Daganzo C F. Bus lanes with intermittent priority:strategy formulae and an evaluation[J]. Transportation Research Part B:Methodological,2006,40(9):731-744.